누구나 한번은 리더가 된다

크리스천 리더를 위한
핵심 매뉴얼

35주년 두란노는 언제나 하나님을 향합니다.

누구나 한번은 리더가 된다

지은이 | 라원기
초판 발행 | 2015. 1. 12
6쇄 발행 | 2020. 7. 21.
등록번호 | 제3-203호
등록된 곳 | 서울특별시 용산구 서빙고로 65길 38
발행처 | 사단법인 두란노서원
영업부 | 2078-3352   FAX | 080-749-3705
출판부 | 2078-3331

책 값은 뒤표지에 있습니다.
ISBN 978-89-531-2130-0 03230

독자의 의견을 기다립니다.
tpress@duranno.com   www.duranno.com

두란노서원은 바울 사도가 3차 전도여행 때 에베소에서 성령 받은 제자들을 따로 세워 하나님의 말씀으로 양육하던 장소입니다. 사도행전 19장 8-20절의 정신에 따라 첫째 목회자를 돕는 사역과 평신도를 훈련시키는 사역, 둘째 세계선교(TIM)와 문서선교(단행본·잡지) 사역, 셋째 예수문화 및 경배와 찬양 사역, 그리고 가정·상담 사역 등을 감당하고 있습니다. 1980년 12월 22에 창립된 두란노서원은 주님 오실 때까지 이 사역들을 계속할 것입니다.

누구나 한번은 리더가 된다

크리스천 리더를 위한
핵심 매뉴얼

라원기 지음

두란노

목차

크리스천
리더를 위한
핵심 매뉴얼

추천사 · 8
들어가는 말 · 12

1 왜 리더십인가? · 14

리더십에 대한 시대적 요청 ː 리더가 중요하다 ː 리더십이란 무엇인가? ː
리더십의 3대 요소 ː 리더가 해답이다
참된 리더의 자세

2 리더에게 있어야 할 가치들 · 32

시대적 셀프 리더십 ː 인격의 중요성 ː 인격의 위기에 놓인 시대 ː 핵심 가치
에서 인격이 나온다 ː 리더가 지녀야 할 핵심 가치 ː 핵심 가치대로 사는 삶
전재용 선장과 보트 피플

3 리더는 먼저 자신을 알아야 한다 · 62

자신을 정확히 알라 ː 초점 있는 인생을 살라 ː 초점 있는 인생을 위한 핵심
요소 ː 궁극적 공헌 ː 당신이 남길 궁극적 공헌은 무엇인가? ː 영원히 지속
될 영적 유산을 남기라
다그 함마르셸드의 부고 기사

4 리더는 자기 관리가 중요하다 · 86

자기 관리의 중요성 ː 자기 관리의 7가지 영역 ː 자신을 이겨야 한다
1등석 승객은 무엇이 다른가?

5 리더의 비전이 방향을 결정한다 ·110

차이는 비전에서 나온다 : 비전을 이루기 위한 목표 : 비전의 근원이 중요하다 : 비전은 전달되어야 한다 : 비전은 소중한 것이다

비전이 가진 능력

6 사람을 세우는 멘토형 리더 ·140

리더의 과업, 멘토링 : 사람을 빛나게 하는 사람 : 멘토의 역할 : 멘토링 관계 성향 분석표 : 계속 이어지는 영향력의 고리 : 성공에서 의미로

이순신의 멘토

7 팀 리더십이 진짜 리더십이다 ·162

리더 혼자서 할 수 없다 : 리더를 세우는 임파워링 리더십 : 성공적인 팀 리더십의 조건 : 팀 리더십이 진짜 리더십이다

에디슨의 가장 위대한 발명

8 리더의 마지막 과업, 리더십 교체 ·188

리더의 능력은 물러날 때 드러난다 : 시간을 알려주는 사람 vs 시계를 만드는 사람 : 후계자를 키우는 시스템 : 성공적인 리더십 교체의 조건 : 박수칠 때 떠나라

멋진 은퇴

9 리더는 외적 환경에 민감해야 한다 · 212

리더십 이론의 변천사 : 상황에 맞는 리더십 : 훌륭한 팔로워를 만드는 법 : 시대의 변화는 독단적 리더십을 거부한다 : 질문을 던지는 습관 : 변해야 할 것과 변하지 말아야 할 것 : 창조적이고 유연한 리더십

모저 램프

10 갈등과 비판에 대처하는 리더십 · 238

비판에 대처하는 법 : 갈등에 대처하는 법 : 서로의 다름을 이해해야 한다 : 변화는 비판과 갈등을 동반한다 : 적을 친구로 만드는 리더십

에펠 탑이 주는 교훈

11 21세기, 이 시대를 읽는 리더 · 266

리더십에도 변화가 필요한 시대 : 21세기형 리더십 : 디지털 시대의 리더십

9·11과 레스콜라 이야기

12 예수 그리스도의 리더십 · 296

인류 역사상 가장 위대한 리더, 예수 : 예수님의 리더십은 왜 위대한가 : 예수님의 영원한 영향력

어느 고독한 생애

나가는 말 · 322
주 · 324

추천사

이 책은 누구보다 저에게 꼭 필요한 내용을 담고 있습니다. 때문에 글을 읽는 동안 흠뻑 빠져들었습니다. 저자가 10년 동안 자료수집과 강의를 통해 스스로 고찰해 가신 것들이 뼛속까지 느껴졌습니다. 목회의 현장에 있는 저 같은 이들이나 세상에서 단체장으로 일하는 모든 리더들에게 꼭 필요한 책이라 생각됩니다. 마치 리더십에 관한 모든 것이 들어 있는 '고급 종합선물세트'를 만난 느낌입니다. 그리고 숨겨 놓은 꿀단지처럼 '자기 관리' 차원에서 가방에 들고 다니면서, 자주자주 열어 보고 싶은 그런 책입니다. 이 책이 많은 사람들에게 읽혀졌으면 좋겠습니다.

김형민 대학연합교회 담임목사

리더십에 관한 책들은 셀 수 없을 정도로 많지만 리더십을 성경적으로 조망한 책들은 그리 많지 않습니다. 성경적인 내용으로 리더십을 정리한 책들은 아무래도 종교적으로 치우친 감이 없지 않습니다. 그런데 이 책은 세상에서 말하는 리더십과 성경이 말하는 리더십을 자연스럽게 연결하여서 작성되었습니다. 저자는 세속적인 성공주의로 치닫지도 않고 그렇다고 세상에서 격리되지도 않은 균형 잡힌 리더십을 소개하고 있습니다. 리더가 특별한 지위가 아니라 역할이라고 생각한다면 이 세상에 영적인 영향력을 미치는 크리스천에게는 반드시 리더십이 필요합니다. 이런 필요를 느끼는 모든 크리스천들이 이 책이 소개하는 리더십에 대해 제대로 배우고 실천했으면 좋겠습니다.

방선기 직장사역연구소 소장

많은 사람들이 이 시대에 꼭 필요한 진정한 리더십을 원하고 있습니다. 비전과 방향성을 제시해 주고, 가능성을 일깨워 주며, 바른 방향으로 이끌어 갈 누군가를 간절히 필요로 하고 있으며, 그 요구가 날이 갈수록 뜨거워짐을 느낍니다. 그런데 이 책의 저자는 이러한 갈망에도 불구하고 시대가 필요로 하는 리더는 부족하다고 말합니다. 이 말은 혹시 스스로가 리더가 될 수 있음에도 불구하고 누군가 다른 사람이 리더가 되어 주기를 바라는, 수많은 리더십들이 잠자고 있다는 의미는 아닐까요?

  이 책은 그 수많은 리더들이 일어나기를 바라는 마음으로 작성된 책입니다. 저는 컴패션에서 후원자들이 열악한 환경 가운데 살아가는 어린이들의 손을 잡아주면서 사랑의 말과 격려, 실질적인 도움으로 그들의 리더로 일어서는 것을 봅니다. 또한 전 세계 어린이들이 자신이 받은 사랑을 통해 자기 안의 가능성과 잠재력을 인식하고 섬기는 리더십으로 자라는 것을 경험합니다. 리더는 타고나는 것이 아니라 만들어지는 것임을, 이렇듯 많은 증거를 보고 확인 받아온 저로서는 누구나 리더로 자라날 수 있다고 격려하는 이 책이 몹시 반갑습니다. 특히 지금 이 시대에 필요한 리더십이 어떤 것인지 실질적으로 제시하고 있어 더욱 감사합니다.

인류가 낳은 좋은 리더들의 예화가 내용을 풍성하게 채우고 있어 재미있게 읽히며, 리더십을 키우는 구체적인 방법들은 보다 쉽게 내 안의 리더십에 접근할 수 있게 해줍니다. 이를 통해 뜻밖에도 예수님을 포함하여 우리 주변에 존재하는 많은 리더들을 발견할 수 있는 안목을 갖게 합니다. 이는 우리가 누군가의 팔로워이며, 혜택을 받았음을 말해줍니다. 저를 포함하여 저자도 그러했고, 특별히 저자는 사랑을 더욱 많이 발견함으로써 현재 리더의 자리에 선 행복한 사람입니다.

우리 시대에 리더가 없다고 안타까워하는 누군가에게 이 책을 추천합니다. 이 책은 당신이 바로 그 사람이라고 말해줄 것입니다.

서정인 한국컴패션 대표

들어가는 말

"리더십은 지상에서 가장 많이 연구되었으면서도 가장 이해하기 어려운 분야다." - 제임스 맥그리거 번스(James MacGregor Burns)

오늘날 수많은 사람들이 리더십에 관해 이야기합니다. 경영학 분야에서는 CEO의 리더십을 이야기하고, 스포츠계에서는 감독의 리더십을 이야기합니다. 그리고 교회에서는 목사의 리더십을 이야기하고, 가정에서는 부모의 리더십을 이야기합니다. 텔레비전을 봐도, 신문을 봐도, 서점에 가도 온통 리더십 이야기뿐입니다. 이로 인해 오늘날 리더십에 관한 서적이 봇물처럼 쏟아져 나오고 있습니다. '조직관리 리더십', '팀장 리더십', '서바이벌 리더십', 심지어 '해병대 리더십'과 '소방관 리더십'까지 수많은 종류의 리더십이 거론되고 있습니다. 또한 이에 발맞춰서 다양한 인물들이 리더십의 관점에서 재조명되고 있습니다. '처칠의 리더십', '세종대왕의 리더십', '이순신 장군의 리더십', '칭기즈칸의 리더십', '히딩크의 리더십' 등 이루 헤아릴 수 없이 많습니다.

그럼에도 불구하고 우리는 리더십이 무엇이냐고 물으면 여전히 고개를 갸우뚱합니다. 딱히 이것이라고 정의 내리기가 어렵기 때문입니다. 리더십이란 수학 공식처럼 정리되는 것이 아니기 때문입니다. 그렇다고 리더십이란 것을 무시할 수도 없습니다. 리더십이 있느냐, 없느냐에 따라서 그 지도자가 이끄는 단체가 흥하기도 하고 망하기도 하는 경우를 우리는 너무나 많이 봐 왔기 때문입니다.

배우기가 쉽지 않은 것이 리더십이지만, 또한 배우지 않으면 안 되는 것이 리더십이기도 합니다. 그래서 이런 고민을 가진 분들이 리더십의 핵심을 제대로 이해하는 데 도움을 주고자 이 책을 저술했습니다. 이 책은 제가 미국 풀러신학대학교 석사, 박사 과정 중에 리더십의 대가인 로버트 클린턴(J. Robert Clinton) 교수님에게서 배운 리더십 이론을 근거로, 지난 10년간 한동대학교에서 "리더십의 이해" 과목을 가르치면서 정리한 내용을 바탕으로 만들었습니다. 여러분은 이 책을 통해 리더십이란 무엇이며, 올바른 리더십을 발휘하기 위해 구체적으로 갖춰야 할 요소에는 무엇이 있는지를 배울 것입니다. 또한 이 책은 특별히 성경에 나오는 리더십의 원리가 세상 속에서 어떻게 적용되고 실천되는지 궁금해하는 분들에게 더욱 유용한 지침서가 될 것입니다.

책을 쓰면서 감사하고 싶은 분들이 여러 분 있지만, 특별히 미국 유학 도중 저에게 리더십에 눈뜨게 해 주신 로버트 클린턴 교수님께 감사드립니다. 또한 바쁘신 가운데도 귀한 추천사를 써 주신 대학연합교회의 김형민 목사님, 직장사역연구소의 방선기 소장님, 한국컴패션의 서정인 대표님께 감사를 드립니다. 그리고 그동안 제 수업을 들으면서 열렬히 반응해 준 한동대학교의 학생들에게 감사를 드립니다. 그들의 격려가 저로 하여금 이 책의 내용을 계속 다듬고 업그레이드하게 하는 원동력이 되었음을 고백합니다. 또한 부족한 저의 원고를 기대감을 가지고 선뜻 출판해 주신 두란노서원 관계자 분들께도 심심한 감사의 말씀을 드립니다. 그리고 무엇보다 이 세상에서 리더로서 최고의 모범을 보여 주신 예수 그리스도, 그분께 모든 감사와 영광을 돌립니다.

2015년 1월
라원기

왜
리더십인가?

"리더가 되기로 선택했을 때 우리는 다른 사람들을 위해 봉사하기로 선택한 것이다. 리더가 된다는 것은 다른 사람들로부터 무언가를 얻는 것이 아니라, 다른 사람들이 우리로부터 무언가를 얻는 것이다." - 제임스 M. 쿠제스(James M. Kouzes)

리더십에 대한 시대적 요청

오늘날은 과거 어느 때보다 리더십에 관한 이야기가 사람들 사이에서 많이 논의되고 있고, 리더십에 관한 다양한 서적이 출판되고 있다. 그렇다면 사람들은 왜 그토록 리더십에 목말라하는가? 바로 다음과 같은 몇 가지의 시대적 요청 때문이다.

첫째, 탈권위주의 사회가 리더십의 필요성을 요청한다. 과거에는 자신이 가지고 있는 권위나 직위를 통해 사람들을 통솔하고 이끌어 가는 것이 가능했다. 그러나 오늘날은 탈권위주의적인 시대다. 일방적인 상명하달식의 지시는 통하지 않는다. 그러므로 이 시대에는 일방적인 명령이 아니라, 조직원과의 원활한 커뮤니케이션을 통한 조화와 합의의 리더십이 요구된다. 마치 오케스트라의 지휘자처럼 전체를 보면서 개개인의 개성과 능력을 극대화시킬 수 있는 팀 리더로서의 리더십이 요청되고 있는 것이다.

둘째, 오늘날의 시대적 변화가 리더십을 요청한다. 오늘날은 급변하는 시대다. 그렇기 때문에 리더의 중요성이 강조된다. 과거에는 관리자의 중요성이 강조되었다. 즉, 조직을 안정적으로 관리하고 이끌어 가는 지도자의 역할을 강조했다. 그러나 사회 구조가 급변할수록 단순한 관리자보다는 유연성 있는 리더십의 중요성이 강조되고 있다. 특히 과학 기술과 생명공학의 눈부신 발전으로 인해 정보의 흐름을 알고, 시대에 맞는 새로운 기술을 개발하고, 변화에 적절하게 대처할 수 있는 창조적인 리더십을 강력히 필요로 하게 된 것이다.

셋째, 오늘날의 위기의식이 리더십의 필요를 요청한다. 미국의 경제학자 존 갤브레이스(John Kenneth Galbraith)는 이미 1960년대 초에 현대를 '불확실성의 시대'라고 일컬었다. 이 시대는 예측 불가능한 위기 상황이 계속 발생하는 시대다. 국제적으로는 이스라엘 지역의 분쟁을 비롯하여 여러

민족과 부족 간의 전쟁, 끝없는 테러와의 전쟁으로 몸살을 앓고 있다. 그리고 지구촌이 하나로 묶이는 글로벌 시대에서, 전 세계는 자국의 이익을 위해 무한 경쟁의 시대에 돌입해 치열한 경제 전쟁을 치르고 있다. 그뿐 아니라 세계 곳곳에서 발생하고 있는 기근과 기갈, 가정의 해체와 청소년 문제, 에이즈나 사스, 에볼라 바이러스 같은 각종 질병의 문제들이 우리를 당혹스럽게 하고 있다.

이 같은 위기의 시대에 사람들은 가치관의 혼란과 비전의 결여로 방황하고 있으며, 이러한 문제들을 해결해 줄 대안으로 탁월한 리더의 출현을 고대하고 있다. 여러 가지 복잡한 위기 상황에 대해 분명한 비전과 방향을 제시할 수 있는 선지자적이고 구원자적인 리더십이 이 시대에 요구되고 있는 것이다.

리더가 중요하다

오늘날 사회의 여러 가지 혼란과 어려움은 '리더십의 부재'(absence of leadership)에서 온다고 해도 과언이 아니다. 헨리 블랙커비(Henry Blackaby)의 지적대로, 우리는 훌륭한 정치가를 원하는데 정작 등장하는 것은 정치꾼들인 것이다.

리더십 전문가인 워렌 베니스(Warren Bennis)는 미국이 독립 시기에 벤저민 프랭클린(Benjamin Franklin), 토머스 제퍼슨(Thomas Jefferson), 조지 워싱턴(George Washington), 알렉산더 해밀턴(Alexander Hamilton), 존 애덤스(John Adams), 제임스 매디슨(James Madison) 등 최소 6인의 세계적인 리더를 배출했다고 주장한다. 당시 미국 인구가 겨우 300만이었으니, 오늘날의 인구 비율로 계산하면 현재 미국에는 500명 이상의 세계적인 리더가

나와야 하는데, 현실은 그렇지 못하다.[1]

그래서 리더십 연구의 대가인 제임스 맥그리거 번스는 "우리 시대가 가장 갈망하는 것 중 하나는 유능하고 창조적인 리더십"이라고 말한다. 그가 그렇게 이야기하는 이유는, 오늘날 한 조직의 흥망성쇠가 리더십에 달려 있는 경우가 많기 때문이다.

워렌 베니스는 미국에서 가장 성공한 리더 90명을 연구한 뒤 "전 조직원에게 막강한 힘을 부여하고, 궁극적으로 어떤 조직이 성공하느냐, 실패하느냐를 결정하는 요소는 그 조직의 리더십에 달렸다. 전략, 프로세스, 문화가 급속하게 변하는 시대에 조직의 진보는 리더십에 달려 있기 때문이다"라고 말했다. 피터 드러커(Peter Ferdinand Drucker)는 "리더십이 가장 중요하다. 정말이지 리더십을 대체할 수 있는 것은 아무것도 없다"고 말했다. 나폴레옹(Napoléon)도 리더의 중요성을 강조하는, 통찰력 있는 말을 남겼다.

"나쁜 연대란 없다. 나쁜 연대장이 있을 뿐이다."

리더의 중요성은 스포츠뿐 아니라 정치, 경제, 종교, 교육 등 모든 부분에서 강조된다. 서성교는 그의 리더십 책에서 애덤 스미스(Adam Smith)의 '시장의 보이지 않는 손'이 이제 기업 지도자들의 '보이는 손'으로 발전했다고 이야기한다. 자동차 왕 헨리 포드(Henry Ford), 강철 왕 앤드루 카네기(Andrew Carnegie), IBM의 토머스 왓슨(Thomas Watson), 마이크로 소프트의 빌 게이츠(Bill Gates), GE의 잭 웰치(John Frances Welch Jr.)는 기업 성공의 절대적인 요소로서 이제는 외부의 다른 어떤 요소보다 리더의 리더십에 따라 조직의 성공과 실패가 좌우되는 시대가 되었다[2]고 말한다. 내가 목회자로서 리더십에 관심을 갖고 석사와 박사 과정에서 리더십에 대해 연구한 이유도 담임목사 한 사람이 누가 되느냐에 따라서 한 교회의 흥망성쇠가 좌우되는 것을 많이 봐 왔기 때문이다.

사실 가만히 살펴보면 목회만큼 엄청난 리더십을 요구하는 자리도 없다. 북아메리카에서 가장 큰 윌로우크릭 교회(Willow Creek Community Church)를 개척하여 담임하고 있는, 탁월한 목회자 가운데 한 사람인 빌 하이벨스(Bill Hybels)는 "교회 목회자들이야말로 이 세상에서 가장 강력한 리더십을 발휘하도록 요청받고 있는 사람"이라고 말했다. 그의 말은 대단히 일리가 있다. 목회자는 교인들로 하여금 아무런 보상도 없이 자발적으로 그들의 시간과 물질과 몸과 마음을 바쳐 그리스도의 몸된 교회에 충성하도록 만들어야 하기 때문이다. 그것도 그들이 기쁘고 즐거운 마음으로 그 일을 하게 해야 한다! 이 세상에 이처럼 엄청난 리더십을 요구하는 자리가 어디에 있겠는가?

많은 교회가 교회 지도자의 리더십 부재로 인해 어려움을 겪고 있다. 대부분의 목회자들은 자신들에게 가르치는 은사가 있음을 알고 신학교에 진학한다. 그러나 신학을 마치고 막상 목회 현장에 나가 보면 가르치는 은사뿐 아니라, 엄청난 리더십의 은사를 발휘해야 하는 곳이 목회 현장이라는 사실을 알고 큰 충격을 받는다. 미국의 교회 리서치 전문가인 조지 바나(George Barna)가 조사한 바에 따르면, 놀랍게도 미국 목회자들 중 단 5%만이 자신이 리더십의 은사를 받았다고 생각한다.[3]

오늘날 리더십의 부재는 이 사회가 안고 있는 고통의 심각한 원인이다. 리더십이 마땅히 발휘되어야 할 자리에서 발휘되지 않기 때문에 수많은 사람들이 고통을 겪고 있다. 사실상 잘못된 리더십은 때로는 고통뿐 아니라 죽음까지 가져올 수 있다. 그러므로 리더십의 중요성은 아무리 강조해도 지나치지 않다고 할 수 있다.

리더십이란 무엇인가?

리더십이 이토록 중요하다면, 과연 리더십이란 무엇인가? 오스왈드 샌더스(Oswald Sanders)는 "리더십이란 영향력, 즉 한 사람이 다른 사람들에게 영향을 미치는 능력이다"라고 말한다. 리더십이 영향력이라는 점에서는 세계적인 리더십 강사 존 맥스웰(John C. Maxwell) 역시 이 말에 동의한다.

재미있는 것은 지금까지 내려진 리더십의 정의가 5,000개가 넘는다는 것이다. 리더십의 정의가 이같이 다양하고, 리더십을 한마디로 정의 내리기 어려운 이유는 무엇일까? 조지 바나가 그 이유를 잘 설명했는데, "리더십은 과학이 아니고 예술이기 때문"(Leadership is not a science; It is an art)이라는 것이다.[4] 그래서 리더십을 과학적으로, 논리적으로 설명하기가 쉽지 않은 것이다.

리더십을 나름대로 정의해 보면 "사람들에게 영향력을 끼쳐 어떤 일을 하게 하는 것"이라고 할 수 있다. 그런 면에서 존 가드너(John Gardner)의 고전적인 리더십의 정의가 도움이 된다.

"리더십은 설득이나 예시의 과정에 의해 개인이나 팀이, 리더가 제시하거나 혹은 리더와 추종자 간에 공유된 목적을 추구하도록 조직을 인도하는 것이다."[5]

이 같은 리더십의 정의를 기독교 리더십으로 국한해서 보면 풀러신학대학교의 리더십 교수인 로버트 클린턴의 정의가 정확할 것이다.

"리더십이란 하나님의 목표를 이루기 위해 하나님이 주신 능력을 가지고 하나님의 사람들에게 영향력을 미치는 과정이다."[6]

클린턴의 리더십 정의에 덧붙여서 헨리 블랙커비는 진정한 영적 리더는 하나님의 사람들만이 아니라 그렇지 않은 사람들도 인도해야 하기 때문에 "영적 리더십은 사람들을 움직여 하나님의 일을 하게 하는 것이다"[7]

라고 정의 내렸다.

　이 같은 여러 가지 관점에서 볼 때 리더는 마치 배를 몰고 가는 선장과 같다. 선원들을 태우고 물건을 싣고 이쪽 항구에서 저쪽 항구까지 안전하게 이끌고 가서 그 배의 항해의 목적을 이루는 것이 선장의 역할이기 때문이다. 리더가 하는 일도 그런 것이다. 사람들에게 영향력을 미쳐 맡겨진 목적을 이루는 것이다.

리더십의 3대 요소

리더십을 성공적으로 발휘하기 위해서는 '리더십의 삼각형'을 기억해야 한다. 리더십에는 3대 요소가 있다. 그것은 '리더', '팔로워', '환경'이다. 이것을 리더십의 내적 요소, 기술적 요소, 외적 요소로 표현할 수 있다. 다음의 그림을 보라.[8]

먼저 리더십의 내적 요소는 리더 자신에 관한 것이다. 이것은 먼저 리더 자신이 어떤 사람이 될 것인가를 의미한다. 또한 리더 자신이 무슨 일을 위해 부름 받았는가 하는 소명의 문제와도 연결된다.

다음으로 리더십의 기술적 요소는 팔로워들을 어떻게 효과적으로 인도할 것인가를 의미한다. 전통적으로 리더십 연구에서는 주로 리더에 초점을 맞춰 왔다. 그러나 팔로워가 없는 리더는 존재하지 않는다. 존 맥스웰이 말한 것처럼, "리더가 자신은 이끈다고 생각했는데 뒤에 따라오는 사람이 없다면 그것은 '산책'하는 것"에 불과하다.

전통적으로 우리나라는 팔로워십이 부족했다. 리더가 세워지면 그의 리더십에 복종하고 따르는 것이 약했다. 리더가 아무리 탁월하더라도 추종자들의 팔로워십이 약하다면 그 리더는 실패할 수밖에 없다. 그래서 리더십을 공부하려면 팔로워십도 같이 공부해야 한다. 어떻게 하면 팔로워들에게 올바른 비전을 제시하여 동기 유발을 시키고, 그들을 훌륭한 팔로워들로 만들 것인지를 생각해야 한다. 또한 여기에서 한 걸음 더 나아가 팔로워들을 멘토링시키고 훈련시켜서 팀 사역을 할 수 있는 환경을 조성하고, 궁극적으로는 그들 가운데 자신을 이어 리더의 역할을 할 수 있는 사람을 키워 내는 단계까지 가야 한다. 이런 것들이 모두 리더십의 기술적 요소에 해당한다.

마지막으로 리더십의 외적 요소는 리더십을 발휘하는 가운데 직면하게 되는 외적 환경을 의미한다. 선장이 항해 도중에 맞이하는 파도와 폭우를 무시할 수 없듯이, 지도자는 리더십을 발휘하는 데 있어서 주위 환경과 시대적 정황 그리고 리더십을 발휘하는데 있어서 직면하는 갈등과 비판의 문제를 고려해야 한다. 이 모든 것을 염두에 두고 구성원들을 이끌어야 제대로 된 리더십을 발휘할 수 있다.

난세가 영웅을 만든다는 이야기가 있다. 임진왜란이 일어나지 않았다면 과연 이순신이라는 명장이 역사의 한복판에 부각될 수 있었을까? 한 번 생각해 보지 않을 수 없다. 윈스턴 처칠(Winston Churchill)의 경우는 더 극적이다. 수상에 취임하기 전, 그는 평범한 국회의원에 불과했다. 특별한 협상 기술도 없었다. 그런데 2차 세계대전이 일어나자 그는 놀라울 만큼 성공적인 리더로 거듭났다. 전쟁 속에서 국민들에게 희망을 불어넣고, 광범위한 자원을 동원하기 위해 감동적인 리더십을 행사했다.[9]

오늘날 우리는 급변하는 시대에 살고 있다. 시대적 정황을 무시하고서는 리더십을 제대로 이해할 수 없다. 그래서 리더십에 있어서 환경이라는 외적인 요소를 고려하지 않을 수 없는 것이다.

흔히 리더십을 소통의 능력과 관련하여 이야기한다. 즉, 훌륭한 리더가 되고자 한다면 소통 능력이 뛰어나야 한다는 것이다. 그런 관점에서 리더십의 삼각형을 생각할 때 '리더'는 자신과의 소통 능력이고, '팔로워'는 타인과의 소통 능력이며, '환경'은 세상과의 소통 능력이다. 그러나 여기에 하나 덧붙여서, 진정으로 하나님이 쓰시는 영적 리더가 되고자 한다면 '하나님'과의 소통 능력이 뛰어나야 한다. 하나님의 말씀을 통해 하나님의 음성을 듣는 훈련과 기도로 하나님과 대화하는 능력을 길러야 한다. 그래야 진정한 영적 리더십이 완성된다.

이 책은 리더십의 3대 요소를 가지고 리더십에 대해 생각해 보기 위한 목적으로 쓰였다. 이 세 가지, 즉 리더, 팔로워, 환경의 요소를 제대로 살펴볼 때 리더십이 어떤 것인지를 어느 정도 이해할 수 있을 것이다.

항구에 매여 있는 배는 안전하다. 그러나 배는 항구에 매어 놓으려고 만든 것이 아니다. 항구에 매어 놓고 전시하는 것이 배를 만든 목적이 아니다. 배는 거친 바다를 헤치고 나아가도록 만들어졌다. 리더는 현상을 유지하는 관리자가 아니다. 리더는 비전을 제시하며 사람들을 이끌어 가는 사람이 되어야 한다.

자신이 리더인지 아닌지 궁금하지 않은가? 윌리엄 보엣커(William Boetcker)는 이 부분에 대해 다음과 같이 정리했다.

1. 자신에게 주어진 일보다 항상 더 적게 하는 사람
2. 자신에게 주어진 일만 하는 사람
3. 필요한 일들을 스스로 찾아서 하는 사람
4. 자신은 물론 다른 사람들이 일을 하도록 고무시키는 사람

이 가운데 네 번째 부류에 해당하는 사람들이 바로 리더다. 당신은 어느 부류에 속하는 사람인가?

리더가 해답이다

성경에 보면 하나님의 방법은 사람이다. 특별히 사람 가운데서도 리더다. 성경의 출애굽기를 보면 이스라엘 백성이 이집트의 노예로 고통 받는 내용이 나온다. 오랜 고역에 시달리던 이스라엘 백성은 자신들을 구원해 달라고 하나님께 부르짖는다. 이에 대한 하나님의 응답은 무엇인가? 하늘에서 불이 떨어져서 이집트 왕의 왕궁을 불태워 버렸는가? 아니면 천군천사를 보내서 이집트 군대를 몰살시켜 버렸는가? 아니다. 출애굽기 2장을 보면, 1장의 요란한 분위기와는 달리 차분한 어조의 이야기가 나온다.

"레위 가족 중 한 사람이 가서 레위 여자에게 장가들어 그 여자가 임신하

여 아들을 낳으니"(출 2:1-2).

이것은 하나님의 구원 계획이 한 아이가 태어나는 것으로 시작되는 것을 보여 준다. 그렇다면 이것은 무엇을 의미하는가? 하나님은 암울한 시대에 그 문제를 해결할 방법으로 리더를 태어나게 하신다는 것이다. 모세라는 아이가 태어남으로 이스라엘의 암울한 역사가 끝나고 출애굽이 이뤄졌다. 제대로 된 지도자 한 사람이 등장함으로 말미암아 모든 것이 바뀐 것이다.

신약을 보면, 400년 동안 선지자의 메시지가 끊어지고 이스라엘이 로마의 식민지가 되어 암울하고 답답하던 시기에 무슨 일이 일어났는가? 하나님이 예수 그리스도를 탄생시키셨다. 신약의 마태복음은 한 미천한 여인의 몸에서 아이가 태어나는 것으로부터 시작된다. 인류를 구원할 위대한 지도자가 태어난 것이다. 그분의 탄생으로 모든 것이 바뀌었다. 인류 역사가 B.C.와 A.D.로 나뉘었을 뿐 아니라, 역사의 물줄기가 바뀌었다.

이것이 하나님의 방법이다. 하나님은 사람을 통해 일하시고, 특별히 리더를 통해 일하신다. 우리는 이것을 알아야 한다. 우리나라는 현재 총체적 위기를 겪고 있다. 이러한 때에 이 나라를 살릴 수 있는 길이 어디에 있겠는가? 우리나라의 민족적 위기의 대안은 결국 훌륭한 리더가 나오는 것이다. 나는 어딘가에서 우리나라를 바로잡고 새롭게 할 지도자가 준비되고 있음을 믿는다. 그 사람이 당신이 될 수도 있음을 명심하라.

우리에게 약점이 있고 부족한 부분이 있어도 괜찮다. 하나님이 쓰신 사람은 다 약점이 있는 사람이었다. 모세는 자신이 입이 뻣뻣하고 혀가 둔한 사람이라고 이야기했다. 노아도 술에 취한 적이 있었고, 야곱도 한때는 사기꾼이었다. 또한 기드온은 겁쟁이였고, 엘리야는 자살을 꿈꾼 우울증 환자였다.

예수님의 제자들을 보라. 누구 한 명이라도 제대로 된 리더십을 발휘할 만한 자질을 갖춘 사람이 있었는가? 시몬 베드로는 감정적으로 불안정하고 화를 잘 내는 스타일이었다. 안드레는 소심해서 리더의 자질이 없었고, 세베대의 아들 야고보와 요한은 높은 자리만 탐내던 사람들이었다. 도마는 매사에 회의적인 성격이었고, 마태는 세리 출신이었다. 그뿐 아니라 알패오의 아들 야고보와 다대오는 열심당원으로 급진주의적 사상을 가지고 있는 사람들이었다. 그러나 예수님은 그런 사람들을 데리고 당시 로마 제국을 뒤엎으셨다.

역사적으로 인물들을 연구해 보면 탁월한 리더들 가운데는 어린 시절에 체격도 볼품없고 남보다 뛰어난 면이 없었던 사람들이 많다. 18세기의 군사 거장 나폴레옹은 작은 키로 인해 열등감에 늘 시달렸고, 미국이 자랑하는 대통령 링컨은 못생긴 얼굴과 장대 같은 키 때문에 늘 놀림을 받아야 했다. 처칠도 어린 시절에는 몸이 약했고, 말까지 더듬었다.

세계 최고의 리더십 전문가인 워렌 베니스는 그의 책 《리더와 리더십》에서 자신이 직접 만나 연구한 90명의 리더들 가운데 이른바 리더다운 모습을 갖춘 사람은 소수에 불과했다고 이야기한다.

"우리가 연구했던 리더들은 너무나도 인간적이었다. 키가 큰 사람과 작은 사람, 발음이 분명한 사람과 모호한 사람, 훌륭한 외모를 가진 사람과 그렇지 못한 사람 등 추종자와 리더를 구분 지을 만한 분명한 신체적인 특징이나 스타일은 없었다."[10]

이것이 그가 여러 명의 리더들을 만나 보고 내린 결론이다. 리더는 눈에 띄는 외적인 카리스마로 결정되는 것이 아니다. 그들이 할 수 있었다면, 우리도 할 수 있는 것이다.

어떤 곳에 위대한 리더를 많이 배출한 마을이 있었다. 그곳에 찾아간 기자가 그 마을의 지도자에게 물어보았다.

"이곳에서 위대한 리더들이 많이 태어났다고 하던데 사실입니까?"

그러자 그가 대답했다.

"아니오. 이곳에서는 위대한 리더들이 태어난 적이 한 번도 없습니다. 오직 어린아이들만 태어났습니다."

무슨 뜻인가? 어떤 위대한 사람도 날 때부터 리더로 태어나는 사람은 없다는 것이다. 모두 어린아이로 태어나서 시작한다. 그렇다. 리더는 태어난다기보다는 만들어지는 것이다. 바로 그 이유 때문에 이 책이 쓰였다. 당신이 앞으로 훌륭한 리더로 만들어지는 데 도움을 주기 위해서다. 이 책에서 제시하는 리더십의 원리를 차근차근 따라가다 보면, 어느 순간 리더의 자리에서 지도력을 발휘하고 있는 자신을 보게 될 것이다.

우리는 모두 리더가 되어야 하지만, 특별히 그리스도인들이라면 이 책임을 피할 수 없다. 예수님은 우리에게 '빛과 소금'이 되라고 하셨기 때문이다. 빛과 소금이 된다는 것은 영향력을 끼치는 삶을 사는 것을 의미한다. 리더란 바로 영향력을 끼치는 사람이다. 그러므로 우리가 그리스도인이 되었다는 것은 이미 리더로 부름 받은 것이나 마찬가지다.

우리는 가정이나 학교나 직장에서 영적 영향력을 끼치도록 부름 받은 존재다. 그러므로 그리스도인이라면 리더가 되고 말고는 선택의 여지가 아니다. 다만 중요한 것은, 어떤 리더가 되느냐는 것이다. 이왕이면 좋은 리더가 되어야 하지 않겠는가?

이 책은 단순히 리더십에 관한 지식만을 전달하기 위해 쓰인 것이 아니다. 당신의 마음에 감동을 주고, 하나님이 주신 귀중한 리더의 사명에 응답하게 하기 위해 쓰였다. 너무나 많은 사람들이 리더의 자리로 부름 받았는데도, 대충대충 무의미하게 인생을 살아간다. 세상은 어둠 가운데 빠져 있는데, 빛이 되기 위해 몸부림치는 사람들이 너무나 부족하다. 이 책이 당신을 부르신 하나님의 부르심을 다시 발견할 수 있도록 도와주고, 이를 위해 효과적인 리더십을 발휘할 수 있는 방법을 가르쳐 줄 것이다. 기억하라! 당신 스스로는 자신을 대단하게 여기지 않을지도 모르지만, 세상은 당신을 기다리고 있다.

> 이스라엘에게 주신 하나님의 위대한 선물은 약속의 땅이 아니라, 모세와 다윗과 이사야와 같은 사람들이었다. 왜냐하면 하나님의 가장 위대한 선물은 항상 사람들이었기 때문이다. 하나님이 교회에게 주신 가장 고귀한 선물은 예수님이 지도자로 훈련시키셨던 12명의 제자들이었다.
> _오스왈드 샌더스

참된 리더의 자세

중국 송나라 때의 명재상 범문공(凡文公)에 관한 감동적인 일화가 있다. 젊은 시절 범문공이 당대의 유명한 역술가를 찾아갔다. 이 역술가는 한눈에 사람을 알아보는 재주가 있어서 사람들이 집 대문에 들어서면 이미 샛문을 통해 그 사람의 됨됨이를 파악했다고 한다. 그래서 일국의 재상이 될 사람이면 마당까지 나가서 정중하게 맞아들이고, 벼슬도 제대로 못할 사람 같으면 아예 문도 열어 보지 않고 방으로 들어오라고 했다.

범문공이 자신의 미래가 궁금해서 이 사람에게 찾아갔더니 역술가는 역시 문도 열어 보지 않은채 그냥 들어오라고 했다. 방에 들어선 범문공이 "제가 재상이 될 수 있겠습니까?" 하고 물으니 역술가는 그를 척 보더니 전혀 그런 인물이 못되니 속히 헛된 꿈을 접으라고 충고해 주었다. 그러자 범문공이 다시 물었다.

"그렇다면 의원은 될 수 있겠는지 봐 주십시오."

역술가는 혼란에 빠졌다. 그도 그럴 것이 당시에 의원이란 직업은 오늘날처럼 대접받는 직업이기는커녕 한 곳에 정착해 약방 문을 여는 일조차 대단한 것일 정도로, 대개는 여기저기 떠돌며 약 행상으로 일생을 마치는 허접한 직업이었다.

재상을 꿈꾸다가 아니라고 하니까 돌연 의원이 될 수 있겠냐고 묻는 범문공에게 그 까닭을 물어보았다. 그러자 그는 다음과 같이 대답했다.

"도탄에 빠진 백성들을 위해 제 한 몸을 바치고자 합니다. 재상이 되어 나라를 바로잡고 백성을 떠받들면 좋겠지만, 안 된다고 하니 나라를 돌며 아픈 사람이라도 고쳐주고자 하는 겁니다."

이 말을 들은 역술가는 큰 충격을 받고, "관상, 족상, 수상으로 사람을 보지만 심상(心象)이라는 것도 있소이다. 내가 실수를 한 듯하오. 당신은 심상으로는 단연 재상감이오. 부디 힘써 이뤄 보시오"라고 간곡히 당부했다. 범문공은 그 말에 힘을 내 마침내 송나라의 훌륭한 재상이 되어 후세에 크게 이름을 떨쳤다.

그는 자신의 정치 이념에 대해 이런 말을 남겼다.

"이 나라에서 고통은 내가 가장 먼저 짊어지고, 행복은 가장 나중에 누리리라." 훗날 중국 사람들은 범문공의 이 말을 족자로 만들어 걸어 두기를 기뻐했다.

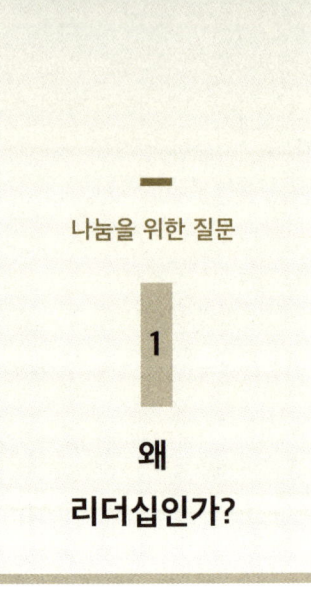

나눔을 위한 질문

1

왜 리더십인가?

1. 리더십에 대한 필요를 느낀 적이 있는가? 있다면 언제, 어떤 경우에서인가?

2. 오늘날 이 시대의 가장 큰 문제는 리더십의 위기다. 이 말에 동의하는가? 동의한다면 어떤 이유에서인가?

3. 리더십에 대한 정의들을 읽고, 나름대로 리더십이 무엇인지 한번 정의해 보라.

4. 리더십의 3대 요소에 대해 읽은 후, 새롭게 깨달은 부분이 있다면 이야기해 보라.

5. 자신과의 소통 능력, 타인과의 소통 능력, 세상과의 소통 능력, 하나님과의 소통 능력 중에서 자신에게 가장 부족한 부분이 있다면 무엇이라고 생각하는가?

6. "하나님의 방법은 사람이다"라는 말에 동의하는가? 동의한다면 하나님이 자신을 어떻게 사용해 주시기를 원하는가?

7. 이 책을 통해 나의 리더십에서 구체적으로 어떤 부분이 발전하기를 원하는가?

리더에게 있어야 할 가치들

"명성보다는 자신의 인격에 관심을 둬라. 왜냐하면 인격은 진정으로 내가 누구인지 말해주기 때문이다. 그러나 명성은 나에 대한 다른 사람들의 생각일 뿐이다." - 존 우든(John Wooden)

셀프 리더십 - 자신을 먼저 다스리라

프로이센의 위대한 왕, 프리드리히(Friedrich) 대왕이 어느 날 베를린 외곽을 걷고 있었다. 그때 반대 방향에서 걸어오고 있는 한 노인을 만났다. 프리드리히가 물었다. "당신은 누구시오?" 그러자 노인이 대답했다. "나는 왕이오." "왕이라고?" 프리드리히는 웃었다. "무슨 왕국을 통치하시오?" 노인은 자랑스럽게 대답했다. "나 자신이라는 왕국이오."

모든 사람은 자신을 통치하는 왕이다. 그러므로 자신과의 싸움에서 승리하는 자가 진정한 승리자다. 최근에 리더십의 용어 중 '셀프 리더십'(self-leadership)이라는 용어가 많이 쓰이고 있다. 셀프 리더십이란 '자기 경영', 즉 자신을 다스리고 통제하는 능력을 의미하는 것이다. 이것은 리더십의 궁극적인 성공이 자기 자신을 얼마나 잘 관리하느냐에 달려 있음을 보여 준다.

오늘날 리더의 자리에 오른 많은 사람들 중에는 다른 사람들은 잘 이끌어 가는데, 자기 자신을 다스리고 통제하는 능력이 없어서 리더십의 정점에서 무너지는 경우가 종종 있다. 겉은 화려하지만 내면적으로는 무너져 있는 지도자들이 얼마나 많은지 모른다. 외관상으로는 화려한 성공을 거둔 것 같고 탁월한 리더십의 능력을 가진 것 같은데, 내면세계의 밑바닥에는 보이지 않는 균열이 있어서 그동안 쌓아 올린 리더로서의 명성이 한순간에 무너지는 사람들을 자주 본다.

그중 한 예가 바로 타이거 우즈(Tiger Woods)다. 그는 스포츠 선수로서 최고의 영예를 입은 사람이다. 그런데 그는 아내가 있는데도 다른 수많은 여인들과 잠자리를 같이 했다는 사실이 발각되어 하루아침에 부끄러운 자리로 떨어지고 말았다. 물론 탁월한 골프 실력이 있었기에 다시 프로의 자리로 나갈 수 있었지만, 중요한 것은 이제 누구도 그를 존경하지 않는다는 사실이다. 이것은 타이거 우즈의 경우만이 아니라, 오늘날 많은 리더들에게 종종 일어나는 일이다.

미국 최고의 디바인 휘트니 휴스턴(Whitney Houston)은 전 세계적으로 1억 7,000만 장이 넘는 판매고를 기록한 최고의 가수다. 오죽하면 하나님이 음악을 만드시고 휘트니 휴스턴에게 "이제 나머지는 너의 몫이다"라고 했다는 이야기가 있겠는가. 그런데 그렇게 최고의 인기를 누리던 그녀가 2012년 2월 11일에 48세의 젊은 나이로 갑자기 세상을 떠나자 그 소식에 사람들은 깜짝 놀랐다. 더군다나 사망 원인이 마약중독에 의한 부작용일 것이라는 이야기가 들리자 팬들의 충격은 이루 말할 수 없었다.

우리는 이같이 성공의 정점을 달리던 사람들이 자기 관리에 실패해서 하루아침에 무너진 이야기를 자주 듣는다. 유명 정치인이나 연예인의 스캔들, 유명 스포츠 선수의 부정이나 승부 조작 등 우리를 충격으로 몰아넣는 사건, 사고가 끊임없이 터져 나온다.

그 중에 가장 충격적인 사건은 바로 사이클의 천재 랜스 암스트롱(Lance Armstrong)의 부정이다. 그는 1999년부터 2005년까지 '투르 드 프랑스'를 7년 연속 우승한 '사이클의 전설'이자 고환암을 이겨낸 '인간 승리의 최고봉'으로 그 누구보다 존경을 받아왔던 인물이다. 그러던 그가 미국 반도핑기구(USADA)의 약물복용 조사 결과 전문적인 방법으로 금지 약물을 썼다는 사실이 발각되어 하루아침에 가장 추악한 선수로 낙인찍히게 되었다. 이로 인해 암스트롱은 지난 14년 선수 생활 동안 쌓은 모든 수상 기록이 삭제 당했으며, 사이클 경기 출전은 물론 코치 활동도 금지 당하고 영구제명을 당해야 했다. 뿐만 아니라 2000년 시드니 올림픽에서 딴 동메달까지 반납해야 하는 수모를 겪어야 했다. 이 얼마나 불행한 일인가.

그러므로 우리는 다른 사람들을 상대하는 리더십의 여러 가지 기술들을 익히기 전에 먼저 자신을 점검해야 한다. 항해를 시작하기 전에 배를 미리 살펴봐야 하듯이, 훌륭한 리더가 되기 위해서는 자신의 내면을 깊이 살펴봐야 한다. 진정한 리더십은 내면에 있는 자기 자신을 다스리는 것으로부터 시작되기 때문이다.

건축물을 지을 때는 눈에 띄는 건물의 외관도 중요하지만, 더 중요한 것은 눈에 보이지 않는 기초다. 건축물이 오랜 세월 동안 흔들리지 않고 견고하게 서 있으려면 눈에 보이지 않는 기초 부분이 튼튼해야 한다. 새뮤얼 D. 리마(Samuel D. Rima)의 《셀프 리더십》에 나오는 다음 그림은 성공적인 셀프 리더십이 리더십의 다른 요소들과 어떻게 관련되어 있는지를 보여 준다.[1]

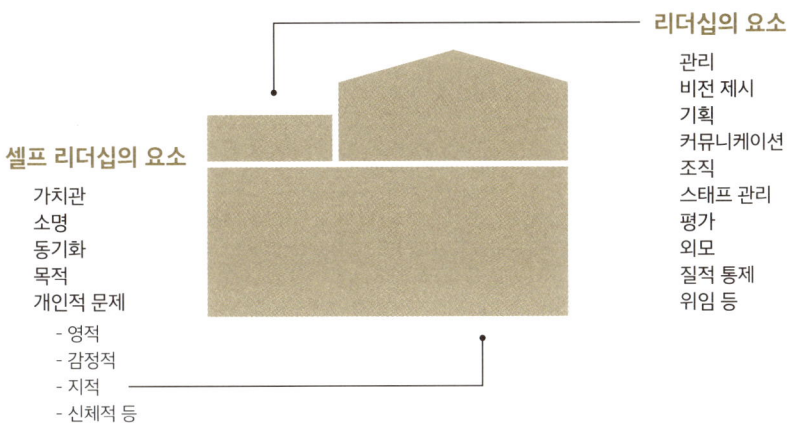

인격의 중요성

셀프 리더십의 요소는 "무엇이 중요한가"라는 가치관의 문제, "왜 내가 리더가 되었는가"라는 리더십의 목적, "나의 직업과 일을 통해 어떻게 하나님의 뜻을 이룰 것인가"라는 소명의 문제와 밀접한 관련이 있다. 또한 셀프 리더십에는 '자기 관리'라는 차원에서 "영적, 감정적, 지적, 신체적 균형을 어떻게 유지할 것인가"라는 문제도 있다. 이에 대해서는 '4장 리더는 자기 관리가 중요하다'에서 따로 다루기로 한다.

이 같은 셀프 리더십의 여러 가지 요소는 결국 '성품' 혹은 '인격'이라는 말로 집약될 수 있다. 훌륭한 리더가 되기 위해서는 리더십의 여러 기술을 습득하기 전에 먼저 리더로서의 자질과 가치관을 형성해야 한다. 바로 이것이 인격적인 기초를 먼저 준비하는 일이다. 인격적인 기초가 준비되지 않은 상태에서는 진정한 리더로서의 역할을 수행할 수 없다. 그래서 공자도 "썩은 나무에는 조각을 할 수 없다"라는 유명한 말을 남긴 것이다.

리더십의 필수 요소에서 카리스마보다 앞서는 것이 인격이라는 사실을 반드시 기억할 필요가 있다. 이것은 마차를 끌 때 마차보다 말을 앞세워야 하는 것과 같은 이치다. 리더가 되기 위해서 카리스마를 꼭 소유할 필요는 없다. 그러나 인격은 반드시 갖춰야 한다.

인격은 오랜 시간에 걸쳐서 형성된다. 그러므로 지도자를 양성하는 데는 시간이 필요하다. 이것은 사과나무를 심는 것과 같다. 씨가 자라서 나무가 되고 열매를 맺는 데는 많은 시간이 요구되기 때문이다. 마찬가지로 어떤 한 사람이 다른 사람에게 리더로서 영향력을 끼치는 단계까지 가기 위해서는 많은 준비와 과정이 필요하다. 이것이 사람을 키우는 일이 농사짓는 일과 비슷하다고 말하는 이유다.

당신은 어떤 인격을 소유하고 있는가? 다음은 미국 최고의 리더십 강사 중 한 명인 존 맥스웰이 자신의 인격이 어떠한지를 스스로 생각하고 평가할 수 있도록 만든 질문들이다. 내용을 살펴보면서 자신에게 부족한 부분이 무엇인지를 생각해 보라.[2]

1. 나는 내게 아무런 유익이 없을지라도 사람들을 잘 대해 주는가?
2. 나는 사람들 앞에서 솔직한가?
3. 나는 내가 상대하는 사람의 입장을 이해하려고 노력하는가?
4. 나는 혼자 있을 때도 다른 사람들 앞에 있을 때와 똑같이 행동하는가?
5. 나는 잘못을 범했을 때 그것을 스스로 인정하는가?
6. 나는 자신의 일보다 다른 사람의 일을 중히 여기는가?
7. 나는 확고한 기준에 따라 도덕적인 결정을 하는가, 아니면 상황에 따라 선택이 달라지는가?
8. 나는 다른 사람의 유익을 위해서라면 개인적인 희생을 감수하고서라도 그것을 택하는가?
9. 나는 사람들에 대해 말해야 할 것이 있을 때 그들에게 말하는가, 아니면 그들에 대해 말하는가?
10. 나는 자신의 생각이나 말 또는 행동에 대해 적어도 다른 누군가에게 책임을 지는가?

사람은 자신보다 못한 사람을 대할 때 자신의 인격이 드러나는 법이다. 여성은 자신이 사귀는 남자가 어떤 인격을 갖춘 사람인지를 잘 알지 못할 때가 많다. 데이트할 동안에는 서로에게 잘 보이려고 애쓰기 때문에 남자의 본모습을 모를 때가 많은 것이다. 그럴 때 알 수 있는 간단한 방법이 있다. 남자와 함께 레스토랑에 가서 그가 종업원들을 어떻게 대하는지 살펴보라. 그가 아랫사람에게 대하는 모습이 바로 그의 숨겨진 인격일 가능성이 많다.

연설가인 켄 밥콕이 언젠가 이런 말을 했다.

"한 남자의 가치는 그가 자기 아내를 어떻게 대하는지, 아랫사람들을 어떻게 대하는지, 그를 위해서 아무것도 해 줄 수 없는 사람들을 어떻게 대하는지를 보면 알 수 있다."[3]

성경을 보면, 위대한 사도 바울이 지도자의 위치에 오른 젊은 디모데에게 보내는 편지가 있다. 이 편지에서 바울은 리더가 되기 위해 갖춰야 할 자질에 대해 다음과 같이 이야기한다.

> "그러므로 감독은 책망할 것이 없으며 한 아내의 남편이 되며 절제하며 신중하며 단정하며 나그네를 대접하며 가르치기를 잘하며 술을 즐기지 아니하며 구타하지 아니하며 오직 관용하며 다투지 아니하며 돈을 사랑하지 아니하며 자기 집을 잘 다스려 자녀들로 모든 공손함으로 복종하게 하는 자라야 할지며"(딤전 3:2-4).

나는 리더십의 관점에서 이 말씀을 읽다가 깜짝 놀랄 만한 사실을 하나 발견했다. 바울은 리더가 되고자 하는 사람이 갖춰야 할 자질 가운데 리더십에 필요한 기술에 해당하는 부분을 단 한 가지만 언급했기 때문이다.

"가르치기를 잘하며"(able to teach).

나머지 부분에서는 모두 리더의 성품과 인격적인 덕목에 관해서만 이야기했다. 이것은 나에게 큰 충격이었다. 리더십에 있어서 인격이 얼마나 중요한 것인지를 새삼 깨닫게 됐다.

인격의 위기에 놓인 시대

오늘날은 실용주의적인 가치관이 지배하고 있는 시대다. 그래서 사람들은 리더의 사적인 개인 생활이 그의 공적인 리더십의 행사와 관련이 있느냐고 의문을 제기한다. 즉, 리더가 개인적으로 어떠한 삶을 살더라도 평소에 자신의 직책에 요구되는 과업을 능숙하게 수행한다면, 그 리더의 인격이나 사생활은 문제 삼을 것이 없다는 식의 태도를 취한다. 그러나 이것이 과연 논리적으로 타당한 이야기인가?

새뮤얼 D. 리마는 "과거에는 리더의 신념과 가치관과 그가 하는 일 사이에 불일치가 있을 경우, 그는 정신이상자로서 일종의 심리적인 통합 문제를 갖고 있는 사람으로 취급받았다"고 말한다. 그런데 요즘에는 그러한 상반됨이 수용 가능하고 심지어 존중되어야 한다고 보는 경향이다. 사실 자신의 가치관과 신념과 상반되는 행위를 지속적으로 하는 사람은 정서적으로나 심리적으로 건강하지 못한 사람이기에, 그런 사람이 지도자의 자리에 앉아서는 안 된다고 그는 주장한다.[4]

스티븐 코비(Stephen R. Covey)는 그의 책 《성공하는 사람들의 7가지 습관》(김영사)에서 자신이 발견한 대단히 중요한 깨달음에 대해 이야기하고 있다. 그가 성공적인 삶의 열쇠를 찾기 위해 지난 200년간에 걸친 성공에 관한 저작물들을 연구하고 조사하는 동안 이 문헌들의 내용에서 깜짝 놀랄 만한 사실을 발견했다. 최근 50년 동안의 성공 문헌들은 대부분 리더십이나 성공의 문제에서 피상적인 응급처치 방식의 해결책을 제시했다. 이와는 대조적으로 미국 건국 후 150년간 나온 문헌들은 대부분 성품 윤리(Character Ethics)라고 부르는 인격에 관심을 집중시키고 있었던 것이다. 여기에는 언행일치, 겸손, 충성, 절제, 용기, 정의, 인내, 근면, 소박함, 순수함, 그리고 황금률 등이 있었다.

문제는, 1차 세계대전 직후부터 성공을 보는 기본적 시각이 성품 윤리에서 이른바 성격 윤리(Personality Ethics)로 바뀌었다는 것이다. 즉, 대인관계를 원활하게 해 주는 성격, 대중적 이미지, 태도와 행동 같은 기법과 기술이야말로 성공에 더 크게 작용한다고 보기 시작한 것이다. 그래서 스티브 코비는 진정한 성공을 얻기 위해서는 성품 윤리를 강조하는 패턴으로 바뀌어야 한다고 주장한다.[5]

《올바른 아이로 키우기》의 저자 토머스 리코나(Thomas Lickona)는 다음과 같이 말했다.

"가치를 전달하는 것은 힘든 일이기는 하지만 문명을 유지하는 핵심이다. 언제나 한 나라의 기본은 GNP나 과학 영재들이나 군사력이 아니라, 바로 국민의 인격이다."[6]

밥슨 대학교(Babson College)와 웨버 국제대학교(Webber International University)를 세운 기업가 로저 밥슨(Roger Babson)은 이렇게 말했다.

"인격은 금보다도 중요하다. 모든 경제 시스템의 성공이 여전히 올바른 리더들과 올바른 사람들에게 달려 있다. 결국 우리 국가의 미래는 국가의 인격에 달려 있다."[7]

오늘날 엉망진창인 아이들의 모습을 보면서 미국 내에서도 인성 교육의 중요성이 다시금 새롭게 강조되고 있다.《건강한 사회인, 존경 받는 리더로 키우는 도덕 지능》을 쓴 미셸 보바(Michele Borba)에 따르면, 최근 미국 전역의 고등학생 1만 명을 대상으로 실시한 조사에서 학생의 약 50%가 매장에서 물건을 훔친 적이 있다고 응답했다. 그리고 4명 중 1명은 일자리를 얻으려고 거짓말을 했고, 10명 중 7명은 지난 1년간 시험 중에 부정행위를 한 적이 있다고 대답했다. 이에 대해 저자인 미셸 보바는 아이들의 도덕 지능(Moral Intelligence)을 강화하는 것만이 아이들을 올바르게 키워 낼 수 있는 방법이라고 주장한다.[8] 지도자에게 인격의 준비가 필요한 이유는, 인격은 힘든 상황에서 바른 결정을 내리게 하는 능력이기 때문이다.

웨스트 포인트 사관학교(West Point Academy)는 미국 최고의 지도자를 길러 내는 사관학교로 정평이 나 있다. 이 학교 출신의 군대 리더로는 남북 전쟁 당시 북군의 율리시스 그랜트(Ulysses Simpson Grant)와 남군의 명장 로버트 리(Robert Edward Lee), 더글러스 맥아더(Douglas MacArthur)와 드와이트 아이젠하워(Dwight Eisenhower) 등이 있다. 이 외에도 성공한 기업가나 회장도 많이 있다. 컬럼비아 대학교, 조지아 공과대학교, 캘리포니아 대학교 등을 비롯한 많은 대학교의 총장과 학장도 이곳 출신이다. 또한 무수한 연방 정부, 주·지방 정부 단위의 책임자들도 이곳을 졸업했다.[9]

《웨스트 포인트 리더십》을 저술한 래리 도니손(Larry R. Donnithorne)은 이와 같이 웨스트 포인트 사관학교가 군사 부문과 민간 부문에 걸쳐 세계적인 리더를 성공적으로 배출한 것은, 이 학교가 오랜 경험을 통해 안정된 통합적인 리더십 교육방식을 갖고 있음을 뜻한다고 말했다. 실제로 웨스트 포인트 사관학교의 교장이었던 데이비드 파머(David Palmer)는 "정신병자만 빼고 누구든지 여기로 보내시오. 그러면 내가 그를 리더로 바꾸어 놓겠소"라고 이야기했다.[10]

그렇다면 웨스트 포인트 사관학교의 수준 높은 리더십 훈련의 비결은 무엇일까? 그 비밀은 철저한 인성 교육에 있다. 그들은 사관생도들을 교육시킬 때 다음과 같은 명예 규범을 철저히 지킬 것을 요구한다.

"우리는 사관생도로서 거짓말을 하지 않으며, 속이지도 않고, 훔치지도 않으며, 그런 행동을 하는 사람을 보고 참지도 않는다."[11]

여기서 문제는 네 번째 항목이다. 대부분의 생도들은 거짓말을 하지 않고, 남의 것을 훔치지 않으며, 속이지 않겠다는 3개 항목의 법칙을 준수하는 데 그다지 큰 어려움을 느끼지 않는다. 그러나 3개 항목을 어긴 사람을 보고 참지 말아야 한다는 네 번째 항목에서는 종종 도덕적 갈등을 느끼게 된다. 대다수의 사람들이 친구를 배신해서는 안 된다는 원칙과 함께 성장해 왔기 때문이다. 그러나 그들은 이 같은 경험을 통해 조직이 공유하는 가치가 동료에 대한 개인적인 충실성보다 더욱 중요하다는 사실을 깨닫게 된다. 이것은 나중에 그들이 리더가 되어 고도의 수행 능력을 갖춘 조직을 만드는 데 큰 도움이 된다.[12]

그렇다면 그들이 이같이 윤리적 규범을 실천하도록 교육받고 여러 가지 극한 상황에 놓이는 훈련을 받는 것이 장차 리더십을 발휘할 때 어떤 도움이 될까? 래리 도니손에 따르면, 웨스트 포인트 사관학교 출신들은 인생을 살아가면서 어려운 의사 결정을 할 때 결정적으로 '힘들지만 옳은 쪽'을 선택한다는 것이다. 이것이 중요한 것이다. 리더는 분명한 삶의 원칙과 철학이 있어야 한다. 개인의 선택의 문제에서도 그렇고, 기업이나 한 단체의 존망을 결정짓는 선택에서도 분명한 소신과 원칙을 가지고 결정할 수 있어야 한다. 이것을 가능하게 하는 것이 바로 리더의 인격이다. 그런데 문제는 오늘날 많은 사람들이 리더십에서 이 같은 인격의 요소를 무시하고 있다는 사실이다.

오스 기니스는 그의 책 《Character Counts》에서 오늘날의 리더십에서 인격 부분이 결여된 이유 중 하나는 리더십이 너무나 권력 지향적으로 흘러 버렸기 때문이라고 지적한다. 즉, 모든 사람들이 리더십에서 힘의 요소만을 추구하다 보니 인격적인 요소를 잃어버렸다는 것이다.

또한 그는 리더에게 인격이 중요한 이유를 두 가지로 설명한다. 첫 번째는 외적인 이유로, 인격은 리더와 팔로워 사이를 묶어 주는 신뢰점을 제공하기 때문이다. 리더가 인격이 갖춰지지 않으면 팔로워로부터 신뢰감을 잃어버리기 때문에 리더십을 발휘할 수 없는 것이다. 두 번째는 내적인 이유로, 인격은 리더에게 가장 필요한 방향감각을 잡아 주는 나침반의 역할과 절제를 도와주는 브레이크의 역할을 하기 때문이다. 많은 경우에서 선을 행하게 하는 근본 요인이나 잘못된 결정을 막아 주는 마지막 보루가 바로 인격이다.[13]

오스 기니스는 인격은 3개의 요소를 지니고 있다고 주장한다. 전부 'C' 자로 시작하는데, Core(핵심)와 Consistency(일관성)와 Costs(희생)이다. 핵심은 '인격이란 한 사람의 가장 중심에 있는 것을 반영하는 것'이라고 보는 것이다. 일관성은 '어떤 사람이 습관적으로 반복해서 행하는 것' 속에 그 사람의 인격이 숨어 있다고 보는 것이다. 희생은 '희생을 요구하는 상황에서 내리는 결정'을 통해 그 사람의 인격이 가장 분명하게 드러나기 때문에 희생을 인격의 요소에 넣을 수 있다고 보는 것이다.[14]

이 같은 이해를 바탕으로 인격이란 '어떤 희생을 치르더라도 그 사람이 핵심적으로 일관성 있게 추구하는 것'을 의미한다고 말할 수 있다. 다른 말로 하면 우리의 인격은 핵심 가치(core values) 속에 녹아 있는 것이다. 그러므로 어떤 사람의 핵심 가치를 알면 그 사람의 인격이 어떠한지를 짐작할 수 있다. 고매한 인격의 소유자가 되고자 한다면, 고매한 핵심 가치를 소유한 사람이 되어야 할 것이다.

핵심 가치에서 인격이 나온다

핵심 가치가 중요한 이유는, 기업이나 공동체의 리더가 결정적인 순간에 어떤 결정을 내려야 할지를 가르쳐 주는 지침이 되기 때문이다. 미국 소니(Sony)의 기술 이사인 탠비어 아마드(Tanveer Ahmad)는 다음과 같은 말을 했다.

"리더로서의 굳건한 토대를 만들기 위해서는 무엇보다 먼저 자신의 가치관을 명확히 하고, 분명하고 자신 있게 자기를 표현해야 한다. 리더가 되는 과정에 관한 한 이 첫 번째 단계를 대체할 만한 쉬운 방법이나 지름길 혹은 회피 방법은 없다. 명확한 가치관을 갖고 그것을 사람들에게 밝힐 때 구성원들의 자발적인 지원이 가능하고, 리더로서의 중요한 지지대가 만들어진다."[15]

우리가 알아야 할 사실은, 개인이나 공동체가 올바른 핵심 가치를 지니고 있으면 장기적으로 성공과 번영으로 나갈 수 있는 가능성이 높아진다는 것이다. 그러므로 공동체의 리더는 평소 핵심 가치에 따라 살고, 공동체의 구성원들에게도 이 핵심 가치를 계속 주입시키고 인식시키는 것이 필요하다. 사람은 결정적인 순간에 평소에 듣고 보고 생각하던 대로 행동하기 때문이다.

우리는 모두 인생에서 중요한 선택을 할 때 각자가 가지고 있는 핵심 가치에 의해 선택한다. 그러므로 리더가 제대로 된 핵심 가치를 지니고 있는 것이 너무나 중요하다. 위기의 순간이 닥칠 때 분명한 핵심 가치를 갖고 있으면 그것이 빛을 발하고, 그로 인해 자신이 어떤 인격을 지니고 있는지가 드러나기 때문이다.

리더가 지녀야 할 핵심 가치

다음은 리더라면 갖고 있어야 할 핵심 가치의 예다.

1) 사람 중심(People-based)

메리 케이 애시(Mary Kay Ash)는 자신만의 독특한 화장품 회사인 메리 케이(Mary Kay) 화장품 회사를 설립하여 미국 3대 화장품 회사 중 하나로 성장시켰다. 그러나 이보다 더 놀라운 사실은, 회사 직원의 만족도가 너무나 높다는 것이다. 다시 태어나도 이 회사에서 일하고 싶다고 말하는 직원이 부지기수다. 이것은 직원들을 행복하게 해 주는 것이 자신의 사명 중 하나라고 생각하는 메리 케이 회장의 신념에서 비롯되었다.

그녀는 사람들을 진심으로 사랑하는 비즈니스 리더였다. "남에게 대접을 받고자 하는 대로 너희도 남을 대접하라"(눅 6:31)는 성경의 황금률 원칙에 따라 살고자 했던 그녀는 회사의 손익계산서(P&L: Profit & Loss)의 P & L이 'People & Love'를 의미한다고 주장할 정도였다.

영화〈쉰들러 리스트〉의 주인공인 오스카 쉰들러(Oskar Schindle)는 원래 돈을 많이 버는 것이 인생의 목적이었다. 그러다가 유대인의 곤경을 목격하고 나서는 자신이 가진 돈보다 사람의 생명이 더 중요하다는 가치관을 갖게 되었다. 그래서 자신의 재물을 허비하면서까지 유대인들을 구했다. 그 결과 그는 영웅이 되었다. 이것이 사람 중심의 핵심 가치가 가져다주는 감동이다.

2) 공동체 중심(Community-based)

이는 자신의 이익보다 대중의 이익을 먼저 생각하는 삶의 태도다. 소아마비 백신을 개발한 미국의 의학자 조나스 소크(Jonas Edward Salk) 박사의 경우를 생각해 보라. 그 당시 소아마비는 세계 곳곳에 창궐한 가장 두려운 질병 중 하나였다. 소크 박사는 백신의 개발을 위해 서로 다른 물질로 200번이나 실험했지만 전혀 성공하지 못했다. 각고의 노력 끝에 1955년 마침내 소아마비 백신을 개발했다. 이 같은 백신의 성공은 그에게 엄청난 부(富)를 가져다 줄 것이 명백했다. 그러나 그는 그 백신제조법을 특허로 등록하지 않고 무료로 공개했다. 주변 사람들이 왜 특허로 등록하지 않느냐고 하자 그는 한마디 말로 대답했다.

"나는 백신을 특허로 등록하지 않을 것입니다. 저 태양을 특허로 신청할 수 없듯이 말입니다."

이 같은 노력으로 소아마비 백신은 싼값으로 공급될 수 있었고, 수많은 어린이들이 소아마비의 위험에서 구출되었다. 훗날 《타임》(*Time*)은 그를 20세기의 위인 100명 중 한 사람으로 선정했다.

3) 탁월함(Excellence)

탁월함을 추구하려는 자세도 중요한 핵심 가치 중 하나가 될 수 있다. '기적의 사과' 이야기를 들어 본 적이 있는가? 이 사과는 일본 아오모리 현에 사는 기무라 아키노리(きむら あきのり)가 생산하는 사과로, 일본에서는 모르는 사람이 없다.

이 사과에 얽힌 재미있는 이야기가 있다. 1991년 가을, 일본 아오모리 현에 강력한 태풍이 불어서 사과의 90% 이상이 떨어져 이 지역의 사과 농가들이 치명적인 피해를 입었다. 피해액만 742억 엔이 넘었다. 그런데 놀랍게도, 다른 밭에서 뽑힌 사과나무가 날아올 정도의 거센 태풍에도 기무라의 사과는 80% 이상이 그대로 나무에 달려 있었다. 나무의 뿌리가 다른 사과나무보다 몇 배 더 깊이 뻗어 있었고, 가지와 열매를 연결하는 사과 꼭지가 다른 나무보다 훨씬 두껍고 단단했기 때문이다.[16]

오늘날 유기농 사과라고 하는 것도 사실은 19세기에 농약이 발명되면서 개량된 농약 없이는 생산되지 않는 품종이라고 한다. 다시 말하면 우리가 먹을 수 있는 유기농, 무농약 사과는 사실상 존재하지 않는 것이다. 어떤 식으로라도 농약을 쓰지 않은 사과밭은 병과 해충이 걷잡을 수 없이 발생해 손쓸 방법이 없다고 한다. 여기에 도전장을 낸 사람이 바로 기무라 아키노리다. 그는 농약이 없으면 병이나 벌레로부터 사과를 지켜 낼 수 없다는 기존의 상식에 의문을 품었다. 그러면서 인간이 만들 수 있는 최고의 사과를 만들어 내기 위해 100% 자연산 사과를 만들기로 결심한다.

그러나 그의 이러한 결심은 그에게 엄청난 재앙을 가져왔다. 몇 년 동안 그의 사과밭에서 사과가 단 한 개도 열리지 않은 것이다. 결국 그는 가난이라는 막다른 골목으로 내몰려 죽음을 결심하고 산으로 올라갔다. 그런데 그곳에서 우연히 사과나무라고 착각할 정도로 탐스러운 열매를 맺은 도토리나무를 발견하고는 섬광 같은 깨달음을 얻었다. 《기적의 사과》라는 책에 그가 얻은 깨달음이 다음과 같이 적혀있다.

"숲 속에는 누구도 농약 한 방울 뿌리지 않지만 나뭇잎들이 우거져 있었다. 그는 그 비밀이 나무가 뿌리를 내린 흙에 있다는 사실을 알아차렸다. 지금까지 사과나무의 보이는 부분에만 신경을 썼는데, 사실은 보이지 않는 뿌리 부분에 답이 있었던 것이다. 병이나 벌레 때문에 사과나무가 약해진 것이 아니라, 사실은 사과나무가 약해졌기 때문에 벌레와 병이 생긴 것이다."[17]

이 사실을 깨달은 그는 자신의 사과밭의 흙을 산속 환경처럼 만들기 위해 노력했다. 사과밭에 잡초가 무성히 자라도록 내버려 두고, 흙이 본래의 생명력을 회복할 수 있도록 애썼다. 그의 이러한 노력은 9년 만에 결실을 맺었다. 11년째가 되자 그의 사과나무에는 탐스러운 사과가 가득 열리게 되었다. '농약 한 방울, 비료 한 주먹' 없이 키운 사과이기에 태풍이 불어도 떨어지지 않고, 사과나무에 병충해가 덤비지 못했다. 지금 그의 사과를 사려면 미리 1년 전에 예약을 해 두어야 한다.

그는 대대로 사과 농사를 하는 집안에서 자랐다. 그냥 전통적인 방식대로 사과를 재배했어도 먹고사는 데는 지장이 없었을 것이다. 그러나 사과 재배를 하는 데 있어서 탁월성을 집요하게 추구한 결과 그는 기적의 주인공이 될 수 있었다.

탁월함의 중요성에 대해 레오나르도 다 빈치(Leonardo da Vinci)가 한 말이 있다.

"나는 쇠붙이에 불과했다. 하지만 평생 면도날이 되고자 애썼다."

4) 성실함(Faithfulness)

성실함은 핵심 가치에서 가장 기본적인 덕목에 넣을 만한 것이다. 성실성이 삶의 기본 가치로 자리 잡지 않고서는 어떤 일도 제대로 이룰 수 없기 때문이다. 옛날에 도사들이 도를 닦으러 오거나 무예를 배우러 오는 사람이 있으면 바로 가르쳐 주지 않고 밥 짓고 빨래하는 일부터 시키고, 3년쯤 지켜보다가 비법을 가르쳐 준 데는 다 그만한 이유가 있었다. 먼저 그 사람의 성실성을 테스트해 보는 것이다. 성실하지 않은 사람은 아무리 가르쳐 봤자 어느 단계 이상은 발전하지 못하기 때문이다.

스포츠 스타 가운데 잘하는 사람들이 많이 있지만, 그중에서도 재능이 걸출하게 뛰어난 사람들은 모두 말할 수 없이 성실한 사람들이었다. 반짝하는 재능만 가지고는 안 된다. 그 재능을 계속 빛나게 하기 위해서는 말할 수 없는 노력이 필요한 것이다.

팻 윌리엄스와 마이클 웨인렙이 쓴 《성공 프로젝트, 마이클 조던 되기》는 자기 자신을 잘 관리하는 셀프 리더십 차원에서 마이클 조던(Michael Jordan)을 분석한 책이다. 나는 이 책을 통해 마이클 조던은 타고난 재능

위에 놀라운 성실성이 덧붙여져서 영원히 기억에 남을 농구 선수가 되었음을 알았다.

마이클을 한마디로 표현하면 지독한 연습벌레였다. 원정 경기를 가서 새벽 2-3시경에 비틀거리며 버스에서 내린 선수들이 호텔로 들어가고 싶어 할 때, 마이클은 또다시 연습을 하러 간 적이 많았다. 또 오후 연습에서 녹초가 되도록 뛰고도 새벽부터 일어났다. 정규 훈련이 시작되기 4시간 전인 오전 6시면 어김없이 체육관에 도착해 있었다.[18]

존 바치는 마이클 조던에 대해 이렇게 이야기했다.

"마이클은 천재이면서도 자신의 천재성을 좀 더 향상시키고자 하는 보기 드문 자질을 지녔다."

시카고 불스(Chicago Bulls)에서 마이클의 감독을 맡았던 덕 콜린스(Doug Collins)는 이렇게 말했다.

"오늘날의 마이클을 만든 건 연습이에요. 그는 날마다 자신이 최고라는 걸 보여 주어야 했죠. 그것은 마이클의 일부가 되었어요. 어떤 선수들은 밤 연습을 빼먹고 어떤 선수들은 낮 연습을 빼먹었지만, 마이클은 연습을 빼먹은 적이 한 번도 없었어요. 재능이 문제가 아니에요. 그런 연습이야말로 그를 모든 선수들의 위에 올라서게 한 거죠."[19]

이처럼 우리가 천재라고 생각하는 사람들이 사실은 엄청난 노력의 산물인 경우가 많다. 토머스 에디슨(Thomas Alva Edison)이 죽었을 때 그의 서재에는 3,600권의 스케치북이 발견되었다고 한다. 탁구로 세계를 제패한 김택수는 하루에 1만 개의 스매싱 훈련을 했다. 전 국가대표 축구 선수 이영표는 어릴 때부터 국가대표 선수가 되고자 결심하고, 청소년 시절에 이미 줄넘기 2단 뛰기를 한 번에 1,000번씩 해낼 정도로 10년 이상 자신을 훈련하며 단련시켰다.[20]

인기작가 말콤 글래드웰(Malcolm Gladwell)은 그의 저서 《아웃라이어》(김영사)에서 어느 분야에서든 세계적인 수준의 전문가나 마스터가 되려면 1만 시간의 연습이 필요하다고 했다. 이는 대략 하루에 3시간, 일주일에 20시간씩 10년간 연습한 것이다. 어느 분야에서든 이보다 적은 시간을 연습해서 세계 수준의 전문가가 탄생한 경우를 발견하지 못했다는 것이다.

헨리 워즈워스 롱펠로(Henry Wadsworth Longfellow)가 한 말을 기억하라.

"성공한 사람들이 도달한 높은 고지는 단번에 오른 것이 아니다. 경쟁자들이 밤에 잠을 자는 동안 한 발짝 한 발짝 기어오른 것이다."

5) 섬김의 정신(Servanthood)

이것은 다른 사람을 섬기고자 하는 삶의 자세다. 사업을 하면서도 이런 태도로 할 수 있다. 미국의 신발 회사인 탐스(TOMS)는 신발이 한 켤레 팔릴 때마다 무료로 다른 한 켤레를 신발이 필요한 저개발 국가의 아이들에게 보내 준다. 이 일은 창업자인 블레이크 미코스키(Blake Mycoskie)가 아르헨티나에 여행을 갔을 때, 그곳 아이들이 신발 없이 다니며 각종 질병에 노출되는 것을 보고 결심한 것에서 시작되었다. 지금까지 탐스는 100만 켤레가 넘는 신발을 아이들에게 보내 주었다.[21]

머크(Merck) 제약 회사도 섬김의 정신으로 유명한 회사다. 이 회사는 2차 세계대전 후 일본이 결핵에 신음할 때 일본 사람에게 스트렙토마이신을 돈을 받지 않고 대량으로 제공했다. 물론 당시에는 그러한 행동으로 인해 전혀 이익을 남기지 못했다. 그러나 머크는 오늘날 일본에서 가장 큰 제약 회사가 되었다. 이는 그들이 뿌려 놓은 씨앗을 거두고 있는 것일 가능성이 크다.

이 외에도 머크는 아마존 오지에 사는 원주민들이 눈에 기생충이 들어와 눈이 멀게 되는 온코세르시아시스라는 병으로 고통을 겪고 있을 때, 그들을 돕기 위해 벽촌에 약을 공급하는 독자적인 배포 시스템을 만들어 전 세계의 수백만 명에게 약을 공짜로 제공했다. 분명히 자선단체가 아니고 기업인데도 그렇게 한 이유는, 자신의 궁극적인 존재 이유가 돈벌이에 있다고 보지 않았기 때문이다. 다음은 머크의 설립자의 아들인 조지 머크(George Merck) 2세가 자신의 회사의 철학을 피력한 이야기다.

"우리는 약이 환자들을 위한 것임을 잊지 않으려고 합니다. 약은 이윤을 내기 위한 것이 아닙니다. 이윤은 따라오는 것이고, 우리가 그 점을 잊지 않는 한, 이윤은 결코 나타나지 않은 적이 없습니다."[22]

그 회사의 핵심 가치에는 섬김의 정신이 들어 있는 것이다. 이로 인해 《포춘》(Fortune)은 머크 제약 회사를 7년 연속 '세계에서 가장 존경받는 기업'으로 선정했다.

6) 책임감(Responsibility)

책임감은 리더에게 꼭 필요한 요소로서 어떤 상황이 발생했을 때 비록 손해를 보더라도 자신이 책임지는 위치에 서는 것을 의미한다.

존슨 앤 존슨(J & J) 기업의 이야기는 유명하다. 1982년, 누군가 존슨 앤 존슨이 생산하는 해열진통제인 타이레놀 캡슐에 독극물을 집어넣어 시카고 지역에 7명의 사상자를 냈다. 그때 그 회사는 즉시 전 국민에게 위험을 알렸으며, 이 사건이 시카고 지역에서만 발생했음에도 불구하고 즉각 전 미국 시장에서 타이레놀 제품을 모두 거둬들였다. 회수 비용만 2억 5,000만 달러에 달했다.[23] 이것은 결코 쉽지 않은 결정이었지만, 기업으로서의 대사회적 책임감에서 나온 것이다. 그러나 미국의 모든 기업이 이렇게 책임감 있게 행동하지는 않는다.

1989년, 월 스트리트의 유서 깊고 영향력 있는 기업인 톰슨 앤 매키넌(Thompson and McKinnon)이 파산을 했다. 그런데 이 사건에 대해 미국의 경제지인 《포브스》(Forbes)는 "배와 함께 가라앉기를 거부한 선장들"(The Captains Who Didn't Go With The Ship)이라는 제목으로 신랄한 비판 기사를 실었다. 그 이유는 기업이 도산하는 과정에서 경영진들이 윤리적으로 잘못된 리더십을 보여 주었기 때문이다. 그들은 회사가 도산하는 것을 알게 되자 자신들이 책임져야 할 직원들에 대해서는 일말의 배려도 없이 그들의 연금을 포함한 회사 자산을 교묘하게 빼돌렸다. 상상할 수 없을 정도의 엄청난 액수를 따로 챙겨 빼돌린 것이다.[24]

7) 정직성(Honesty)

리더의 핵심 가치로 정직성만큼 중요한 것이 없다. 오늘날 정직성의 문제는 모든 나라가 공통적으로 안고 있는 심각한 문제다. 미국의 고등학교 인명사전에서 고교 우등생 3,100명을 대상으로 조사한 결과, 미국 전역의 우등생 중 80%가 학업 부정을 저질렀다고 고백했다.[25] 이들은 장차 미국의 지도자가 될 학생들인데, 이러한 통계가 나온다는 것은 심각한 일이다. 이처럼 정직을 핵심 가치로 삼고 있지 않은 학생들이 사회로 배출되면 어떻게 되겠는가? 그들은 기업을 운영하면서도 부정을 저지르게 되고, 그로 인해 많은 사람들이 고통 받게 된다. 그러므로 리더에게는 무엇보다 정직성이 절실히 요구된다.

리더십 전문가인 제임스 쿠제스(James Kouzes)와 배리 포스너(Barry Posner)는 다음과 같은 말을 했다.

"우리가 주도한 거의 모든 여론 조사에서 리더십에서 필요한 성품 중 정직이 가장 자주 선택되었다. 정직은 리더십에서 절대적으로 필요하다.

만약 사람들이 어떤 사람을 자발적으로 따르려 할 경우, 전쟁터에서나 회의장에서나 그들은 우선적으로 그 사람이 신뢰할 만한지에 대한 확신을 가지기 원한다."[26]

리더가 되고자 하는 사람이라면 정직을 핵심 가치로 삼아야 한다. 정직하지 않은 리더, 신뢰할 수 없는 리더를 따라가고자 하는 사람은 아무도 없을 것이기 때문이다.

핵심 가치대로 사는 삶

리더십 분야의 전문가인 워런 빌헬름(Warren Wilhelm)은 세상이 변하는 속도가 점점 더 빨라짐에 따라 확고한 기본적 가치관이 더욱 중요하게 된다는 사실을 지적했다. 중요한 판단을 하는 자리에 있는 리더일수록 자신의 핵심 가치를 분명히 해야 한다. 또한 여기서 중요한 것은, 제대로 된 핵심 가치를 소유할 뿐 아니라 이를 철저하게 실천하는 것이다. 이를 위해 선택의 두 원을 머릿속에 넣어 두는 것이 필요하다.

인생을 살면서 가치의 원 안에 핵심 가치의 원을 갖고 있는 사람이 있고, 그런 핵심 가치 없이 그냥 가치의 원만 갖고 사는 사람이 있다. 가치의 원만 갖고 사는 사람은 선택의 순간에 큰 어려움이 없을 것이다. 선택의 폭이 넓기 때문이다. 그는 여러 가지 선택의 순간에 자신에게나 자신이 이끌고 있는 공동체에 가장 유익이 되는 쪽으로만 선택하면 된다. 그러나 가치의 원 안에 핵심 가치라는 또 하나의 원을 갖고 있는 사람은 선택이 그렇게 용이하지가 않다. 아무리 가치 있고 자신이나 자신이 속한 공동체에 유익이 되는 것이라 할지라도, 그것이 자신이 갖고 있는 핵심 가치의 원 밖에 있는 것이라면 선택할 수 없기 때문이다. 리더로서 올바른 인격자가 되려면 선택의 두 원을 언제나 마음속에 두어야 한다. 그리고 언제나 핵심 가치 안에서 선택해야 한다. 그렇게 할 때 단기적으로 손해를 볼 수는 있으나 장기적으로는 존경받는 사람이 될 것이다.

성경에서 핵심 가치의 원 안에서 모든 선택을 했던 대표적인 인물이 있다. 바로 다니엘이다. 그는 이스라엘 사람이었는데, 자신의 조국이 전쟁에 휩쓸리게 되어 바벨론에 포로로 끌려가게 된다. 그리고 적의 왕궁에서 교육받게 된다. 그때 그는 타락한 바벨론 문화에 휩쓸릴 수도 있었으나, 자신의 평생의 삶을 꿰뚫는 핵심 가치를 설정하여 그 안에서 모든 중요한 선택을 함으로써 놀랍도록 성공적인 삶을 살았다.

성경을 보면, 다니엘이 젊은 나이에 뜻을 정했다는 말이 나온다(단 1:8). 이것을 리더십 용어로 표현하면 핵심 가치를 정한 것이다. 그에게는 몇 가지 중요한 핵심 가치가 있었다. 첫째, 우상에게 바쳐진 제물이나 다른 더러운 것으로 절대로 자신을 더럽히지 않는다. 둘째, 일상의 삶에서나 공직 생활에서 절대로 흠 잡힐 일을 하지 않는다. 셋째, 무슨 일이 있어도 하나님 중심으로 살고, 하루 세 번의 기도 시간을 빼먹지 않는다. 이것이 그의 생애를 관통하는 핵심 가치였다.

그의 핵심 가치를 시험해 볼 기회는 의외로 빨리 왔다. 그는 자신이 먹는 왕궁의 음식이 바벨론의 우상에게 바쳐졌던 것임을 알고는 채소만 먹기로 결심했다. 포로로 끌려온 주제에 왕이 내리는 음식을 거부하면 죽임을 당할 수도 있는 상황이었지만, 그는 자신의 핵심 가치의 원 안에서만 선택했다. 다행히 하나님의 은혜로 그는 죽임을 당하지 않았고, 오히려 그 후에 바벨론 왕의 꿈을 해석하여 고위 관직에 오르게 된다.

그가 고위 관직에 있을 때 두 번째 시험이 찾아왔다. 이 시험은 그가 모르는 사이에 찾아왔다. 다니엘의 정적이 그를 모함하기 위해 그가 저지른 실수가 있는지 샅샅이 살펴본 것이다. 털어서 먼지 안 나는 사람이 없다고 하지만, 그는 공직 생활을 하는 동안 핵심 가치의 원 안에서 일체의 뇌물을 받지 않고 청렴결백하게 살았다. 그 결과 그의 정적들의 서릿발 같은 조사에도 그는 아무런 트집도 잡히지 않았다.

마지막 세 번째 시험은 더 잔인한 것이었다. 정적들은 다니엘이 정치적으로 아무 흠이 없으니까 그의 신앙을 이용해서 그에게 올무를 씌우고자 했다. 교활한 그들은 왕을 선동해 특정 기간 동안 왕 외에 어떤 신에게도 기도를 못하게 했다. 그렇게 함으로써 그들은 기도하는 다니엘을 함정에 빠트리고자 한 것이다. 그러나 다니엘은 조서에 어인이 찍힌 것을 알고도 기도 시간을 빠뜨리지 않았다. 늘 하던 대로 창문을 열어 놓고 예루살렘을 향해 기도했다. 그 결과는 사자 굴에 들어가는 것이었지만, 그는 자신이 갖고 있는 핵심 가치의 원 안에서 그와 같은 선택을 했다.

다니엘에 비해서 삼손은 어떠한가? 그는 성경에서 핵심 가치 없이 살았던 대표적인 인물이다. 삼손은 당시 이스라엘의 사사였다. 왕이 없던 시대였기에 사사라고 하면 이스라엘의 최고 지도자 위치에 있는 사람이다.

그러나 성경을 아무리 살펴봐도 그가 제대로 된 리더십을 발휘한 내용은 나오지 않는다. 그의 많은 능력과 탁월한 은사에도 불구하고 그는 이스라엘 민족의 지도자 역할을 감당하지 못했다. 나중에는 팔레스타인 사람들에게 눈이 뽑히고 조롱당하는 수모를 겪었다.

그가 그렇게 된 이유는 무엇인가? 한마디로 원칙 없는 삶을 살았기 때문이다. 그는 날 때부터 하나님께로부터 구별된 나실인이었다. 그러므로 그는 거룩하게 살아야 했고, 나실인으로서 지켜야 할 삶의 원칙을 따라야 했다. 그러나 삼손은 그런 것을 전혀 개의치 않았다. 나실인은 시체를 만지면 안 되었지만, 그는 죽은 사자의 몸에 꿀이 있는 것을 보고 아무 거리낌 없이 그것을 주워 먹었다. 또한 이방 여자일지라도 그의 마음에 들면 서슴지 않고 자신의 부인으로 삼았다. 이처럼 그의 삶은 원칙이 없는 삶이었다. 이것이 삼손이 사사라는 직분은 있었지만 이스라엘의 리더로서 영향력을 발휘하지 못한 이유다.

그에 비해 다니엘은 철저한 핵심 가치를 소유했다. 그래서 그는 비록 이방 국가의 포로로 끌려가 있었지만, 당대 최고의 국가인 바벨론의 왕에게까지 엄청난 영향력을 미치는 영적 인물이 될 수 있었다.

다니엘의 일생을 자세히 살펴보면, 그는 분명한 핵심 가치가 있었을 뿐 아니라 그것을 목숨 걸고 지켰다. 사실 다니엘이 정한 3개의 핵심 가치는 조금이라도 열심이 있는 신앙인이라면 누구나 작정할 만한 것이다. 놀라운 사실은, 다니엘이 그 결심을 지키기 위해 자기의 생명을 걸었다는 것이다. 여기에 다니엘의 위대함이 있는 것이다. 핵심 가치를 만드는 것은 쉽다. 그러나 그것을 실천하는 것은 어려운 일이다. 여기에 비범함과 평범함의 차이가 있다. 다니엘을 비범한 사람으로 만든 것은 그가 자신이 정한 핵심 가치를 실천하기 위해 목숨을 걸었다는 데 있다.

핵심 가치는 실천하지 않으면 아무 소용이 없다. 핵심 가치를 분명하게 정하고, 그것을 목숨 걸고 지켜야 한다. 그것이 리더의 인격을 결정하고, 리더의 영향력을 결정하기 때문이다.

결국 좋은 리더와 나쁜 리더의 차이는 그에게 올바른 핵심 가치가 있느냐, 없느냐로 결정된다. 그리고 좋은 리더와 위대한 리더의 차이는 그가 자신의 핵심 가치를 얼마나 끝까지 붙잡을 수 있느냐로 결정된다.

인격은 중요한 순간에 드러나지만, 인격이 형성되는 때는 평범한 순간이다.
_필립스 브룩스(Phillips Brooks)

전재용 선장과 보트 피플

1975년 4월 30일, 베트남이 패망하게 되자 새로 들어선 공산 정권에 의한 학살을 두려워한 사람들이 줄을 지어 베트남을 탈출했다. 이때 배를 타고 탈출한 사람들의 숫자가 대략 150만 명으로 국제사회에서는 이들을 보트 피플(Boat People)이라고 불렀다. 이들은 어느 나라에서도 환영받지 못했고, 지나가는 상선들도 골치 아파 하면서 피해 다니는 존재였다.

그런 상황에서 1985년 11월 14일, 한국의 원양어선 광명 87호의 전재용 선장은 인도양에서 참치 잡이를 마치고 부산으로 귀항하던 중 기관이 고장 난 작은 보트를 타고 있는 베트남 보트 피플을 발견했다. 그는 출항 전에 이미 회사로부터 난민 보트를 보면 무시하라는 지시를 받고 출발한 터였다. 그러나 보트 피플을 발견한 전 선장은 위기에 처한 그들을 차마 무시하고 지나칠 수가 없었다. 그래서 자신에게 닥칠 모든 불이익을 감수하고 그들을 구하기로 마음먹고 배를 돌렸다. 멀리 간 줄 알았던 전 선장의 배가 다시 다가오자 물 한 모금 먹지 못하고 사흘을 굶은 채로 있던 96명의 베트남인들은 환호성을 질렀다.

전 선장이 보트 피플 구조소식을 전하자 본사에서는 그들을 무인도에 내려 놓고 오라고 지시했다. 그러나 그는 그 지시를 무시하고 그들을 무사히 부산항까지 실어다 주었다.

보트 피플의 대표인 피터 누엔은 전재용 선장이 보여 준 친절을 평생 잊을 수가 없었다. 부산까지 가는 열흘 동안 선장은 여성과 아이들에게 선원들의 침실을 내주었고, 노인과 환자를 선장실로 모셔 와 치료하고 보살펴 주었다. 선원 25명의 열흘 치 식량과 생수를 96명의 베트남인과 나눠 먹으며 어렵게 부산까지 왔다.

부산항에 도착한 즉시 전 선장은 회사로부터 해고 통지를 받았으며, 난민 구출 이유로 국가정보기관에 불려 가 조사까지 받았다. 그 후 그는 여러 선박 회사에 이력서를 넣었으나 취직하지 못했다. 결국 고향인 통영으로 내려와 멍게 양식업을 하며 겨우 생계를 유지해야 했다.

그로부터 19년이 지난 뒤, 구출된 후 미국에서 살고 있던 베트남인들이 전 선장의 거주지를 어렵게 수소문하여 그를 미국으로 초청했다. 전 선장은 보트 피플을 포함한 많은 베트남인들의 환영을 받았고, 이 사실은 유엔에까지 보고되었다.

그는 미국에서 열린 환영 행사에서 자신의 결정으로 많은 것을 잃었지만, 지금까지 자신이 한 일에 대해 단 한 번도 후회해 본 적이 없다고 고백했다. 그러면서 그는 자신이 아닌 다른 사람이 그 자리에 있었더라도 당연히 그랬을 것이라며 겸손을 표시했다. 그러나 그날 파도가 치는 망망대해에서 그 난파선을 지나친 배가 무려 25대였다는 사실은 무엇을 말해 주는가? 고귀한 핵심 가치를 지니는 것은 아무나 할 수 있는 일이 아니라는 사실을 보여 준다.

나눔을 위한 질문

2
리더에게 있어야 할 가치들

1. 셀프 리더십이라는 말을 들어 본 적이 있는가? 그 말을 처음 들었을 때 어떤 느낌을 받았는가?

2. 오늘날 성공의 정점에 있는 사람들이 추락하는 것을 보면서 어떤 느낌이 드는가? 그들의 추락 원인이 무엇이라고 생각하는가?

3. 리더십에서 인격이 카리스마보다 앞서야 한다는 말에 동의하는가? 리더십에서 인격이 그토록 중요한 이유는 무엇이라고 생각하는가?

4. 존 맥스웰이 제시한, 인격을 진단하는 10가지 질문을 살펴봤을 때 자신에게 부족한 부분은 무엇이라고 생각하는가?

5. 오늘날 성격 윤리가 성품 윤리를 대체한 것이 왜 리더십의 위기를 불러왔다고 생각하는가?

6. 올바른 핵심 가치를 소유하는 것은, 당장에는 손해를 가져올지도 모르지만 장기적으로는 유익을 가져온다. 이에 대해 동의하는가? 동의한다면 그 이유는 무엇인가?

7. 자신이 가장 중요하다고 생각하는 핵심 가치는 무엇인가? 두세 개를 적어 보라.

리더는 먼저 자신을 알아야 한다

"리더는 자기 자신을 안다. 그들은 자신의 강점들을 알고 그것을 발전시킨다." - 워렌 베니스(Warren Bennis)

자신을 정확히 알라

리더는 자신이 누구이며 어떤 존재인지를 분명히 알아야 한다. 사실상 모든 사람은 개별적으로 남들보다 더 잘하는 분야가 있다. 그러므로 인생에서 진정으로 성공하기 위해서는 자신이 잘하는 분야를 발견해서 그것에 집중해야 한다. 그렇지 않고 남들이 다 한다고 자신의 적성에 맞지도 않는 분야를 하면 괜히 힘들고 지칠 뿐이다. 이 세상을 살면서 가장 두려워해야 할 것은, 내가 가장 잘할 수 있는 부분이 아닌 다른 부분에서 성공하는 것이다. 놀라운 사실은, 자신에게 놀라운 재능과 가능성이 숨겨져 있는데도 그것을 모르고 인생을 낭비하는 경우가 너무나 많다는 사실이다.

해리 리버먼(Harry Lieberman)은 폴란드 출신으로, 9세에 단돈 5달러를 들고 미국에 이민 와서 맨해튼에서 과자 가게를 운영했다. 그는 74세에 은퇴한 후 노인정에서 체스를 두며 시간을 보냈다. 하루는 체스 파트너가 약속을 어겨 혼자서 무료한 시간을 보내고 있었다. 그때 한 젊은 봉사 요원이 말했다.

"할아버지, 그림을 한번 그려 보시지요."

이 말을 들은 리버먼은 화실을 찾았고, 이때부터 놀라운 재능을 발휘하기 시작했다. 이것이 그의 나이 81세 때의 일이다. 화가 리버먼은 일약 '미국의 샤갈'로 불렸고, 그의 그림은 불티나게 팔렸다. 그는 101세까지 22회의 작품전을 열어 세상을 놀라게 했다. 만약 그가 자신의 재능을 좀 더 일찍 발견했더라면 얼마나 좋았겠는가?

이와 비슷한 이야기가 또 있다. 미국의 국민 화가로 불리는 모지스 할머니(Anna Mary Robertson Moses)의 이야기다. 그녀는 자신의 재능을 발견하기 전까지는 그저 시골 농장의 평범한 할머니에 불과했다. 자수(刺繡)에 빠져 있던 그녀는 72세가 되어 관절염 때문에 바늘을 들지 못하자 대신 붓을 들게 된다. 그녀의 그림은 우연히 수집가 루이스 콜더(Louis Calder)에 의해 발견되었고, 이듬해 그 작품이 미국 뉴욕 전시관에 등장하면서 그녀는 일약 스타가 되었다. 유럽과 일본 등 세계 각국에서 모지스의 그림 전시회가 열렸다. 그녀는 101세가 되어 세상을 떠나기 전까지 국민 화가로서의 명성을 누렸다.

19세기의 영국 정치가 윌리엄 글래드스톤(William Ewart Gladstone)은 이렇게 말했다.

"자신에게 맞지 않는 일에 열정을 허비하지 않는 사람은 현명하다. 그러나 자신이 잘할 수 있는 일을 찾아 그것에 최선을 다하는 사람은 더욱 현명하다."[1]

초점 있는 인생을 살라

2004년 아테네 올림픽 때 미국 선수 매튜 에몬스(Matthew Emmons)는 사격 결승전에서 많은 사람들에게 충격을 주었다. 그는 소총 3자세 결승전에서 금메달을 향해 순항하고 있었다. 이제 한 발만 남겨 둔 상태였다. 2위와의 격차가 한참 벌어져, 그냥 과녁 안에만 맞히면 무조건 금메달이었다.

에몬스는 마음을 가다듬고, 숨을 멈추고, 과녁을 겨냥한 다음 격발했다. 총알은 과녁 정중앙을 뚫고 지나갔다. 그러나 이상하게 과녁을 맞췄다는 효과음이 들리지 않았다. 정신을 차리고 과녁을 다시 본 그는 기절할 듯이 놀랐다. 그가 맞힌 곳은 다른 선수의 과녁이었다. 결국 그는 다 잡은 금메달을 놓치고 8위로 떨어졌다. 그의 사격 솜씨는 대단했으나, 과녁이 문제였다.[2]

에몬스는 과거의 실수로 인해 너무 긴장한 나머지 2008년 베이징 올림픽에서도 마지막 순간에 안타까운 실수를 했다. 그는 사격 종목 마지막 날에 있었던 남자 50m 소총 3자세 결승전에서 9번째 발까지 선두로 질주하다가 최종 한 발에서 결정적 실수를 저질러 4위로 추락했다. 그 결과 그는 동메달조차 따지 못했다. 정말 불운의 선수라고 하지 않을 수가 없다.

그러나 인생은 언제나 불운만 있는 것은 아닌 것 같다. 그는 경기가 끝난 뒤 체코 대표팀 소속으로 사격에서 금메달을 딴 카트리나 에몬스(Katerina Emmons)로부터 위로를 받았다. 이 사실이 재미있는 것은, 2004년 아테네 올림픽에서 에몬스가 결정적 실수로 메달 획득에 실패한 것이 두 사람을 만나게 한 계기가 되었기 때문이다. 당시에 방송 해설을 맡았던 카트리나가 극도로 상심해 있는 에몬스를 찾아가 위로하면서 사랑이 싹텄고, 두 사람은 2007년에 결혼하게 되었다. 그렇게 보면 에몬스는 사랑의 큐피드 화살은 제대로 맞춘 셈이다.

어쨌든 우리는 매튜 에몬스의 경우를 통해 과녁의 정중앙을 맞추는 것이 얼마나 중요한가를 깨닫게 된다. 우리의 인생도 마찬가지다. 인생을 과녁을 향해 날아가는 화살로 비유했을 때, 진정으로 성공한 삶이란 과녁의 정중앙을 맞히듯 우리 인생을 향한 하나님의 목적을 정확하게 이루는 삶이다. 그것을 Focused Life, 즉 '초점 있는 인생'이라고 말하고 싶다. 작은 돋보기도 초점을 맞추면 불을 붙일 수 있듯이, 한 번밖에 없는 인생이 한 점 후회 없는 인생이 되고자 한다면 삶을 단순화시켜 초점 있는 인생을 살아야 한다.

그러나 자신의 인생의 표적이 무엇인지를 분명하게 아는 사람이 얼마나 있겠는가? 아마 대부분의 사람들은 자신의 표적이 어느 쪽에 있는지도 잘 알지 못할 것이다. 설령 알았다고 해도 과녁의 정중앙을 꿰뚫는 사람이 얼마나 될 것인가?

이 세상에는 'Good Living'(편안한 삶)과 'Good Life'(의미 있는 삶)가 있다. 많은 사람들은 잘 먹고 편하게 사는 Good Living을 꿈꾼다. 그러나 그렇게 사는 것이 곧 Good Life를 의미하는 것은 아니다. 편안한 삶보다 더 중요한 것은 의미 있는 삶이다.

하나님이 나의 삶에 계획하신 것을 이루어 드리는 것이 인생의 진정한 성공이다. 나는 대학생 때 나의 가슴을 뛰게 한 4영리의 첫마디를 지금도 또렷하게 기억하고 있다.

"하나님은 당신을 사랑하시며, 당신을 위한 놀라운 계획을 가지고 계십니다."

이 말씀은 진리다. 하나님이 우리를 지으신 목적대로 쓰임 받을 때만 진정한 행복을 맛볼 수 있다.

아무리 뛰어난 외모와 체격 조건을 갖고 있고, 머리가 똑똑하며 많은 지식을 가지고 있고, 탁월한 재능이 있다고 해도 분명한 인생의 초점이나 가치관 없이 그저 먹고 즐기는 데 인생의 목표를 둔다면, 의미 없는 인생에 불과하다. 한 사람의 위대함은 외모나 학력이나 능력이나 지위가 결정해 주는 것이 아니다. 어떤 목적과 목표 의식을 갖고 사는지가 그 사람의 가치를 결정한다. 그러므로 우리의 인생 목적과 하나님의 목적을 최대한 일치시켜야 한다. 그래야 위대한 인생이 될 수 있다.

세계적인 구호단체 월드 비전(World Vision)을 만든 밥 피어스(Bob Pierce)가 늘 반복하던 말이 있다.

"하나님의 아픔이 나의 아픔이 되게 하소서."

한국 전쟁 이후에 버려진 고아들을 보고 많은 사람들이 무심코 지나쳤지만, 피어스는 그들을 향한 하나님의 아픈 마음을 자신의 것으로 받아들이고 그것을 인생의 목적으로 삼았다. 그리고 세계적인 구호단체를 만드는 일에 아름답게 쓰임 받았다.

당신의 인생의 목적은 무엇인가? 그저 내 한 몸 잘 먹고 잘 살고자 하는 사람은 진정한 의미에서 리더가 될 수 없다. 리더는 보다 큰 꿈을 안고 사는 사람이다. 나를 통해 내가 살고 있는 이 땅이 조금이라도 더 나은 세상이 되도록 애쓰는 사람이다. 그 일을 위해 자신이 갖고 있는 영향력을 발휘하는 사람이다.

리더가 어떤 가치관과 삶의 목적을 갖고 사느냐는 대단히 중요하다. 이것을 분명하게 해 주는 것이 바로 Focused Life, 즉 초점 있는 인생을 사는 것이다. 초점 있는 인생을 살기 위해서는 꼭 알아야 할 사실이 있다.

1) 하나님을 알아야 한다

초점 있는 인생을 살기 위해서는 첫 번째로 하나님을 알아야 한다. 존 칼빈(John Calvin)은 사람은 하나님을 알 때 자기 자신을 분명히 알게 된다고 했다. 그렇다. 하나님을 제대로 만나지 않으면 절대로 자신의 인생에 대한 목적을 바로 알 수 없다. 하나님을 모르는 사람이 나름대로 초점 있는 인생을 산다고 해도 결국 그것은 자신의 야망을 이루는 것에 불과하다. 진정 의미 있는 인생을 살기 위해서는 먼저 하나님을 바로 알아야 한다.

영국 고아들의 아버지라고 불리는 조지 뮐러(George Müller)는 독일에서 세무 관리의 아들로 태어났다. 그는 어린 시절에 아버지의 세무관이란 직업이 갖는 비리에 환멸을 느끼며 방탕한 삶에 빠져들었고, 14세에는 교도소에 드나들기까지 했다. 그러던 그가 어느 날 기도 모임에 참석해서 극적인 회심을 경험한다. 그 결과 24세의 젊은 나이로 영국에 선교사로 가게 되었고, 그곳에서 고아원 사역을 시작했다. 그 후 그는 60년간 수천 명의 고아들을 돌봤고, 오직 기도로 물질을 공급받는 방식의 사역을 했다. 60여

년의 사역 기간 동안 그는 5만 번의 기도 응답을 받았으며, 그의 기도를 통해 들어온 돈은 무려 150만 파운드나 되었다.

그는 1898년에 93세의 일기로 하늘나라로 갔다. 조지 뮬러는 많은 고아들을 양육한 것과 함께 '기도를 들으시는 하나님'에 대한 믿음의 유산을 성도들에게 남겼다. 방탕했던 그가 하나님을 만나고 난 후 인생의 초점이 분명해졌고, 수세기가 지나도록 영향력을 끼치는 영적 리더의 삶을 살게 된 것이다.

나 자신을 돌아봐도, 초점 있는 인생을 살기 시작한 것은 하나님을 제대로 만나고 난 뒤부터였다. 나는 고2 때부터 교회를 나가기 시작했는데, 제대로 된 믿음이 없었다. 그래서 신앙적으로 많이 방황했고, 인생에 대한 깊고 깊은 회의에 빠져들었다. 그러다가 대학에 들어갔는데, 인생의 분명한 목표가 없으니까 공부하기가 싫었다. 그렇게 1학년을 보냈는데, 1학년 2학기에는 정말 아찔한 점수를 받았다. 당시에는 평점 4.5점 만점에 1.75점 이하면 학사 경고를 받았다. 그런데 1학년 2학기의 성적이 평점 1.77점이었다. 불과 0.02점 차이로 학사 경고를 면한 것이다.

2학년이 되면서 학교를 계속 다녀야 하는지 고민하다가, 하나님의 은혜로 우연한 기회에 외국인 선교사가 인도하는 영어 성경공부 모임에 가게 되었다. 그곳에서 나는 영어에 대한 자신감을 갖게 되었을 뿐 아니라, 나의 인생을 주관하시는 전능하신 하나님을 만났다. 그러고 나니 인생의 목적이 뚜렷해졌고, 그에 따라 성적이 올라가기 시작했다.

그 후 남은 대학 기간 동안 장학금을 연속해서 받았다. 총신대학원에 다닐 때는 반에서 1등도 해 봤다. 미국으로 유학 가서는 석사 과정에서 4.0점 만점에 3.97점을 받았다. 그리고 많은 사람들을 지도하고 가르치는 자리에까지 오게 되었다. 하나님을 만나니까 모든 것이 분명해진 것이다.

인생의 목적을 아니까 초점 있는 인생을 살게 된 것이다. 그러므로 초점 있는 인생을 살기 위한 첫 번째 조건은 하나님을 분명히 만나는 것이다.

2) 내가 가장 잘할 수 있는 것을 찾아야 한다

초점 있는 인생을 살기 위해서는 두 번째로, 자신이 다른 사람보다 잘할 수 있는 것이 무엇인지를 깨닫고 그것에 집중해야 한다. 만약 당신이 노래를 잘 부르지 못한다면, 세계적인 성악가가 되도록 부르심을 받지 않은 것이 분명하다. 그래서 때로는 내가 어떤 일에 재능이 있는지를 아는 것도 중요하지만, 내가 어떤 쪽에 재능이 없는지를 아는 것도 중요하다. 그래야 시간을 낭비하지 않고 초점 있는 인생을 살 수 있다.

《위대한 나의 발견 강점 혁명》(청림)을 쓴 마커스 버킹엄(Marcus Buckingham)과 도널드 클리프턴(Donald O. Clifton)은 모든 사람은 만 명의 사람보다 무언가 한 가지는 잘할 수 있다고 주장한다. 그러므로 그것을 찾아내는 것이 중요하다.

1986년, 한국에 아시안 게임이 개최되었을 때 역도 부문에서 파키스탄의 아봇(Abbott)이라는 선수가 두 개의 금메달을 따서 그 나라의 국민적인 영웅이 되었다. 그런데 재미있는 것은, 그는 본래 역도와는 전혀 상관없는 건설 현장의 인부였다는 사실이다.

그가 공사장에서 일하던 어느 날, 갑자기 커다란 H빔이 무너지는 사고가 일어났다. 지나가던 행인들이 크게 다칠 수 있는 위기의 순간이었다. 그때 그는 넘어지는 H빔을 잡아 사람들을 구했다. 모두가 깜짝 놀랐지만, 정작 가장 놀란 사람은 그 자신이었다. 그때까지 아봇은 자신이 그렇게 무거운 것을 들 수 있다는 사실을 몰랐던 것이다. 그 후 주변 사람들이 역기를 들어 보라며 갖다 주자, 그는 어렵지 않게 들어 올렸다. 결국 역도 선수가 되어 아시안 게임 역도 부문에서 2개의 금메달을 거머쥐었다.

이런 말이 있다.

"가장 행복한 사람은, 자신이 하고 싶은 일과 지금 하고 있는 일이 정확히 일치하는 사람이다."

리더는 자신이 어느 쪽에 확실한 은사와 재능이 있는지를 분명하게 파악해야 한다. 대충 아는 것으로는 부족하다. 구체적으로 알아야 한다.

어릴 때부터 말하기에 재능이 있는 한 여성이 있었다. 그녀는 장차 방송국 일을 통해 자신의 꿈을 성취해 보겠다고 결심했다. 그러던 어느 날 그녀에게 황금 같은 기회가 찾아왔다. 볼티모어에 있는 한 방송국의 6시 뉴스 앵커로 발탁된 것이다.

그러나 안타깝게도 일을 시작한 지 얼마 되지 않아 그녀는 뉴스 프로의 앵커로는 적합하지 않다고 생각한 담당자에 의해 그 자리에서 물러나야 했다. 그녀가 뉴스를 진행하는 데 있어서 너무 감정에 치우쳤기 때문이다. 그녀는 뉴스를 진행하다가 어려움을 당한 사람들과 인터뷰하게 되면 울음을 터뜨렸고, 자신의 인터뷰가 상대방의 마음을 너무 상하게 한다는 생각이 들 때는 방송 중에 사과하기도 했다. 냉정하게 뉴스를 진행해야 할 앵커로서는 감정 표현이 너무 지나친 것이 결점이었다. 결국 그녀는 뉴스 앵커의 자리에서 아침 방송의 토크쇼 사회자 자리로 좌천되었다.

그런데 토크쇼로 자리를 옮긴 그녀는 대박을 터뜨렸다. 토크쇼는 감정이 풍부하고 다른 사람의 입장을 이해하는 데 뛰어난 재능을 가진 그녀에게 너무나 맞는 프로그램이었기 때문이다.

이 여인이 누구일까? 지금 전 세계에서 가장 많은 시청자를 보유하고 있는 〈오프라 윈프리 쇼〉의 주인공인 오프라 윈프리(Oprah Winfrey)다. 그녀가 지금까지 뉴스 앵커로 활동했다면 아마 오늘날과 같은 대성공은 거두지 못했을 것이다.

중요한 것은 자신에게 딱 맞는 자리를 찾는 것이다. 그래야만 자신의 가능성을 100% 발휘할 수 있다. 그래서 "좋은 것은 더 좋은 것의 적이다"라는 말이 있다. 우리는 하나님이 각자에게 주신 최선의 것과 그것을 이루기 위한 최선의 자리를 발견해야 한다.

3) 자신의 사명을 알아야 한다

초점 있는 인생을 살기 위해서는 세 번째로, 자신이 해야 할 사명을 바로 깨달아야 한다. 사명을 깨닫는 것은, 내가 그것을 하다가 죽어도 좋다고 생각하는 일을 발견하는 것이다. 카를 힐티(Carl Hilty)는 다음과 같은 말을 했다.

"인간 생애의 최고의 날은 자기 인생의 사명을 깨닫는 날이다. 하나님이 나를 이 목적에 쓰겠다고 작정하신 그 목적을 깨닫는 것이다."

사실상 사명을 깨닫는 순간이 바로 참된 리더로 거듭나는 순간이다. 사명을 깨닫는 것은, 단순히 평생 먹고살 직업을 발견하는 것 이상의 의미를 지닌다. 그것은 존재의 의미와 연결되고, 영원한 가치와 연결된다. 사람은 단순히 완벽한 직업을 가졌다고 해서 행복해지는 것이 아니다. 자신의 존재 이유와 목적을 가르쳐 주는 일, 그 일을 위해 죽어도 좋을 일을 가져야만 진정으로 행복할 수 있다. 이것을 사명이라고 하고, 기독교에서는 하늘에서 부르신 부르심이라는 의미로 '소명'(calling)이라고 한다.

헨리 데이비드 소로(Henry David Thoreau)가 한 말을 기억하라.

"자신의 삶 전체를 단지 생계를 이어 가는 일에 쏟아붓는 사람보다 더 치명적인 실수를 저지르는 사람은 없다."

모리스 센닥(Maurice Sendak)이 한 말도 기억하라.

"인생에는 모든 것을 다 가진다는 것 이상의 의미가 분명히 있다."

이 같은 사명은 이른바 세상에서 말하는 성공이라는 것을 넘어서는 것이다. 이에 대해서는 "고도원의 아침 편지"로 유명한 고도원이 그의 책 《꿈 너머 꿈》에서 다음과 같이 설명했다.

"백만장자가 되기를 꿈꾸는 사람이라면 백만장자가 된 다음에 무엇을 하겠다는, 바로 그 '무엇'이 있어야 한다. 그것이 꿈 너머 꿈이다. 꿈이 있으면 행복해지고, 꿈 너머 꿈이 있으면 위대해진다."[3]

꿈 너머 꿈이 바로 사명이다. 꿈 너머 꿈을 가진다는 말은 꿈을 갖되, 그 꿈을 이룬 다음에 무엇을 할 것인가를 한번 더 생각하는 것을 의미한다. 적어도 백만장자를 꿈꾸었으면 백만장자가 된 뒤에 그 꿈을 징검다리 삼아 어떻게 하면 남을 위해 더 의미 있고 보람 된 일을 할 것인가를 한번 더 생각해야 하는 것이다. 그럴 때 그 사람은 사명에 사로잡힌 위대한 사람이 되는 것이다.

빌 게이츠는 젊은 시절에 돈을 많이 벌어서 세계 최고의 부자가 되는 꿈을 꾸었다. 그는 결국 그 비전을 이뤘다. 컴퓨터를 통해 세계 최고의 부자가 된 것이다. 그러나 그는 그것으로 만족하지 않고, 사명을 찾기 위해 애썼다. 남은 인생을 바쳐 추구해야 할 좀 더 의미 있는 인생의 목적을 찾고자 했다.

그러던 어느 날 그는 우연히 "세계 질병의 90%가량이 아프리카에서 발생하고 있으나 보건 자원이 10%를 넘지 못해 어려움을 겪고 있다"는 신문 기사를 봤고, 그로 인해 자선사업을 결심하게 되었다. 그리고 아내와 함께 세계 최대의 자선기금 단체인 '빌 & 멜린다 재단'(Bill & Melinda Gates Foundation)을 설립했다. 현재까지 빌 게이츠가 기부한 금액은 280억 달러가 넘는데, 이는 우리나라 돈으로 28조 원이 넘는 거액이다. 그의 헌신적인 노력 덕분에 500만 명 이상이 목숨을 구한 것으로 평가받는다. 그는 자신의 자녀들에게는 1,000만 달러만 상속하고, 유산의 95%를 기부하겠다고 약속했다.

빌 게이츠는 하버드 대학교를 중퇴했다. 그런 그가 2007년 6월 7일, 그의 모교인 하버드 대학교에서 명예 법학박사 학위를 받았다. 그는 그날 졸업생들에게 한 연설에서 하버드 대학교 학생으로서 혜택 받은 만큼 사회에 기여해야 한다고 촉구했다. 세계의 지적 인재들의 집합체인 하버드가 존재하는 이유는 인류의 삶을 더 낫게 만들기 위한 것이라고 했다. 그리고 가장 특권을 누리는 하버드가 어려운 사람들을 위해 어떻게 자신들의 지적 능력을 헌신할 수 있을지에 대해 스스로 답해야 한다고 말했다. 그는 졸업생들에게 "30년 뒤 모교를 다시 찾을 때 직업적 성취 대신 불평등 해소에 얼마나 노력했는지, 또 고통 받는 사람들을 어떻게 대했는지로 자신의 인생을 평가하길 바란다"고 말하며 연설을 마무리했다. 졸업생들과 하버드 대학교 동문 등 2만여 명은 모두 일어나 한참 동안 그에게 박수를 보냈다.

이것이 바로 사명 있는 사람의 위대함이다. 꿈을 꾸고 그것을 이루는 사람은 행복해지지만, '꿈 너머 꿈'을 꾸는 사람은 위대해진다.

사명에 대해 이야기하면 많은 사람들이 착각하는 것이 하나 있다. 위대한 사람이 사명을 안다고 생각하는 것이다. 그러나 그것은 잘못된 생각이다. 위대한 사람이 사명을 아는 것이 아니라, 사명을 알기 때문에 위대한 사람이 되는 것이다.

초점 있는 인생을 위한 핵심 요소

초점 있는 인생을 살기 위해서는 명심해야 할 4가지 핵심 요소가 있다. 먼저 초점 있는 인생에 대한 정의를 확인하고, 이 4가지 핵심 요소를 살펴보자.

1) 초점 있는 인생(Focused Life)

로버트 클린턴 교수에 따르면 "'초점 있는 인생'이란, 하나님이 주신 고유한 목적을 온전히 이루기 위해 헌신된 인생이다. 이것은 다음의 4가지 핵심 요소들을 파악하여 그 핵심 요소들에 관여되는 활동에 있어서 삶의 우선순위를 증가시킴으로, 삶과 일에서 만족할 만한 인생을 영위하는 것을 의미한다."[4]

2) 초점 있는 인생을 살기 위한 4가지 핵심 요소

초점 있는 인생을 위한 4가지의 핵심 요소는 다음과 같다.[5]

① 삶의 목적(Life Purpose): 리더로 하여금 어떠한 일을 이루거나 그 일이 이뤄지는 것을 보기 원하는 동기를 제공하는 것으로, 마음에 짐이 되는 부르심이나 과업이나 업적을 의미한다.

② 고유한 수단(Unique Methodology): 삶의 목적에 근거한 일들을 하기 위해 리더가 사용하거나 전수할 수 있는 효과적인 수단과 통찰력을 의미한다.

③ 주요 직책(Major Role): 리더가 그와 같은 삶의 목적을 효과적으로 이룰 수 있도록 해 주는 공식적이거나 비공식적인 지위나 직업을 의미한다.

④ 궁극적인 공헌(Ultimate Contribution): 그 같은 일들을 통해 리더가 남길 수 있는 영구적인 결과를 의미한다.

초점 있는 인생을 살기 위해서는 분명한 삶의 목적도 중요하지만, 그 목적을 이룰 수 있는 핵심 요소가 있어야 함을 알 수 있다. 분명한 삶의 목적을 가진 사람이 핵심 요소 중 어느 하나만 가져도 초점 있는 인생을 살 수 있다. 또한 핵심 요소가 많이 갖춰질수록 더욱 초점 있는 인생을 살 수 있다.

궁극적 공헌 - 이 세상에 남길 영원한 유산

초점 있는 인생을 살기 위한 핵심 요소 중 특별히 주목해야 할 것은 궁극적 공헌이다. 궁극적 공헌이란, 삶의 목표가 분명한 초점 있는 인생을 살게 된 리더가 이 세상에 남기게 될 영구적인 유산을 의미한다.

지금까지 간디, 처칠, 마틴 루터 킹 같은 사람들에 의해 인류의 역사는 한 단계 더 발전했다. 이들은 여러 가지 모양으로 인류 역사의 발전을 위해 궁극적인 공헌을 했다.

클린턴 교수는 리더가 세상에 남길 수 있는 궁극적인 공헌을 5가지의 카테고리로 분류하여 12개의 세부 항목을 제시했다. 이것은 기독교 사역자를 기준으로 한 것이지만, 일반 리더들도 참고하여 적용할 수 있다고 본다.[6]

종류(Type)	기본적인 개념(Basic Notion)
1. 성품(Character)	
성자 (Saint)	완벽하기보다는 모델이 되는 다른 사람들이 본받기 원하는 삶
양식 있는 실천가 (Stylistic Practitioner)	다른 사람들이 본받기 원하는 모델적인 사역을 보여 줌
2. 사역(Ministry)	
멘토 (Mentor)	개인이나 소그룹 등을 세워 주는 생산적인 사역
대중 연사 (Public Rhetorician)	대규모의 사람들을 대상으로 하는 대중 사역
3. 촉매자(Catalytic)	
개척자 (Pioneer)	남들이 시도해 보지 않은 일을 시작한 사람
변화자 (Change Person)	잘못된 것이나 불의한 것을 바로잡는 사람
책략가 (Artist)	창조적인 발전이나 혁신을 이끌어 내는 사람
4. 조직(Organizational)	
설립자 (Founder)	새로운 조직을 시작하는 사람
유지자 (Stabilizer)	조직을 유지하고 발전시켜서 견고히 하는 사람
5. 개념화(Ideation)	
연구가 (Researcher)	연구를 통해 진리나 해답을 찾아냄
저술가 (Writer)	개념을 잡아서 글의 형태로 전달함
장려자 (Promoter)	필요한 개념을 효과적으로 대중화함

여기서 중요한 것은, 한 사람의 리더가 한 부분에서만 궁극적으로 공헌하는 것이 아니며, 여러 가지 부분에서 공헌이 겹칠 수 있다는 것이다. 다만 공헌의 중요도에서는 차이가 있을 수 있다.

당신이 남길 궁극적 공헌은 무엇인가?

곤충학자 파브르(Jean Henri Fabre)는 날벌레의 생태를 연구하다가 중요한 사실을 하나 발견했다. 대부분의 날벌레가 아무런 목적 없이 앞에서 날고 있는 놈만 따라서 무턱대고 빙빙 돌다가 결국 지쳐서 죽고 만다는 것이다. 그런데 통계적으로 이 같은 날벌레처럼 아무 목표와 의미 없이 살아가는 사람들이 전체 인류의 87%에 이른다고 한다.

여러분은 자신의 인생에서 어떤 공헌을 남기기를 원하는가? 리더라면 초점 있는 인생을 살기 위해 자신의 사명 선언문(Mission Statement)을 분명히 작성해야 할 필요가 있다.

요한복음 10장 10절에 나오는 예수님의 말씀은 자신이 왜 이 땅에 왔는지를 이야기하시는 것으로, 예수님의 사명 선언문이라고 할 수 있다.

> "도둑이 오는 것은 도둑질하고 죽이고 멸망시키려는 것뿐이요 내가 온 것은 양으로 생명을 얻게 하고 더 풍성히 얻게 하려는 것이라."

이것이 예수님의 사명 선언문이다. 우리에게 구원을 주고 우리로 하여금 풍성한 삶을 살게 하는 것, 그것이 그분이 이 땅에 오신 목적이다. 예수님은 이처럼 분명한 삶의 목적이 있었기에 초점 있는 인생을 사실 수 있었으며, 그 어떤 유혹에도 흔들리지 않으셨다.

당신은 무엇을 위해 이 땅에 태어났는가? 무엇을 위해 살아가는가? 여러분은 개인의 사명 선언문이 있는가? 언젠가 죽고 난 뒤 이 땅에 남길 궁극적인 공헌이 있는가? 지금 이 시간, 자신의 사명 선언문을 적어 보라. 그리고 그 사명을 이뤘을 때의 나의 모습을 회상하면서, 내가 죽은 후 신문기자가 나에 대해 어떤 '부고 기사'를 남길 것인지 한번 생각해 보라.

알프레드 노벨(Alfred Bernhard Nobel)은 다이너마이트를 만들어서 엄청난 돈을 벌었지만, 남을 위해 돈을 쓰는 데는 인색했다. 그러던 어느 날 노벨은 신문에 자신의 이름이 난 것을 보게 되었다. 노벨의 형이 죽었는데 기자가 착각하여 그가 죽은 것으로 알고 부고 기사를 낸 것이다. 그런데 그 부고 기사에는 노벨이 다이너마이트를 만들어서 수많은 사람을 다치거나 죽게 하고 그것으로 부자가 되었다고 나와 있었다. 이 기사를 읽고 큰 충격을 받은 노벨은 자신의 인생 전체를 다시 설계하여 자신의 이름이 전 세계의 사람들에게 좋은 이름으로 기억되게 하고자 마음먹었다. 이를 위해 그는 자신의 재산을 털어 '노벨상'이라는 제도를 만들었다.

그가 남긴 물질적, 정신적 유산은 지금도 전 세계 사람들에게 큰 혜택을 주고 있다. 그는 인생의 목적을 새롭게 세움으로써 자신의 부고 기사를 스스로 새롭게 쓴 것이다.

당신은 어떤 사람으로 기억되고 싶은가? 당신이 무엇을 갈망하는지가 바로 당신이 어떤 사람인지를 말해 준다. 당신은 무엇을 위해 살았던 사람으로, 어떤 사람으로 기억되고 싶은가? 선택은 당신에게 달려 있다.

영원히 지속될 영적 유산을 남기라

우리는 모두 한 번뿐인 인생을 살아가고 있다. 그런데 많은 사람들이 자신의 인생을 그저 의미 없이 낭비하거나 자신의 야망을 채우는 데 사용해 버린다. 정말 지혜 있는 사람들은 자신의 인생에 아름답게 투자하여 영원히 남는 궁극적인 공헌을 하고 이 지구라는 행성을 떠나간다. 당신은 어떤 사람이 되고 싶은가? 낭비하는 인생이 되고 싶은가? 그저 하루하루 소비하는 인생이 되고 싶은가? 아니면 진정으로 의미 있고 값진 일에 투자하여 영원히 남을 영적 유산을 인류에게 남기고 가고 싶은가?

나는 대학교 2학년 때 예수 그리스도를 믿은 후, 나의 인생의 비전을 "가능한 모든 수단과 방법을 동원하여 최대한 많은 사람들에게 예수 그리스도를 전하는 것"으로 정했다. 이는 다니엘서 12장 3절에 나오는 "지혜 있는 자는 궁창의 빛과 같이 빛날 것이요 많은 사람을 옳은 데로 돌아오게 한 자는 별과 같이 영원토록 빛나리라"는 말씀을 근거로 만든 것이다.

리더는 어떤 사람인가? 자기 자신을 정확하게 아는 사람이다. 자신의 부르심(calling)이 무엇이며, 자신의 인생의 목적이 무엇인지를 분명히 아는 사람이다. 자신을 통해 이 세상이 어떻게 하면 더 나아질 수 있을까를 고민하며 살아 있는 동안 아름다운 영향력을 끼치는 사람이다. 최종적으로는 죽고 난 후에도 유산으로 남을 수 있는 궁극적인 공헌을 하고 가는 사람이다. 그런 사람이 참된 리더다. 우리는 모두 그러한 리더가 되어야 한다.

이를 위해 자신의 부고 기사를 미리 써 보는 것도 도움이 될 것이다. 요즘 우스갯소리로 '적자생존'이라는 말이 유행한다. 원래 이 말은 다윈의 진화론에서 나온 말이지만, 여기서는 "적는 자가 생존한다"는 의미다. 자신의 목표를 적고 그것에 초점을 맞춰 사는 사람이 훨씬 많은 것을 성취한다는 의미다.

인생의 목표를 세우되, 자신의 성공만을 위한 것이 아니라 남을 행복하게 하기 위한 목표를 세우라. 자신만을 위한 성공은 의미가 없다. 하나님이 그저 내 한 몸 잘 먹고 잘살고 지내다가 오라고 나를 이 땅에 보내신 것이 아니다. 나를 통해 하나님이 하실 일이 분명히 있을 것이다. 그것을 이뤄 드리는 것이 진정한 성공이다.

자기가 태어나기 전보다 세상을 조금이라도 살기 좋은 곳으로 만들어 놓고 떠나는 것, 자신이 한때 이곳에 살았음으로 해서 단 한 사람의 인생이라도 행복해지는 것, 이것이 진정한 성공이다.

_랄프 왈도 에머슨(Ralph Waldo Emerson)

다그 함마르셸드의 부고 기사

언젠가 기독교 월간지인 《가이드 포스트》(Guide posts)에 2대 유엔 사무총장인 다그 함마르셸드(Dag Hammarskjold)에 관한 부고 기사가 나온 적이 있었다. 허락을 받고 그것을 소개한다.

1961년 9월 17일, 아프리카 대륙의 중심부에서 한 비행기가 추락했다. 비행기가 불길에 휩싸이는 순간, 세계는 가장 위대한 지도자 중 한 명인 다그 함마르셸드를 잃었다. 유엔 사무총장이었던 그는 콩고 내전을 중재하기 위해 달려가던 길에 비극적인 사고를 당한 것이다. 당시 그의 나이 56세였다.

그가 죽고 며칠 뒤 그의 아파트에서 일기장이 발견되었다. 그곳에는 자신이 이룬 위대한 업적, 그가 만난 대통령, 국왕, 수상들에 대한 언급은 없었다. 철저히 하나님 앞에서 자신을 돌아보는 겸허한 내적 성찰이 주를 이루고 있었다. 그는 유엔 사무총장으로 재선된 후 일기장에 이렇게 기록했다.

"하나님께 '네'라고 대답한다. 운명에 '네'라고 대답한다. 자신에게 '네'라고 대답한다."

죽음을 몇 주 앞두고 그는 마지막으로 이렇게 썼다.

"끝 날까지 계속 갈 용기가 있느냐고 스스로에게 물었다. 내 대답은 다시 생각할 것도 없이 '네'이다."

다그 함마르셸드가 1953년부터 1961년까지 유엔 사무총장으로 재임할 당시엔 까다롭고 혼란스러운 국제 문제가 산재해 있었다. 아프리카 대륙에서는 신생 국가들이 독립하면서 많은 정치적 혼란과 전쟁을 야기했고, 미·소 냉전체제는 악화일로로 치닫고 있었다. 하지만 함마르셸드는 절대 뒤로 물러나지 않았다. 비난과 위협이 늘 주위에 도사리고 있었지만, 그는 용기 있게 자신의 소신을 굽히지 않고 앞으로 나아갔다. 철저하게 중립성과 형평성을 견지하면서 때로는 과감한 결단으로 전쟁의 불씨를 막았고, 생명의 위협을 마다하지 않고 직접 달려가 분쟁의 실마리를 풀어내기 위해 힘썼다. 그의 노력에 힘입어 유엔은 협의와 논쟁을 일삼는 토론장에서 평화를 위한 창조적인 활동을 하는 기관으로 변모했다.

그의 자서전을 쓴 저명한 신학자 헨리 반 두센(Henry Van Dusen)이 기록한 것처럼, 역사상 그처럼 나라들 사이를 중재하고 화해를 맺은 일을 한 사람은 없을 것이다. 일평생 인류의 평화를 위해 "네" 하고 달려가 자신을 헌신한 사람. 그는 죽음이 기다린다고 해도 "아니다"라고 발뺌하지 않았다.

위험을 감수하며 어렵고 힘든 길을 걸어가는 동안 그는 아침마다 성경을 읽었다. 그의 성경책 앞 여백에는 이런 글귀가 적혀 있었다.
"네가 세상에 태어났을 때 너 혼자는 울어도 모든 사람들은 웃고, 네가 죽을 때 너 혼자는 웃지만 모든 사람들이 우는 그런 사람이 되어라."
그의 죽음 앞에서 세계의 모든 사람들이 눈물을 흘렸다. 그리고 평화를 가져온 그의 업적을 기려 노벨 평화상을 수여했다. 이로인해 다그 함마르셸드는 사후에 노벨 평화상을 받은 최초의 사람으로 기록되고 있다.

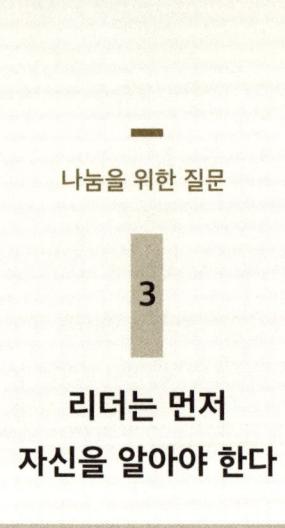

나눔을 위한 질문

3

리더는 먼저 자신을 알아야 한다

1. 리더는 자신을 아는 것이 중요하다. 당신이 잘할 수 있는 것과 잘하지 못하는 것은 무엇인가?

2. 'Good Living'(편안한 삶)과 'Good Life'(의미 있는 삶)의 차이가 무엇이라고 생각하는가? 그리고 우리가 'Good Life'를 추구해야 하는 이유는 무엇이라고 생각하는가?

3. 하나님을 아는 것이 초점 있는 인생을 사는 데 왜 그토록 중요한 문제가 된다고 생각하는가?

4. 직업과 사명의 차이는 무엇인가? 사명을 갖는 것은 단순히 직업을 갖는 것과 어떻게 다르다고 생각하는가?

5. 로버트 클린턴 교수의 궁극적 공헌의 5가지 카테고리를 살펴볼 때, 당신이 남기고 싶은 궁극적 공헌은 무엇인가?

6. 죽고 난 후에 자신의 부고 기사가 어떻게 쓰이기를 원하는가? 그리고 그것을 위해 지금 당장 실천해야 할 것은 무엇인가?

7. 내 인생의 사명 선언문(Mission Statement)을 한번 적어 보라.

리더는 자기 관리가 중요하다

"아담은 하나님의 벗이자 동역자로 지음 받았다. 그에게는 하늘과 땅, 바다의 모든 생물에 대한 지배권이 있었다. 그러나 정작 자기 자신은 지배하지 못했다." - 오스왈드 챔버스(Oswald Chambers)

자기 관리의 중요성 - 내부의 적이 더 무섭다

사람은 무엇보다 자기 자신을 잘 다스릴 수 있어야 한다. 언제나 외부의 적보다 내부의 적이 더 무서운 법이다. 중국의 만리장성을 보라. 중국인들은 이민족의 침입으로부터 나라를 지키기 위해 이 성을 쌓았다. 길이만 3,000km가 넘고, 높이는 9m가 넘고, 두께는 5m가 넘는 성이다.

그들이 만리장성을 만든 목적은 절대로 뚫을 수 없는 방어벽을 세우는 것이었다. 기어오를 수 없을 만큼 높고, 무너뜨릴 수 없을 만큼 두껍고, 돌아서 갈 수 없을 만큼 긴 성벽을 만들고자 했다. 그러나 만리장성이 세워진 후 처음 100년 동안 중국은 3번이나 침입을 당했다. 그것은 벽이 무너졌기 때문이 아니다. 만리장성의 문지기들이 뇌물을 받고 문을 열어 주었기 때문이다. 이 얼마나 허탈한 일인가?

이와 비슷한 이야기가 또 있다. 미국 콜로라도 주의 '롱의 봉우리'라는 곳에는 거대한 나무가 쓰러져 있다고 한다. 400년이 넘는 그 나무는 그동안 13번이나 벼락을 맞고도 이겨 냈고, 수많은 눈사태와 폭풍우를 이겨 왔다. 그런데 그 나무가 쓰러진 것은 외부의 문제가 아니라 내부의 문제 때문이었다. 조그마한 딱정벌레들이 이 나무에 기어 들어와 나무의 속을 갉아먹고 나무를 허약하게 만들어서, 결국 거대한 체구를 감당하지 못해 쓰러진 것이다. 자연의 힘에 대항하여 무려 400년이나 버텨 왔던 나무가 딱정벌레들의 습격에는 당하지 못하고 쓰러져 버렸다. 이는 작고 사소한 일 때문에 패망하는 경우를 단적으로 보여 주는 사건이다.

자기 관리의 7가지 영역

리더가 되려면 남을 다스리기 전에 먼저 자기 자신을 다스릴 수 있어야 한다. 다음은 리더가 개인적으로 자신을 관리하는 데 있어서 필요한 7가지 요소다.

1) 영성의 관리

리더의 자기 관리에서 가장 먼저 생각해야 할 부분은 영성의 관리다. 오늘날 서구 사회에는 만연한 리더의 타락으로 인해 리더십에 있어서 영성의 부분을 다루고 있는 책이 많이 쏟아져 나오고 있다. 리더가 자신의 영성을 관리하지 않으면 도덕적 타락이나 영적 나태함으로 인해 많은 문제를 일으키기 때문이다. 그래서 심리학자 데이비드 베너(David G. Benner)는 그의 책《Care of Souls》에서 자신의 생활을 세심하게 보살피는 일은 다른 사람들에게 리더십을 제공하기 위한 필수적인 전제 조건이라고 말한다.[1]

영국의 가장 위대한 부흥사인 요한 웨슬리(John Wesley)와 그의 형 찰스 웨슬리(Charles Wesley)를 키워 낸 어머니 수산나(Susanna)는 목사의 부인으로서 경건한 여인이었다. 그런데 그녀에게는 요한 웨슬리를 포함하여 19명의 자녀가 있었다. 이런 상황에서 수산나는 자신의 영성을 어떻게 관리했을까?

그녀는 가족이 많았기 때문에 따로 골방에 들어가 기도할 시간을 내기가 어려웠다. 그래서 특별한 방법을 통해 자신의 영성을 관리했다. 기도하고 싶을 때는 언제나 그 자리에서 무릎을 꿇고 앞치마를 뒤집어 쓴 것이다. 자녀들은 어머니가 그런 모습으로 있으면 기도하는 중인 것을 알고 방해하지 않았다고 한다. 그녀는 분주할수록 철저한 영성 관리가 무엇보다 중요하다는 것을 알았던 것이다.

이런 말이 있다.

"당신이 너무 바빠서 기도할 수 없다면 당신은 정말로 너무 바쁜 것이다"(If you're too busy to pray, you're too busy).

이 짧은 말 속에는 정말 깊은 의미가 들어 있다. 진정한 리더는 자신의 영성을 관리하는 것이 무엇보다 중요한 일임을 안다. 깊은 영성이 있는 사람은 매사에 안정감이 있고, 웬만한 충격에도 흔들리지 않고 지도력을 발휘할 수 있기 때문이다.

종교개혁을 주도한 마르틴 루터(Martin Luther)는 해야 할 일이 많을수록 더 많은 기도에 몰두했다. 그가 한 말 중에 다음과 같은 유명한 말이 있다. "나는 오늘 해야 할 일이 너무 많아서 바쁘다. 그러므로 세 시간은 기도해야 한다."

언뜻 보면 모순인 것 같지만 그 속에는 깊은 진리가 담겨 있다. 외부의 압력이 클수록 내부에서 받쳐 주는 힘이 강해야 한다.

바다에 들어갈 때 일정한 깊이 이상으로 잠수하면 인간은 견뎌 낼 수 없다. 그러나 깊은 바다 속에서도 아무 이상 없이 잘 돌아다니는 물고기들이 있다. 그 물고기들은 물이 누르는 압력보다 몸속의 내부 압력이 더 높기 때문이다. 리더는 다른 사람들보다 더 큰 압력과 스트레스를 받고 있기에 남보다 더 뛰어난 내적 영성이 있어야 한다.

비폭력 운동으로 인도의 독립을 쟁취한 마하트마 간디(Mohandas Karamchand Gandhi)는 일주일의 하루를 침묵의 날로 정하고, 누구와 어떤 이야기도 나누지 않고 물레를 돌리며 자신의 영성을 관리했다. 이것이 그의 승리의 비결이다.

시를 잘 쓰기로 유명한 스님이 있었다. 그런데 이 스님에게는 화단을 가꾸는 취미가 있었다. 어느 날 스님이 열심히 화단을 가꾸는 모습을 본 사람이 다음과 같이 이야기했다.

"스님, 아까운 시간을 왜 그렇게 낭비하십니까? 이렇게 화단을 가꿀 시간에 시를 쓰시면 훨씬 더 많은 시를 쓰실 수 있을 텐데요."

그러자 스님이 빙그레 웃으며 이렇게 대답했다고 한다.

"허허, 모르는 소리. 내가 이렇게 화단을 가꾸지 않으면 시가 나오지 않아요."

위대한 리더가 되고자 한다면 규칙적인 영성 관리를 해야 한다. 특별히 그리스도인이라면 지도자가 되기 전에 기도하기, 성경 읽기 등 자신의 영성을 관리하는 영적 훈련의 습관을 만들어야 한다. 다음의 말을 기억하라.

"독수리는 혼자 날지만 까마귀는 무리 지어 난다. 무리를 떠나 혼자 사는 법을 배우라. 자신의 정체성을 잃어버릴 만큼 그렇게 타인에게 휩쓸리지 마라."

2) 감정의 관리

감정의 관리도 중요하다. 자동차 속에 연료 탱크가 있듯이 사람의 마음속에는 정서의 탱크가 있다. 우리가 정서적으로 자신을 고갈시키는 일을 계속하다 보면 언젠가는 정서의 탱크가 고갈되어 한순간에 무너져 내릴 수 있다.

윌로우크릭 교회의 빌 하이벨스 목사는 교회를 개척하여 성장시키는 가운데 어느 순간 탈진을 경험했다. 스태프들과의 끊임없는 회의, 계속 돌아오는 설교 등 그가 맡은 책임이 너무 많았기 때문이다. 그의 표현을 빌리면 교회는 점점 커져 가는데, 그의 마음속에 있는 교회는 점점 작아져 가는 느낌이었다.

그의 경우에 이것은 체력의 문제가 아니었다. 감정의 저수지가 고갈된 것이다. 그래서 그는 의사와 상담했다. 의사는 그에게 많은 휴식과 책임의 분배를 명령했다. 또한 자신이 좋아하는 취미 생활을 하나 택해서 할 것을 강하게 권고했다. 그가 좋아하는 취미 생활은 요트 경주였다. 그는 이 취미 활동을 통해 감정의 지수를 다시 끌어올렸다.

특별히 리더는 감정의 공백을 조심해야 한다. 많은 지도자들이 감정이 고갈되는 순간 자신을 통제하지 못하고 실수하거나 죄에 빠져 버릴 위험성이 높아지기 때문이다. 평소에는 그런 상황에서 자신을 통제할 수 있는 리더도 감정의 공백이 커진 상태에서는 판단이 흐려지고 유혹에 약해질 수 있다. 그러므로 리더는 자신의 감정의 계기판을 언제나 잘 살펴봐야 한다. 좋은 일이 있어도 즐겁지 않거나 슬픈 일을 봐도 아무 느낌이 없다면, 자신의 감정의 탱크가 고갈되고 있는 것은 아닌지 돌아봐야 한다.

3) 신체의 관리

리더는 자신의 신체에 대해 셀프 리더십을 발휘해야 한다. 건강에 적신호가 오면 리더십을 제대로 발휘할 수 없기 때문이다. 그러므로 리더는 건강관리에 만전을 기해야 한다. 건강관리에서 가장 중요한 것은 적절한 휴식을 취하는 것이다.

우리가 알아야 할 사실은 유능한 사냥꾼은 활을 사용하지 않을 때는 줄을 풀어 둔다는 것이다. 항상 팽팽하게 당겨 두면 탄력을 잃어 사냥감을 제대로 맞힐 수 없기 때문이다. 이처럼 지혜로운 리더는 일과 휴식의 균형을 잘 맞출 줄 안다. 리더는 대부분 일 중심의 저돌적인 기질을 가진 사람들이 많기 때문에 적절한 휴식을 취하지 못하고 일에 빠져드는 경우가 많다. 그러므로 적절한 휴식을 통해 자신의 신체를 관리하는 법을 배워야 한다.

또한 리더는 자신의 건강을 제대로 유지하기 위해 적절한 운동과 함께 균형 잡힌 식사를 해야 한다. 좀 더 많은 과일과 야채를 먹고, 몸에 좋지 않은 과자와 음료수를 가급적 피해야 하며, 규칙적인 식사를 해야 한다. 무엇보다 탐욕을 버리고 절제하는 것이 필요하다.

이동찬 코오롱 명예회장은 평소 임직원들에게 피해야 할 6S와 지켜야 할 3S를 제시하며 자신의 건강관을 피력했다. 피해야 할 6S는 Stress(스트레스), Smoking(담배), Sitting(운동하지 않고 앉아 있는 것), Snack(과자), Sugar(설탕), Salt(소금)이며, 지켜야 할 3S는 Smile(미소), Sports(스포츠), Sleeping(숙면)이다. 이처럼 리더는 자신의 신체가 최적의 컨디션을 유지하도록 적절히 관리해야 한다.

4) 지식의 관리

리더는 끊임없이 배워야 한다. 리더의 평생 계발을 위해 책만큼 중요한 것은 없다. 세계적인 기독교 교육자인 하워드 헨드릭스(Howard G. Hendrix) 박사가 이런 말을 했다.

"독서가는 리더요, 리더는 독서가다"(Readers are leaders and leaders are readers).

한마디로 리더는 책을 많이 읽는 사람이어야 한다는 것이다. 리더는 평생 학습자가 되어야 한다.

그가 이같이 독서의 중요성을 강조하게 된 것은 대학 시절의 은사로부터 받은 영향 때문이라고 한다. 그가 대학 시절에 만난 교수님은 고령의 나이에도 불구하고 계속 연구하고 책을 읽는 분이었다. 그가 왜 그렇게 많은 시간을 책을 읽는 데 보내느냐고 물었을 때, 그 교수님은 그가 평생 잊을 수 없는 대답을 했다.

"나는 나의 학생들이 항상 고여 있는 웅덩이보다는 늘 흐르는 샘물에서 물을 마시게 하고 싶기 때문이네."

김동길 교수는 박정희 대통령에게 감사한 것이 있다고 했다. 그는 박 대통령의 정권을 반대하다가 감옥에 갇혔는데, 결국 그곳에서 엄청난 분량의 책을 읽게 됨으로써 오늘날의 그가 만들어졌다는 것이다.

루스벨트(Franklin Roosevelt) 대통령도 평생 자기 계발에 힘쓴 사람이었다. 그가 죽었을 때 베개 밑에서 읽고 있던 책이 나왔다. 소프트 뱅크의 손정의 사장도 26세 때 만성 간염으로 3년간 누워 지내면서 4,000권의 책을 읽었다고 한다.

오프라 윈프리의 경우는 또 어떠한가? 책이 그녀를 위대한 여성 지도자로 만들었다. 그녀는 이루 말할 수 없이 불우한 어린 시절을 보냈으나 독서하는 습관을 들여 미국 최고의 토크쇼의 여왕이 되었다.

19세기에 영국이 낳은 위대한 설교자 찰스 스펄전(Charles Haddon Spurgeon)은 타고난 재능도 있었지만, 어릴 때부터 독서광이었기에 위대한 설교자로 쓰임 받을 수 있었다. 그는 매주 6권의 책을 독파했으며, 어릴 때부터 청교도 서적에 심취하여 50년간 모은 청교도 관련 서적만 7,000권이 넘었다고 한다. 특히 존 번연(John Bunyan)의 《천로역정》은 죽기까지 무려 100번 이상을 읽었다고 한다.[2]

리더는 지식의 관리를 위해 독서를 열심히 해야 한다. 그리고 그것을 자료화하여 정리해 놓아야 한다. 존 맥스웰이 탁월한 리더십 강사가 된 것도 어릴 때 그의 아버지가 그에게 파일 정리하는 법을 가르쳐 주었기 때문이라고 한다. 그의 사무실에는 그가 40년간 정리해 놓은 1,200개가 넘는 파일이 있다고 한다. 물론 지금은 이 모든 것이 컴퓨터에 문서로 정리되어 있을 것이다. 그의 책을 보면 유난히 흥미로운 예화가 많은데, 대부분 그가 미리 정리해 놓은 것들이다.

독서할 때 넓이와 깊이가 다 필요하다는 사실을 기억해야 한다. 다독과 함께 자신이 전공하는 분야를 정해서 깊이 있게 읽어야 한다. 매일 30-60분 간 자신의 일에 관련된 책을 읽으면 일주일에 한 권의 책을 읽을 수 있다. 일주일에 한 권을 읽으면 1년이면 50권을 읽을 수 있다. 이것이 10년이 되면 500권이 된다. 그렇게 되면 그 분야에서 박사 이상의 지식을 소유한 전문가가 될 수 있다.

또한 우리는 지식 관리를 위해 컴퓨터에서 정보를 수집하여 분석하는 능력을 길러야 한다. 지금은 지식의 홍수 시대다. 그러므로 디지털 리더의 조건 중 하나는 정보 수집의 능력이다. 오늘날은 정보가 없는 것이 아니라 어디에 있는지를 모르는 것이다. 그래서 과거에는 'know-how'였지만, 이제는 'know-where'다. 인터넷상에 정보가 있지만 어디에 있는지를 알아야 하는 것이다.

리더는 끊임없이 자신을 계발하고 발전시키는 삶의 태도를 지녀야 한다. 톰 피터스(Tom Peters)는 미국의 일반 직장인이 매년 자기 계발에 투자하는 시간이 평균 26.3시간이라는 사실을 지적했다. 이것은 하루에 고작 6분밖에 안 되는 시간이다. 그러면서 그는 '인재'라고 불리는 사람들이 얼마나 혹독하게 훈련하는지를 생각해 보라고 도전한다. 프리마돈나, 바이올리니스트, 단거리 선수, 골프 선수, 파일럿, 우주 비행사들은 그토록 열심히 연습하는데 비즈니스맨들은 자기 계발에 너무 게으르다는 사실을 부끄러워해야 한다는 것이다.

벤저민 브리튼(Benjamin Britten)은 "배운다는 것은 물살을 거슬러 노를 젓는 것과 같다. 중지하면 뒤로 밀려난다"는 말을 했다. 오늘날과 같은 지식정보화 사회에서는 끊임없이 자신을 발전시키고 업그레이드시키지 않으면 도태되기 마련이다. 이제는 평생직장이라는 개념이 이미 사라진 지 오래다. 스스로 끊임없이 자신의 가치를 올려야 한다.

5) 태도의 관리

리더가 관리해야 할 또 하나의 중요한 요소로 태도의 관리가 있다. 리더는 자신에게 닥치는 모든 상황을 긍정적으로 인식하고 해석하는 자세를 가져야 한다. 사실 인생은 해석하기 나름이다.

구약에 나오는 요셉은 형들에 의해 애굽의 노예로 팔려 갔다. 그러나 그는 나중에 형들을 만났을 때 하나님이 뜻이 있어서 자신을 먼저 이곳으로 보내신 것이라고 이야기하며 형들을 용서했다. 이와 같은 삶의 태도가 요셉을 위대한 사람으로 만든 것이다.

셀프 리더십의 핵심은, 나는 나 자신의 리더라는 것이다. 각자는 스스로 행복을 만들 수도 있고 불행을 만들 수도 있다. 같은 상황이라도 그 상황을 어떻게 이해하고 받아들이는가에 따라 그것이 축복이 되기도 하고, 저주가 되기도 한다. 그러므로 리더는 자신의 삶을 긍정적으로 해석하는 태도를 가져야 한다.

마쓰시타 고노스케(まつしたこうのすけ)는 이런 이야기를 했다.

"감옥과 수도원의 공통점은 세상과 고립되어 있다는 점이다. 그러나 차이가 있다면 불평을 하느냐, 감사를 하느냐, 그 차이뿐이다. 감옥이라도 감사하면 수도원이 될 수 있다."

하버드 대학교의 윌리엄 제임스(William James) 교수도 의미심장한 말을 했다.

"우리 시대의 가장 위대한 혁명 중 하나는 모든 사람이 마음속의 내적 태도를 바꿈으로써 그들의 인생이 달라질 수 있다는 사실을 발견한 것이다."[3]

성경을 보면 팔복이라는 것이 있다. 예수님이 산 위에서 하신 산상설교의 백미로서 "심령이 가난한 자는 복이 있나니"(마 5:3)로 시작하여 여덟 가지 복을 이야기하신 것이다. 그런데 이 팔복을 영어로 무엇이라고 하는지 아는가? 'The Eight Blessings'가 아니라, 'The Beatitudes'다. 인간의 행복이 그 사람의 태도(attitude)에 달려 있다는 의미에서 이렇게 이야기하는 것이다. 놀랍지 않은가?

남미의 아르헨티나와 칠레는 양국의 우호를 다지기 위해 국경에 예수 그리스도의 동상을 세우기로 했다. 그런데 문제가 생겼다. 이런저런 형편을 따져서 설계하다 보니 동상이 아르헨티나 쪽을 바라보도록 만들 수밖에 없었던 것이다. 그러자 칠레 사람들이 "예수님 동상이 칠레에 등을 돌리고 계신다"고 주장하기 시작했다. 서로 가깝게 지내자는 뜻으로 세운 동상으로 인해 오히려 두 나라 사이는 껄끄러운 관계가 되었다. 이 일로 인해 칠레 사람들의 감정은 점점 거칠어졌다. 이렇게 양국 간 감정이 나쁜 방향으로 치닫고 있을 때 이를 명쾌하게 해결해 준 한 사건이 일어났다. 그것은 칠레의 한 기자가 신문에 쓴 재치 있는 기사였다.

"예수님의 얼굴이 아르헨티나를 향하여 서 계시는 이유는 아르헨티나가 칠레보다 더 보살펴 주어야 할 것이 많은 나라이기 때문이다."[4]

이 기사는 칠레인의 고조된 감정을 가라앉힐 만큼 큰 감동을 주었다. 이같이 무슨 일이든지 해석이 중요하다. 사물을 긍정적으로 볼 수 있는 눈은 리더의 중요한 자산이다. 위대한 사람들의 특징은, 일반인들은 상상할 수도 없을 만큼 긍정적인 삶의 태도를 지니고 있다는 것이다.

앞에서 수도원과 감옥의 차이에 대해 말한 사람은 일본 경영의 신이라고 하는 마쓰시타 고노스케다. 그는 94세의 나이로 세상을 떠날 때까지 산하 570개 기업에 종업원 13만 명을 거느린 대기업의 총수 자리에 있었다. 그의 어린 시절은 가난과 고통으로 점철된 삶이었다. 그러나 그는 그모든 불운을 극복하고 일본 최고의 기업인으로 우뚝 섰다. 그가 그렇게 될 수 있었던 데는 그의 긍정적인 삶의 자세가 엄청난 영향을 끼쳤다.

그가 은퇴하기 전, 한 직원이 그에게 물었다. "회장님은 어떻게 이처럼 큰 성공을 거두셨습니까?" 그러자 마쓰시타 회장은 자신이 하늘의 3가지 큰 은혜를 입고 태어났기 때문에 그것이 가능했다고 대답했다. 그 3가지가 무엇이냐고 묻자 그는 첫째로 가난한 것, 둘째로 허약한 것, 셋째로 못 배운 것이라고 했다. 그 소리를 듣고 깜짝 놀란 직원이 "이 세상의 불행을 모두 갖고 태어나셨는데도 오히려 하늘의 은혜라고 하시니 이해할 수 없습니다"라고 말하자 마쓰시타 회장은 이렇게 대답했다.

"나는 가난 속에서 태어났기 때문에 부지런히 일하지 않고서는 잘 살 수 없다는 진리를 깨달았다네. 또 약하게 태어난 덕분에 건강의 소중함도 일찍이 깨달아 몸을 아끼고 건강에 힘썼지. 그래서 지금 90세가 넘었어도 30대의 건강으로 겨울철에 냉수마찰을 한다네. 또 제대로 못 배우고 초등학교 4학년 때 중퇴했기 때문에 항상 이 세상의 모든 사람을 나의 스승으로 받아들여 배우는 데 노력했고, 그래서 많은 지식과 상식을 얻었다네. 그러니 이 모든 환경이 하늘이 준 은혜가 아니고 무엇인가?"

얼마나 놀라운 이야기인가? 그가 성공할 수밖에 없는 사람이 된 것은 당연한 일이다. 사람들은 본능적으로 부정적인 생각과 사고를 하는 사람들을 피하는 경향이 있다. 그러므로 우리는 긍정적인 마음과 태도를 가져야 영향력 있는 리더가 될 수 있다. 언젠가 책에서 이런 글을 읽은 적이 있다.

"여기 한 사람이 있습니다. 이 사람은 겨울에 대하여 이렇게 이야기합니다. '나는 겨울이 좋다. 흰 눈을 볼 수도 있고, 사람을 강하고 진지하게 만들어 주니 겨울이 좋다.' 봄이 오면 또 이렇게 말합니다. '온갖 아름다운 꽃들이 피고 따뜻하니 봄은 봄대로 좋다.' 여름, 가을에 대해서도 '초목이 우거지고 활기에 넘치는 여름은 또 그 나름대로 시원해서 좋다. 하지만 가을도 좋다. 가을은 우리에게 겸손을 가르쳐 주고 풍성한 열매를 맺어 주니까.' 이런 사람이 복된 사람인 것입니다.

그러나 이와는 정반대의 사람도 있습니다. '겨울이 되면 춥고 게을러져서 싫다. 여름이 되면 덥고 땀이 나서 싫다. 가을이 되면 처량하고 허무해져서 싫다. 봄이 되면 꽃샘바람이 불고 노곤해서 싫다' 하고 '싫다', '싫다' 소리를 연발하는 사람입니다. 이런 사람은 겨울이면 '아, 어서 여름이 되었으면' 하고, 여름이면 '아, 어서 겨울이 되었으면' 하는, 어디에 갖다 놓아도 불행한 사람입니다. 행복한 사람은 여건에 관계없이 항상 행복합니다." - 채수덕, "짧은 글, 큰 감동" 중에서

존 맥스웰이 한 말을 기억하라.

"염세주의자는 바람에 대해 불평한다. 낙관주의자는 바람의 방향이 바뀌기를 기대한다. 지도자는 배의 돛을 조절한다."

환경이 변하지 않더라도 우리가 태도를 조절하고 바꾼다면 모든 것이 달라질 수 있다.

6) 언어의 관리

리더는 언어의 사용에 각별히 유의해야 한다. 특별히 남을 비판하는 언어보다는 남을 칭찬하고 격려하는 언어에 능해야 한다. 윌리엄 제임스는 "모든 사람들은 요람에서 무덤까지 인정받고 싶은 욕구를 갖고 있다"고 말했다. 리더가 팔로워들을 격려하는 언어를 사용하는 사람인가, 비판하는 언어를 사용하는 사람인가에 따라서 그 리더를 따르는 팔로워들의 충

성심은 차이가 많이 난다.

짐 콜린스(Jim Collins)는 《좋은 기업을 넘어 … 위대한 기업으로》라는 책에서 그냥 좋은 기업이었다가 나중에 위대한 기업으로 도약한 11개 회사들의 특징을 연구한 내용을 소개한다. 그런데 그 내용을 보면, 위대한 기업들은 5단계의 리더가 있는 것이 특징임을 알 수 있다. 다음은 1단계에서 5단계까지의 리더의 특징이다.[5]

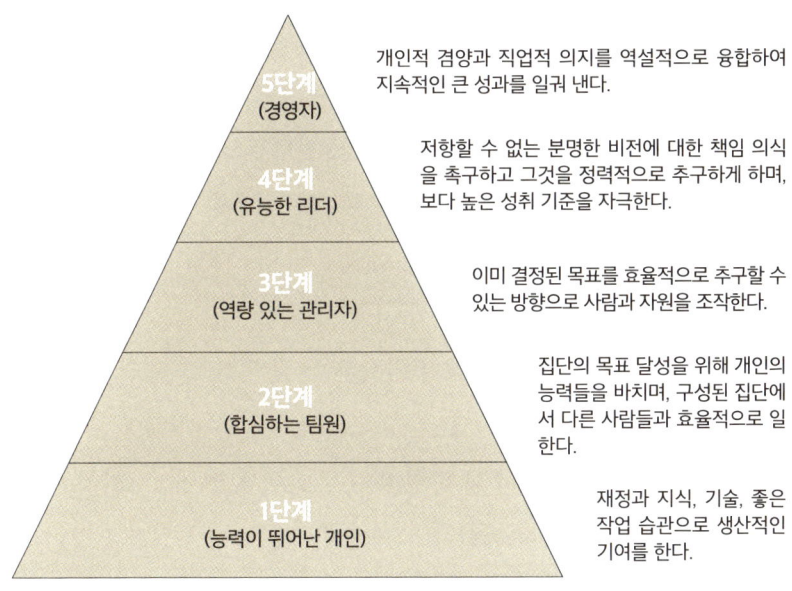

5단계의 리더는 눈에 띄게 나서지 않으면서도 조직을 키우는 데 필요한 일이라면 무슨 일이든지 하는, 불굴의 의지를 보이는 인물이다. 이것을 공식으로 표현하면 다음과 같다.

겸양 + 의지 = 5단계의 리더

에이브러햄 링컨의 리더십 스타일이 이와 비슷하다. 그는 노예 해방을 실현하고 위대한 미합중국을 건설하기 위해 수많은 젊은이들이 희생을 치르게 될 남북 전쟁도 불사하는 굳은 의지를 보였지만, 자신은 언제나 겸손하고 조용하게 리더십을 발휘했다.

그런데 5단계의 리더들의 특징 중 하나는 일이 잘 풀릴 때는 다른 사람에게 공로를 돌리고, 일이 안 풀릴 때는 모든 잘못과 책임을 자신에게 돌린다는 것이다. 링컨의 경우를 보라. 그는 남북 전쟁 중 가장 치열했던 게티즈버그 전투를 벌일 때, 마이드 장군에게 공격 명령을 내리며 짧은 편지 한 통을 함께 보냈다. 그 내용은 다음과 같다.

"존경하는 마이드 장군! 이 작전이 성공한다면 그것은 모두 당신의 공로입니다. 그러나 만약 실패한다면 그 책임은 나에게 있습니다. 만약 작전이 실패로 돌아간다면 장군은 링컨 대통령의 명령이었다고 말하시오. 그리고 이 편지를 모두에게 공개하시오!"[6]

짐 콜린스는 이 같은 리더들의 자세를 '창문과 거울의 패턴'이라고 이름 붙여서 설명한다.

"5단계의 리더들은 일이 잘 풀릴 때에는 창문 밖을 내다보면서 자기 자신 외의 요인들에 찬사를 돌린다. 그리고 찬사를 돌릴 특별한 사람이나 사건을 찾을 수 없을 경우에는 행운 탓으로 돌린다. 일이 잘 풀리지 않을 때에는 거울을 들여다보며 자신에게 책임을 돌리고, 결코 운이 나쁜 걸 탓하지 않는다. 그러나 위대한 리더가 아닌 사람들의 특징은 정반대의 행동을 한다. 그들은 결과가 좋지 않을 때는 창문 밖을 내다보며 자기 자신 외의 누군가에게 책임을 돌리고, 일이 잘될 때에는 거울 앞에서 우쭐대면서 자신에게 찬사를 돌린다."[7]

리더는 긍정적인 언어와 함께 격려의 언어를 사용하는 사람이어야 한다. 실패의 책임은 자신에게 돌리고, 성공의 요인은 부하들에게 돌려야 한다. 그것이 참된 리더의 자세다.

아이젠하워 대통령이 한 말을 기억하라.

"리더십이란 성실하고 고결한 성품 그 자체다. 리더십이란 잘못된 것에 대한 책임은 자신이 지고, 잘된 것에 대한 모든 공로는 부하에게 돌릴 줄 아는 것이다."

7) 시간의 관리

리더는 두말할 것도 없이 시간 관리의 천재가 되어야 한다. 리처드 라이트(Richard Wright) 교수가 쓴 《하버드 수재 1,600명의 공부법》이라는 책에는 하버드 대학교 학생들의 학습법을 연구하기 위해 학생들을 인터뷰한 내용이 나온다. 그들은 두 그룹의 2학년 학생을 심층 인터뷰했다. 한 그룹은 1학년 때 학교 성적과 사회 활동에서 모두 훌륭한 결과를 보여 준 학생들이었고, 다른 그룹은 그렇지 못한 학생들이었다. 이 연구를 통해 두 그룹의 중요한 차이를 발견할 수 있었다.

"가장 성공적인 전환을 한 2학년생들은 인터뷰 때 '시간'이라는 단어를 몇 번씩이나 강조했지만, 전환기에 어려움을 겪었던 2학년생들은 우리가 힌트를 주었는데도 이 단어를 거의 언급하지 않았다. 1학년 생활을 충실하게 보낸 2학년생은 모두 대학에 들어왔을 때 시간을 보내는 방법에 대하여 생각했다고 말했다. 그들은 시간 관리나 시간 배정을 이야기했고, 시간을 귀중한 자원으로 생각했다. 이와는 대조적으로 1학년 때 고생을 한 2학년생들은 어떤 방식으로도 시간에 대해서 거의 언급하지 않았."[8]

이 같은 연구 결과는 결국 신입생들에게 있어서 시간 관리에 관한 태도가 그들의 성공과 실패를 판가름한다는 것을 보여 준다. 그러나 이것은 신입생의 경우만이 아니라 리더에게도 마찬가지다. 어차피 인생의 시간은 제한되어 있기 때문에 시간을 얼마나 지혜롭게, 효율적으로 사용하느냐에 따라서 우리 인생에 성공과 실패의 차이가 나타난다.

H. 잭슨 브라운 주니어(H. Jackson Browne Jr.)는 다음과 같이 말했다.

"시간이 충분하지 않다고 말하지 마라. 당신에게는 헬렌 켈러, 파스퇴르, 미켈란젤로, 테레사 수녀, 레오나르도 다 빈치, 토머스 제퍼슨, 알베르트 아인슈타인에게 하루에 주어졌던 시간과 똑같은 시간이 주어졌다."[9]

리더는 짧은 시간에 많은 것을 판단하여 결정을 내려야 하는 위치에 있는 사람이다. 그러므로 리더에게 현명한 시간 관리는 필수적인 요소다. 지혜로운 시간 관리를 위해서는 다음의 2가지를 기억해야 한다.

첫째, 삶을 단순화시켜야 한다. 모든 리더는 내가 해야만 할 일인 'To Do'의 리스트와 내가 하지 말아야 할 일인 'Stop Doing'의 리스트가 있어야 한다. 리더의 시간은 제한되어 있기에 필요 없는 일을 과감히 정리하는 것이 필요하다. 그래서 리더는 삶을 단순화할 필요가 있다. 리더가 되려면 내가 불필요한 취미 생활에 너무 많은 시간을 낭비하고 있지는 않는지 스스로에게 물어봐야 한다. 컴퓨터 게임, 스마트폰, 텔레비전, 이런 것들은 우리의 시간을 잡아먹는 하마다. 나는 TV를 안 본 지 15년이 넘었다. 책 읽는 것만으로도 시간이 모자란데 드라마까지 챙겨 볼 여유가 없기 때문이다. 리더는 자신의 삶을 단순화시킬 수 있어야 한다. 자신의 시간과 에너지를 꼭 필요한 곳에 집중할 수 있어야 한다.

두 번째는 우선순위다. 우선순위는 리더로 하여금 무엇을 먼저 처리해야 하는지를 가르쳐 준다. 리더는 긴급한 일보다는 중요한 일에 시간의 우선순위를 두는 습관을 길러야 한다.

경영학의 귀재라고 하는 피터 드러커도 시간 관리의 중요성을 강조했다. 그가 전하는 경영학의 진수는 다음과 같다.

"조직을 관리하는 사람은 우선 자신을 관리할 수 있어야 하며, 자기 관리를 위해서는 시간 관리가 무엇보다 중요하다."[10]

폴 메이어(Paul Meyer)는 이런 말을 했다.

"대개 시간은 매일 같은 방식으로 낭비된다."

우리의 인생은 생각보다 빨리 지나간다는 사실을 명심하라. 우리는 돈을 잃었을 때와 마찬가지의 심정으로 시간 낭비를 안타까워해야 한다. 3분, 5분 같은 자투리 시간들도 귀하게 여겨야 한다.

다음과 같은 말이 있다.

"사탄의 계교 중 하나는 우리로 하여금 좋게 생각되는 잡다한 일에 '예'라고 말하도록 한다. 그 결과 너무 여러 곳에 분산되어 모든 면에서 그저 평범할 뿐 탁월한 것은 하나도 없는 사람이 되고 만다."

그래서 사실상 성공하면 할수록 "아니오"라고 말해야 할 때가 더 많아지는 법이다. 중요한 일을 위해서 덜 중요한 일에 대해 "Say No!"라고 말할 수 있는 사람이 되어야 한다.

누군가는 이렇게 말했다.

"'예'와 '아니오'는 당신이 사용하는 말들 중에서 가장 중요한 단어다. 이 단어들은 당신의 운명을 결정짓는다. 당신이 이런 말을 언제, 어떻게 사용하느냐에 따라 당신의 미래가 달라진다. 사소한 일들에 대해 '아니오'라고 말하는 것은 인생에서 중요한 것들에 대해 '예'라고 말하는 것을 의미한다."

자신을 이겨야 한다

지금까지 리더가 되기 위해 필요한 자기 관리의 요소를 살펴봤다. 이 외에도 리더의 물질 관리나 가정 관리 등 여러 가지 다른 요소가 있을 것이다. 중요한 것은, 리더는 자신의 삶이 되는 대로 돌아가게 만들어서는 안 된다는 것이다. 자신에게 엄격한 셀프 리더십을 발휘해서 자신의 삶을 이끌어 가야 한다.

미국 독립선언서의 기초를 놓은 벤저민 프랭클린(Benjamin Franklin)은 평소 13가지의 실천 덕목을 만들어서 매일 체크했다고 한다. 사람은 체크하는 대로 된다. 우리도 가능하면 이처럼 자기 관리를 실천하는 체크 리스트를 만들어서 자신을 계속 관리할 필요가 있다.

성경 고린도전서 9장 25-27절을 보면 바울은 모든 일에 절제한다고 했다. 그는 마라톤 선수처럼 끝까지 긴장을 늦추지 않고 인생을 달려간 사람이다. 우리도 이러한 믿음의 자세가 필요하다.

이제 결론적으로 다음의 말을 기억하라.

"세상에서 가장 지혜로운 사람은 모든 사람에게 배우는 사람이고, 세상에서 가장 부유한 사람은 만족할 줄 아는 사람이며, 세상에서 가장 힘센 사람은 자기를 이긴 사람이다."

우리가 정복해야 하는 것은 산이 아니라 우리 자신이다.
_에드먼드 힐러리(Edmund Hillary)

1등석 승객은 무엇이 다른가?

일본에서 꽤 알려진 유명한 책으로 전직 스튜어디스였던 미즈키 아키코(美月あきこ)가 쓴 《퍼스트클래스 승객은 펜을 빌리지 않는다》라는 책이 있다. 이 책의 저자는 16년 동안 일본 항공사와 외국 항공사를 넘나들며 국제선 1등석 객실을 담당한 스튜어디스다. 그녀는 오랫동안 '퍼스트클래스 승객'을 관찰하여 그들의 행동과 성공 습관의 특징을 정리해서 책을 펴냈는데, 일본에서만 150만 부가 팔린 베스트셀러가 되었다.

하늘을 나는 스위트룸이라고 하는 퍼스트클래스석은 이코노미석에 비해 5배 정도의 가격 차이가 난다. 그리고 이 좌석은 비행기 300석 중 9석으로 전체 좌석 중 3%에 불과하다. 그러다 보니 성공한 사람 중에도 극히 소수만 타는 좌석으로, 세상 어느 곳보다 성공한 사람들의 밀도가 높은 곳이 바로 이 1등석이다. 그런데 그녀가 퍼스트클래스에 타는 사람들을 오랫동안 관찰해 보니 다음과 같은 몇 가지 특징이 있었다고 한다.[11]

첫째, 1등석 승객들은 펜을 빌리지 않는다는 것이다. 그 사람들은 항상 메모하는 습관이 있기 때문에 모두 자신들만의 필기 도구를 지니고 다닌다. 미즈키 아키코는 자신이 근무하는 동안 퍼스트클래스 승객 중 펜을 빌려 달라고 한 사람이 단 한 사람도 없었다고 말한다.

둘째, 1등석 승객들은 책을 많이 읽는다는 것이다. 비행기에 탑승해 있는 동안 그들은 끊임없이 다양한 서적들을 읽는데, 가벼운 베스트셀러보다는 수준 있는 인문학 서적들을 많이 읽는다고 한다. 미즈키 아키코는 그중 최고 기록으로 13시간 가량의 비행시간 동안 8권의 책을 읽는 사람을 봤다고 한다. 이렇게 끊임없이 머릿속에 새로운 정보를 입력하기 때문에 그들은 그만큼 새로운 아이디어와 전략을 내놓을 수 있는 것이다.

셋째, 1등석 승객들은 자세가 다르다고 한다. 그들은 일단 자세가 바르다. 그리고 시선의 각도가 높은 것이 특징이다. 특히 바로 눈앞만을 보는 것이 아니라 먼 곳까지 내다보는 시선을 가지고 있기에 자세에서 자신감이 드러난다.

넷째, 1등석 승객들은 대화하는 능력이 뛰어나다고 한다. 다른 사람들과 관계 맺는 것을 좋아하며, 다른 사람의 이야기를 들을 때 흥미진진하게 듣는다. 그리고 상대방의 이야기에 적극적으로 맞장구를 쳐 주며 들어 주는 자세를 가지고 있다.

다섯째, 1등석 승객들은 승무원에게 고자세를 취하지 않는다는 것이다. 언제나 예의를 갖춰서 이야기하고, 목소리도 발성 연습을 했는지 신뢰감 있는 톤으로 알아듣기 쉽고 명료하게 말한다고 한다.

그 외에도 여러 가지가 있는데, 여기서 특별히 우리의 주의를 끄는 것은 퍼스트클래스 승객은 책을 열심히 읽고 메모하는 습관이 있다는 사실이다. 그들은 활자에 중독되었다고 할 정도로 책을 열심히 읽는다. 결국 사회에서 다른 사람보다 앞서 가고 리더의 위치에 있는 사람들은 끊임없는 독서 습관을 통해 자신을 발전시킨다는 사실을 다시 한번 확인할 수 있다.

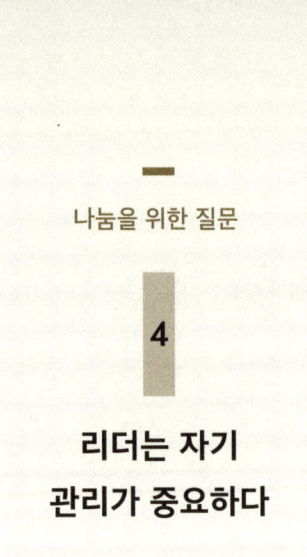

리더는 자기 관리가 중요하다

1. 영성의 관리를 위해 내가 지금 하고 있는 것은 무엇인가?

2. 지금 나의 감정의 탱크는 어떤 상태인가? 0에서 10 사이 중에서 어디쯤 위치한다고 생각하는가?

3. 신체의 관리를 위해 휴식과 운동, 균형 잡힌 식사가 필요하다. 이 가운데 내가 못하고 있는 것은 무엇인가?

4. 지식의 관리를 위해 내가 일주일에 읽는 독서량은 어느 정도인가? 지난 한 달 동안 몇 권의 책을 읽었는가?

5. 평소의 삶에서 나의 태도는 어떠한가? 긍정적인 쪽에 가까운가, 부정적인 쪽에 가까운가?

6. 나의 언어 습관은 어떠한가? 다른 사람을 격려하는 편인가, 아니면 다른 사람을 비난하는 편인가?

7. 시간 관리를 위해서 'Stop Doing'의 리스트를 만든다면, 어떤 내용이 들어갈 것이라고 생각하는가?

리더의 비전이 방향을 결정한다

"우리 모두는 우리의 영혼을 흔들어 깨울 수 있는 리더를 원한다." - 토머스 필(Thomas Pill)

차이는 비전에서 나온다

하버드 대학교의 경제학 교수이자 미국 대통령 경제자문위원회의 의장을 역임한 그레고리 맨큐(Gregory Mankiw)가 쓴《맨큐의 핵심 경제학》(Cengage Learning)이라는 책이 있다. 경제 분야에서는 최고의 베스트셀러다. 이 책에서 그는 세계 13개국의 약 100년 동안의 '경제 성적표'를 분석한 후, 잘 사는 나라가 계속해서 부자 나라로 남아 있거나 가난한 나라가 영원히 빈곤에서 벗어나지 못하는 법은 없다는 결론을 내렸다.

이것을 결정하는 것은 리더의 비전이다. 어떤 비전을 가진 리더가 집권하는가에 따라 한 나라의 경제 상황에 엄청난 영향을 미칠 수 있다. 싱가포르의 경우 제대로 된 자원이 없었고, 실업과 자급자족의 문제가 심각했다. 그러나 1959년부터 1990년까지 리콴유(李光耀) 수상의 강력한 지도력에 힘입어 초고속 경제성장을 이루어 작지만 강한 일류 국가가 되었다. 반면에 한때 한국보다 잘 살았던 필리핀은 부패한 마르코스(Ferdinand E. Marcos) 정권을 거치면서 아시아의 모범 국가에서 열등 국가로 전락하고 말았다.

마르코스의 문제는 독재자인데다가 아무 비전이 없는 자였다는 것이다. 특히 그의 부인 이멜다는 국민을 생각하기보다는 극도의 사치와 낭비를 일삼았다. 마르코스 부부가 국민의 심판을 받고 하와이로 망명한 후, 그들이 있던 말라카냥 궁 지하에서 이멜다의 것으로 밝혀진 3,000개가 넘는 구두와 수백 벌의 의상과 각종 보석 상자가 발견되었다. 도대체 한 명의 여성이 3,000개가 넘는 신발이 필요한 이유가 무엇인가?

이처럼 한 국가가 흥하거나 망하는 차이는 결국 어떤 비전을 가진 지도자가 나라를 이끌어 가느냐에 달려 있는 경우가 많다. 지도자의 비전이 잘못되면 한 나라도 기업처럼 망할 수 있는 것이다. 리더의 비전이 그토록 중요한 이유가 여기에 있다.

　남한과 북한의 경우를 비교해 봐도 마찬가지다. 2013년을 기준으로 보면 북한의 1인당 국내총생산(GDP)은 854달러로 남한의 2만 3,838달러에 비하면 3.6% 수준에 불과하다. 이 같은 차이가 어디에서 나오는가? 바로 지도자의 비전의 차이다. 1970년대 초까지만 하더라도 북한이 남한보다 잘 살았다. 정확한 통계는 없지만 유엔 등의 국제기구에 따르면 8.15 광복 이후 상당 기간 동안 국민 총소득이 남한보다 북한이 훨씬 높았던 것으로 추정된다.

　일제는 패망 이전에 중국 침략을 위해 지하자원이 풍부한 한반도 북부 지역에 각종 공장과 발전 시설을 집중시켰다. 이 때문에 북한은 변변한 산업 시설이 거의 없던 남한보다 초기의 경제개발 여건이 훨씬 유리했다. 심지어 전기 부분에서는 한반도 전체 발전량의 95%가 북한에서 생산되었다. 그래서 당시 북한이 남한에게 자주 했던 협박이 전기 공급을 중단한다는 것이었다. 그러나 남북한 경제력은 1970년대 중반에 역전되었다. 북한이 주체사상을 내세워 자급자족형 계획 경제체제에 치중하면서 국제 경제체제에서 고립되었기 때문이다. 그러나 남한은 외국 자본을 적극 끌어들이고 기업가 정신을 부추기는 등 활발한 개방 정책을 꾸준히 펼침으로써 북한에 뒤졌던 경제 분야에서 대역전을 했다. 지금은 한반도 전체 발전량의 95%가 남한에서 생산되고 있다.

　당시에 한국 경제의 발전을 주도했던 박정희 대통령의 비전은 분명하고 단순했다. 우리도 한번 잘살아 보자는 것이었다. 1961년에 5.16 군사정변을 통해 박정희 대통령이 취임했을 때, 우리나라의 국민소득은 고작 82달러, 연간 수출액은 2,300만 달러밖에 되지 않았다. 그런데 그가 집권한 16년 동안 우리나라의 1인당 국민소득은 82달러에서 12배가 넘는

1,000달러로, 연간 수출액은 2,300만 달러에서 460배인 100억 달러로 올라가게 되었다.[1]

국민소득 1만 달러를 돌파하는 데 일본은 100년이 걸렸고, 미국은 180년이 걸렸으며, 영국은 200년이 걸렸다. 그런데 대한민국은 단 36년 만에 국민소득 1만 달러를 달성했다. 이는 지구상에 존재하는 국가 중 최단 시간이며 최고의 속도다. 그 1만 달러 소득을 달성하는 데 가장 큰 기여를 한 사람이 바로 박정희 전 대통령이다. 이것은 한 나라의 흥망성쇠에 지도자가 얼마나 중요한 역할을 하는 것인지를 보여 준다. 박정희 대통령에 대해서는 여러 가지 엇갈린 평가가 있지만, 그가 리더로서 가졌던 부국강병의 뚜렷한 비전이 우리나라를 이렇게 잘살게 만들었다는 사실은 결코 무시할 수 없는 부분이다.

리더는 모름지기 비전을 가져야 한다. 비전 없는 지도자를 가진 국가나 기업은 불행하다. 헬렌 켈러(Helen Keller)는 앞을 못 보게 태어나는 것보다 더 큰 불행이 무엇이냐는 질문에 "시력은 있되 비전이 없는 것이다"라고 대답했다. 성경에도 비전이 없는 백성은 망한다는 말이 있다. 그래서 《리더는 비전을 이렇게 만든다》(21세기북스)의 저자인 버트 나누스(Burt Nanus)는 "조직을 우수하게 만들며 장기적으로 성공하게 만들도록 추진하는 데는 조직 내에서 널리 공유되고 매력적이며 가치 있고 성취 가능한 장래에 대한 비전보다 더 강력한 엔진은 없다"라고 말했다.

비전이란 아직 보이지 않는 것을 미리 보는 것이다. 그러므로 리더는 다른 사람이 보지 못하는 비전을 볼 수 있어야 하고, 다른 사람이 보지 못하는 미래에 대한 그림(the picture of the future)을 그릴 수 있어야 한다. 결국 리더는 꿈을 꾸는 사람이어야 한다. 남이 보지 못하는 미래에 대한 그림을 그리고, 공동체가 나아가야 할 방향을 보여 줄 수 있어야 한다.

캘라 패런(Caela Farren)과 비벌리 케이(Beverly Kaye)는 리더의 비전의 중요성에 대해 강조하며, 리더란 "사람들을 미래로 연결시켜 주는 다리"[2]라고 표현했다. 이 말은 리더는 비전을 제시함으로써 사람들로 하여금 현재에 안주하지 않고 미래를 바라보고 나아갈 수 있도록 길을 만들어 준다는 것을 의미한다. 제대로 된 리더의 비전은 사람들의 가슴에 불을 붙인다. 리더의 비전에 전념된 사람들은 리더와 똑같은 꿈을 꾸고 리더가 원하는 그 일을 위해 삶을 바치게 된다.

어린왕자의 저자 생 텍쥐페리(Antoine de Saint-Exupéry)는 이런 말을 했다.

"만일 당신이 배를 만들고 싶다면, 사람들을 불러 모아 목재를 가져오게 하고, 일을 지시하고 일감을 나눠 주는 등의 일은 하지 마라! 대신 그들에게 저 넓고 끝없는 바다에 대한 동경심을 키워 줘라."

이것이 리더십(leadership)과 관리(management)의 차이다. 관리는 3개의 구성 요소, 즉 분석(analysis), 문제 해결(problem solving), 계획(planning)을 갖고 있다. 그러나 리더십은 비전(vision)과 가치(values)와 이것들을 전달하는 커뮤니케이션(communication)에 달려 있다. 그래서 워런 베니스는 이런 말을 했다.

"리더들을 정의할 수 있는 유일한 자질은 그들의 창의력과 비전을 실현하는 능력이다."

실라 머리 베델(Sheila Murray Bethel)은 리더와 관리자의 차이에 대해 다음과 같은 말을 했다.

"관리자에게는 '해야 할 일'을 적은 목록이 있지만, 리더에게는 '창조해야 할 일'을 적은 목록이 있다."

비전을 이루기 위한 목표

비전이 큰 그림이라면, 목표는 그것을 이루는 데 필요한 과정이라고 볼 수 있다. 비전을 전쟁에서 승리하는 것으로 비유한다면 목표는 고지를 점령하는 것이나 특정한 장소에서 적을 섬멸하는 것일 수 있다. 마틴 루터 킹은 인류 평등이라는 비전을 가졌다. 그것을 실현하기 위해 그가 추구한 목표 중 하나는 인종 구별 없이 투표권을 확보하는 것이었다.[3]

비전을 달성하기 위해 세부적인 목표를 세우는 것이 얼마나 중요한지를 보여 주는 한 예가 있다. 1984년 도쿄 국제 마라톤 대회에 처음 출전한 일본의 야마다 선수는 쟁쟁한 이들을 모두 물리치고 우승을 차지했다. 놀란 기자가 우승 비결에 대해 묻자 그는 이렇게 대답했다.

"지능적으로 라이벌에게 이긴 것입니다."

2년 뒤 이탈리아 국제 마라톤 대회에서도 그는 우승했고, 그 비결에 대해서도 지난번과 똑같은 대답을 했다. 10년 뒤, 야마다는 그의 자서전에서 자신의 우승 비결에 대해 이렇게 풀어 놓았다.

"매번 시합 전에 나는 차를 타고 경기 코스를 자세히 돌아본다. 그리고 길을 따라 눈에 띄기 쉬운 표시를 머릿속에 그려 넣는다. 예를 들어 처음은 은행, 그 다음은 붉은색 건물, 그 다음은 큰 나무 … 이렇게 나뉜 구간을 나는 100m 달리기 속도로 돌진했다. 하나의 목표가 지나면 그 다음 목표까지 돌진, 그 목표를 지나면 다음 목표까지 또다시 돌진. 나는 42.195km의 긴 여정을 나뉜 작은 목표물을 통해 가볍게 완주할 수 있었다."[4]

일반적으로 잘 알려진 내용으로서, 목표 설정을 위해 명심해야 할 5개의 요소가 있다. 이것을 머리글자를 따서 'SMART'라고 부른다.

첫째, 구체적이어야 한다(Specific). 목표가 구체적이지 않으면 나아갈 방향을 잃게 된다.

둘째, 측정 가능해야 한다(Measurable). 목표가 셀 수 있는, 양적으로 가늠할 수 있는 것이 아니면 흔들리기 쉽다. 목표는 가능하면 수치로 나타낼 수 있어야 한다. 수치화하는 것이 목표를 이루는 데 효율적이기 때문이다.

셋째, 달성 가능해야 한다(Attainable). 높은 목표를 세우되, 성취 불가능한 것이어서는 안 된다.

넷째, 현실적이어야 한다(Realistic). 목표가 현실적이지 못하면 추진력이 약화되고, 이루고자 하는 뜨거운 열망이 사라지게 된다.

다섯째, 구체적인 시간 계획이 있어야 한다(Time frame). 목표를 이루는 데 어느 정도의 시간이 드는지를 정확히 예측해야 한다.

비전의 근원이 중요하다

일본 속담에 이런 말이 있다.

"액션이 없는 비전은 백일몽이다. 비전이 없는 액션은 악몽이다."

이 말의 의미가 무엇일까? 비전이 아무리 거창해도 그것을 이루기 위한 액션을 취하지 않으면 그것은 백일몽을 꾸는 것과 같아서 헛된 꿈으로 끝나 버리기 쉽다는 것이다. 그러나 그보다 더 심각한 것은 비전이 없는 액션이다. 이것은 아무런 방향도 없이 이리저리 바쁘기만 한 것으로, 결국 구성원 모두가 원하지 않는 엉뚱한 방향으로 가게 되는 악몽으로 끝난다.

그래서 조직을 이끌어 가는 리더에게 분명한 비전을 소유하는 것은 더할 나위 없이 중요한 것이다. 리더는 현상 유지에만 급급한 사람이 아니다. 그는 남이 가지고 있지 않은 비전을 갖고 있어야 한다. 자신의 팔로워들에게 생명을 걸 만한 가치 있는 비전을 제시할 수 있어야 한다.

오늘날 많은 사람들의 문제는, 어디로 가야 하는지를 모르고 있다는 것이다. 결국 이것은 방향의 문제요, 비전의 문제다. 그런 면에서 비전이 있는 리더는 어디로 가는지를 아는 사람이다.

누군가가 잭 웰치에게 세상에서 가장 존경받는 기업의 경영자로 선정된 리더십의 비결이 무엇이냐고 물어봤다. 그러자 잭 웰치는 한마디로 대답했다.

"딱 한 가지입니다. 나는 내가 어디로 가는지 알고 있고, GE의 전 구성원은 내가 어디로 가는지를 알고 있습니다."

그렇다. 뚜렷한 비전을 갖고 있는 리더는 자신이 어디로 가는지를 알고 있고, 또한 구성원들을 어떻게 하면 자신이 원하는 방향으로 이끌어 갈 수 있는지를 알고 있는 사람이다. 이런 사람은 자신이 가야 할 방향을 알기 때문에 자신이 하고자 하는 일에 초점을 집중시킬 수 있고, 그 결과 엄청난 에너지를 이끌어 낼 수 있다.

그런데 여기서 중요한 것은, 리더의 비전의 근원(The Source of Vision)이 어디서 나오느냐는 것이다. 비전을 보는 것을 망원경에 비유한다면, 비전을 이루기 위한 목표를 잡는 것은 지도를 보고 경로를 정하는 것에 해당한다. 그러나 더 중요한 것은 비전의 근원이다. 나의 비전이 어디에서 나온 것이며, 무엇을 위한 비전인지가 중요하다. 이것은 항해에 있어서 나침반에 해당하는 것이다. 나침반은 동서남북의 방향을 잡아 준다. 리더에게 비전이 있는 것도 중요하지만, 그보다 더 중요한 것은 비전의 방향을 제대로 잡는 것이다. 배는 나아가는 방향이 정말 중요하다. 각도를 조금만 잘못 잡아도 엉뚱한 곳으로 가 버린다. 리더십을 배를 이끌고 가는 선장에 비교한다면, 무슨 비전을 가지고 무슨 목적으로 배를 이끌고 가는지가 중요하다. 그래서 비전의 윤리성이 중요한 것이다.

존 뉴턴(John Newton)은 선장으로서 열심히 배를 몰고 갔지만, 당시에 그는 노예선 선장이었다. 방향이 잘못된 것이다. 그러나 그는 회개하고 난 후 〈Amazing Grace〉를 지었을 뿐 아니라 노예무역을 반대하는 일에 지도력을 발휘하여 윌리엄 윌버포스(William Wilberforce) 같은 사람들이 앞장서서 일하도록 이끌어 갔다. 리더의 사고 체계가 바뀌니까 그가 추구하는 비전의 방향도 달라진 것이다.

비전의 방향이 중요한 것은 히틀러와 처칠의 경우에 더욱 뚜렷하게 나타난다. 히틀러와 처칠은 동시대의 사람이었다. 처칠뿐 아니라 히틀러 역시 탁월한 리더였다. 히틀러에게는 엄청난 열정이 있었다. 사람들은 그의 열정에 빠져들었다. 그래서 그를 자신들의 지도자로 세우기를 원했다. 그리고 히틀러는 탁월한 커뮤니케이션 감각을 지니고 있었다. 그는 연설의 천재였다. 그리고 분명한 비전이 있었다. 자신의 민족을 세계 최고의 민족으로 만들고자 하는 비전이 분명했다. 그러나 그는 진화론에 근거한 잘못된 가치관으로 무장되어 있었다. 그 결과 그는 자살로 인생을 마감했을 뿐 아니라, 자신의 비전을 따라온 독일 국민에게 세계 역사상 영원히 씻을 수 없는 오점을 남기게 했다.

그러므로 리더는 어떤 가치관을 지니고 있는지가 중요하다. 그것에 따라서 리더의 비전의 방향이 달라지기 때문이다. 리더라면 자신의 비전이 어디서부터 나온 것인지를 면밀히 살펴봐야 한다. 비전의 방향이 곧 비전의 근원(source)을 보여 주기 때문이다. 내가 가진 비전의 근원이 나 자신이라면 내가 추구하는 비전은 나의 야망을 충족시키기 위한 것에 불과하다. 그러나 나의 비전의 근원이 하나님께로부터 온 것이라면, 그리고 공동체의 유익을 위한 것이라면 그것은 선한 결과를 낳을 것이다.

엄밀히 말하면 이 세상에는 두 종류의 리더가 있다. 자신을 성공시키기 위해 애쓰는 리더가 있고, 팔로워들을 성공시키기 위해 애쓰는 리더가 있다. 리더십에는 특권과 함께 책임이 따른다. 그러므로 리더는 자신을 성공시키기보다는 자신이 속한 공동체를 성공시킬 수 있는 비전을 제시해야 한다. 그래서 진정한 리더는 스타(Star) 형 리더가 아니라, 종(Servant) 형 리더다. 리더는 두 가지 의미에서 리더이면서 동시에 종이 되어야 한다.

첫째, 권한을 위임받은 자는 다른 사람을 섬기는 자세를 갖춰야 하기 때문이다. 그의 지도력을 통해 구성원들의 잠재된 능력을 가장 극대화할 수 있어야 진정한 리더다.

둘째, 리더는 더 높은 부르심에 응답할 수 있어야 하기 때문이다. 어느 누구도 자신이 리더라고 조직에 대해 무제한적인 명령권을 갖지는 못한다. 설령 그가 '고위층'이라고 할지라도 따라야 하는 상층의 권위 체계가 있게 마련이다. 대통령은 국회와 국민 사이의 뜻에 따라야 한다. 아무리 다국적 기업의 총수라 해도 이사회와 주주들과 고객들의 요구에 따라야만 한다.[5]

특별히 영적 리더는 사람들의 리더가 되기 전에 먼저 하나님의 음성을 듣고 하나님께 순종하는 하나님의 종이 되어야 한다. 그렇게 해야만 하나님이 공동체에 원하시는 뜻이 무엇인지를 알고, 그것에 맞게 비전을 잡아서 사람들에게 그 비전을 전수할 수 있기 때문이다. A. W. 토저(A. W. Tozer)가 "하나님의 음성을 듣는 그 사람의 말을 들으라"(Listen to the man who listens to God)는 유명한 말을 한 것도 바로 이런 이유에서다. 또한 헨리 블랙커비는 다음과 같은 말을 했다.

"영적 리더는 하나님이 하신 일을 다시 들려주고, 하나님이 하고 계신 일을 전하며, 하나님이 하겠다고 약속하신 일을 드러낸다."[6]

비전의 근원이 그토록 중요한 것은 바로 이런 이유에서다. 영적 지도자의 비전은 하늘로부터 오는 것이다. 리더가 제대로 된 비전의 근원을 갖고 있을 때 그의 비전이 올바른 영향력을 발휘한다.

비전은 전달되어야 한다

비전이 비전 되기 위해서는 이를 전달하는 커뮤니케이션이 있어야 한다. 《손자병법》을 보면 "한 사람의 꿈은 꿈으로 남지만 만인의 꿈은 현실이 된다"라는 말이 있다. 이 말은 리더가 자신의 꿈을 이루기 위해서는 그 꿈을 여러 사람과 나눌 수 있어야 한다는 의미다. 나누지 못한 비전은 그저 꿈으로 남지만, 여러 사람과 공유한 비전은 현실로 이뤄지기 때문이다. 그러므로 리더는 비전도 중요하지만, 그 비전을 구성원들에게 어떻게 정확하게 전달할 수 있을지를 고민해야 한다.

리더에게 커뮤니케이션이 중요한 이유는 리더의 비전이 제대로 전달되어야만 자신이 이끌고 갈 사람들의 마음을 하나로 모을 수가 있기 때문이다. 휴렛 팩커드(Hewlett Packard)의 존 영(John Young) 회장은 이렇게 말한다.

"성공하는 회사는 총체적인 목적에 관한 한 최고 경영진에서 말단 직원에 이르기까지 하나의 공감대를 이루고 있다. 아무리 현명한 경영 전략이라도 직원들과의 공감대가 없으면 실패하고 만다."[7]

1993년, 컨설팅 회사인 왓슨 와이어트(Watson Wyatt)는 크고 작은 문제에 부딪혀 개혁을 단행하고 있는 531개 기업의 CEO에게 "과거로 돌아가서 한 가지를 바꾸고 싶다면 무엇을 바꾸시겠습니까?"라는 질문을 던졌다. 가장 많은 대답은 "직원들과 의사소통하는 방법을 바꾸겠다"는 것이었다.[8]

경영의 천재 피터 드러커도 이런 말을 했다.

"인간에게 가장 중요한 능력은 자기 표현력이며, 현대의 경영이나 관리는 커뮤니케이션에 의해 좌우됩니다. 리더십은 곧 커뮤니케이션입니다."

창세기 11장을 보면 바벨탑 사건이 나온다. 인간들이 하나님을 대적하기 위해 바벨탑을 쌓다가 도중에 실패하고 마는데, 그것도 따지고 보면 리더십의 실패로 인해 그렇게 된 것이다. 그런데 그들이 리더십을 발휘하지 못하도록 하나님이 하신 일이 무엇인가? 바로 그들의 언어를 혼잡하게 하신 것이다. 그렇게 하니까 단번에 효과가 나타났다. 말이 통하지 않으니까 사람들은 뿔뿔이 흩어지기 시작했다. 이것만 보더라도 효과적인 비전 성취를 위해 커뮤니케이션이 얼마나 중요한지를 알 수 있다.

리더의 비전이 모든 구성원들에게 명확하고 분명하게 전달되기 위해 리더는 탁월한 커뮤니케이터가 되어야 한다. 자신의 비전을 효과적으로 전달하려면 다음 12개의 커뮤니케이션 방법을 적절히 활용할 필요가 있다.

1) 리더 자신이 비전 전달자가 되어야 한다

작가이자 홍보 전문가인 엘리너 도온(Eleanor Doan)은 이렇게 말했다.

"먼저 자신의 마음에 불을 붙이기 전에는 그 누구의 마음에도 불을 붙일 수 없다."

참으로 옳은 말이다. 리더 스스로가 자신의 비전에 대한 확신이 없다면 누가 그 리더를 따르겠는가?

리더의 드러나는 모습 자체가 그가 갖고 있는 비전에 대한 살아 있는 광고판이다. 그러므로 리더는 비전의 전달을 위해서라면 사람들에게 자신을 노출시킬 수 있어야 하며, 자신의 확신을 전염시킬 수 있어야 한다. 자신이 내세운 비전에 대해 헌신하는 리더의 모습을 볼 때 사람들은 리더가 내건 비전에 주목하게 된다.

리 아이어코카(Lee Iacocca)의 경우를 보라. 그는 자신이 32년 동안 몸 바쳐 일한 포드(Ford) 자동차 회사의 사장 자리에서 어이없이 해고당했다. 그러자 그는 도산 직전의 크라이슬러(Chrysler) 사의 CEO로 취임하여 그 회사를 살려 냈다. 이 과정에서 그는 자신을 크라이슬러 사와 동일시하고 자신을 통해 크라이슬러 사를 홍보했다.

이때 그가 상징적으로 취한 행동은 연봉을 1달러만 받는 것이었다. 그 전에 포드 사에서 연봉 36만 달러를 받던 그가 그런 행동을 한 것은 크라이슬러 사와 운명을 같이하겠다는 상징적인 행동이었다. 그런 모습을 본 소비자들은 점차 크라이슬러 사를 신뢰하게 되었다. 이와 같은 리 아이어코카의 혼신의 힘을 다한 노력 덕분에 크라이슬러 사는 5년 만에 불사조처럼 다시 일어설 수 있었다.

이처럼 리더가 자신의 비전을 전달하기 위해서는 먼저 리더 자신이 비전에 대해 불타는 열정을 가져야 한다. 리더의 비전과 열정은 전염되기 때문이다.

박진탁 목사는 우리나라에서 처음으로 헌혈 운동을 펼친 분이다. 그는 1969년에 한국헌혈협회를 창립하여 교회, 학교, 기업 등을 찾아다니며 헌혈 운동을 독려했다. 그의 영향으로 미션 스쿨, 교회, 군부대에 헌혈 운동이 일어났다. 그는 헌혈에 완전히 미친 사람이었다. 스스로 두 달에 한 번씩 헌혈에 참여하며 솔선수범하여 모범을 보였다. 헌혈에 대한 열심이 얼마나 대단했던지 첫딸을 낳자 이름을 '박뽑기'로 지었고, 그 다음에 낳은 아들은 '박헌혈'로 지었다. 리더가 이런 열정이 있으면 사람들은 자연히 따라오게 되어 있다.

2) 슬로건을 만들라

리더가 비전을 제대로 전달하기 위해서는 한두 마디로 정리되는 모토나 슬로건을 만들어야 한다. 피터 드러커는 이렇게 말했다.

"당신의 중요 사항은 티셔츠 앞면에 다 들어갈 수 있어야 한다."

여기서 중요한 것은 무엇을 원하는지가 짧고 분명한 말로 정리되어야 한다는 것이다.

역사상 최고의 명연설중 하나는 링컨의 게티즈버그 연설일 것이다. 연설 시간은 단 2분이었다. 그런데 놀라운 사실은, 그날의 주연은 링컨이 아니라 에드워드 에버렛(Edward Everett)이었다는 것이다. 에버렛은 당대 최고의 연사였으며, 그의 연설료는 오늘날의 돈으로 환산하면 10만 달러에 이를 정도였다. 그러나 오늘날 사람들이 기억하는 말은 두 시간에 걸친 에버렛의 연설이 아니라 "국민의, 국민에 의한, 국민을 위한 정부"로 잘 알려진 링컨의 몇 마디다.[9] 그가 너무나 간결하고 분명한 말로 그의 비전을 잘 전달했기 때문이다.

어떤 사람이 우리가 별똥별(유성)을 보고 소원을 빌면 이뤄지는 이유를 다음과 같이 이야기했다.

"유성이 떨어지는 그 짧은 순간 동안에 자신이 무엇을 원하는지를 이야기할 수 있을 정도라면, 이미 그 사람은 자신이 무엇을 원하는지 정리된 사람이다. 그래서 반드시 그 소원은 이뤄질 수밖에 없다."

싱가포르의 리콴유 전 수상은 수상이 된 후 가난한 싱가포르를 선진국으로 끌어올리기 위해 분명한 비전을 제시했다. 이른바 '희망 프로젝트'라고 하는 그의 비전은 단순한 것이었다.

"나는 싱가포르를 1, 2, 3, 4, 5의 나라로 만들겠다. 1명의 아내, 2명의 자녀, 3개의 침실, 4바퀴의 자동차, 주당 500달러의 1인당 국민소득이 실현되는 나라가 되도록 만들겠다."

그의 비전은 너무나 선명하고 분명했기에 모든 국민의 마음에 확실하게 새겨졌고, 그 희망은 대부분 이뤄졌다.

위대한 지도자는 슬로건의 능력을 안다. 마틴 루터 킹은 한번 들으면 절대로 잊어버릴 수 없는 말을 했다.

"나에게는 꿈이 있습니다."

그는 흑인이나 백인 아이들이 피부색에 의해 차별받지 않고 같이 놀 수 있는 날이 오기를 꿈꾼다고 했다.

사람들은 리더들의 연설이나 설교는 잘 기억하지 못하지만 그들이 주장한 슬로건은 잘 기억한다. "자유가 아니면 죽음을 달라"는 말이나 존 F. 케네디(John F. Kennedy)가 말한 "조국이 그대를 위해 무엇을 해 줄 수 있는지를 묻지 말고, 그대가 조국을 위해 무엇을 할 수 있는지를 물으라"는 말은 지금도 기억되고 있는 말들이다. 우리나라의 박정희 대통령도 새마을 운동을 하면서 끊임없이 "잘살아 보세"를 외쳤다. 지금 보면 조금 수준이 낮은 슬로건인 것처럼 느껴지지만, 당시의 상황에서는 가장 어필할 수 있는 구호였다. 위대한 지도자들은 간단한 슬로건의 위력을 안다.

코카콜라(cocacola) 사의 전임 CEO인 로베르토 고이주에타(Roberto Goizueta)도 이것을 잘 아는 사람이었다. 그래서 그는 언제나 그의 비전을 한마디로 요약해서 외치고 다녔다.

"전 세계 사람들의 손이 닿는 곳에 코카콜라를."

고급 호텔의 대명사인 리츠 칼튼(Ritz Carlton)은 다음과 같은 한마디의 모토로 자신들의 정체성을 정리했다.

"우리는 신사, 숙녀에게 봉사하는 신사, 숙녀들이다."

어떤가? 짧지만 강력한 메시지가 들어 있지 않은가!

구세군의 선교 모토는 "마음은 하나님께, 손길은 이웃에게"다. 성경에 나오는 '하나님 사랑과 이웃 사랑'이 어떻게 적용되어야 할지가 명확하게 정리되어 있지 않은가!

3) 비유나 은유를 사용하라

성경에 이런 말씀이 있다.

> "예수께서 이 모든 것을 무리에게 비유로 말씀하시고 비유가 아니면 아무 것도 말씀하지 아니하셨으니"(마 13:34).

지혜로운 예수님은 비유가 자신과 팔로워들 사이의 가장 좋은 커뮤니케이션 수단인 것을 아셨다. 그래서 예수님은 모든 이야기를 비유로 전달하셨다. "천국은 이와 같으니"라고 하신 말씀은 모두 비유다.

모세는 출애굽한 이스라엘 백성에게 가나안을 소개하면서 "젖과 꿀이 흐르는 땅"이라는 비유적인 표현을 통해 백성의 마음을 계속 하나로 묶을 수 있었다.

음향 시스템 중에 돌비 시스템(Dolby System)이라는 것이 있다. 처음 돌비를 개발한 엔지니어에게 기자들이 설명을 부탁했다. 잠시 고민을 한 그는 다음과 같이 설명했다.

"돌비는 소리 세탁기입니다. 세탁기는 옷을 손상시키지 않으면서 때를 빼지요. 돌비란 소리(sound)를 손상시키지 않으면서 소음(noise)을 제거하는 겁니다."[10]

복잡한 돌비 시스템의 이론을 세탁기에 비유해 설명함으로써 명쾌해졌다. 이것이 바로 비유의 힘이다.

4) 도형이나 차트를 사용하라

간단한 도형을 통해 대단히 중요한 정보를 일목요연하게 전달할 수 있다. 만약 사람이 말만으로 집을 짓는다면 어떻게 될 것인가? 시공자의 의도가 분명하게 반영된 집이 만들어지기는 어려울 것이다. 아마 십중팔구 시공자의 의도와는 상관없이 엉터리로 지어져서 집을 무너뜨리고 다시 지어야 하기 때문에 공사가 훨씬 더 길고 힘들어질 것이다. 그러나 정확한 도면이 있으면 대부분의 경우 집은 한 치의 오차도 없이 정확하게 지어진다. 마찬가지로 리더가 자신의 비전을 전달할 때 도형이나 차트를 잘 사용하면 기대 이상의 효과를 얻을 수 있다.

5) 그림을 사용하라

비전을 전달하는 데 있어서 도형 못지않게 그림도 상당히 큰 효과가 있다. 교회를 건축하려고 할 때 주보나 교회 전면에 새로 지어질 교회의 조감도를 그려서 보여 주는 데는 다 이유가 있다. 비전을 전달받는 자의 입장에서 막연히 말로만 듣는 것과 그림으로 보는 것은 큰 차이가 있기 때문이다.

1960년대 후반 우리나라의 선박 건조 능력은 최대 10만 300톤, 건조 실적은 최대 1만 7,000톤이 전부였다. 이런 상황에서 정주영 사장은 수십만 톤 규모의 조선소를 짓겠다는 야심 찬 계획을 세웠다. 그리고 1971년에 자금을 얻기 위해 영국 런던으로 떠났지만, 배 한 척 만든 경험이 없는 그에게 투자할 은행을 찾기란 쉽지 않았다. 그러나 그는 500원짜리 지폐에 그려진 거북선을 보여 주면서 우리 선조들이 세계 최초로 철갑선을 만든 우수한 민족임을 강조하여 은행에서 돈을 빌렸다. 그리하여 세계 최초로 조선소를 세움과 동시에 26만 톤 급의 유조선 두 척을 만들어 내는 신화를 이룩했다.

그림은 분명한 시각적인 전달 효과를 낸다. 그래서 신문에 한 컷씩 나오는 만화가 그 신문사의 판매 부수에 엄청난 영향을 미치기도 하는 것이다. 외국의 어떤 기업체는 전 직원을 교육하기 위해 자신들이 자체 제작한 만화를 돌린 적도 있다. 이처럼 리더는 시각 언어를 사용하는 데 탁월해야 한다.

6) 노래를 사용하라

노래만큼 사람의 마음속에 깊이 파고들어 잘 잊혀지지 않는 것도 없다. 공산주의자들이 노동가나 혁명가를 만들어 부르는 이유도, 우리나라에서 박정희 대통령이 새마을운동을 할 때 그 유명한 "새벽종이 울렸네. 새 아침이 밝았네"로 시작하는 새마을운동 주제가를 아침마다 틀어 준 이유도 여기에 있다. 기독교 복음이 널리 확산된 데는 찬송가나 복음성가의 공헌이 컸다는 것은 말할 것도 없다. 학교나 단체도 훌륭한 교가나 주제가가 있으면 사람들의 마음을 더욱 하나로 모을 수 있다.

군대에는 군가가 있고 나라에는 애국가가 있는 이유도 여기에 있다. 올림픽에서 금메달을 따고 시상대에 선 선수들이 애국가가 울려 퍼지고 국기가 올라갈 때 눈물을 글썽거리는 것을 우리는 여러 번 봤다. 그들은 왜 그렇게 감격하는가? 자신의 나라의 국가가 훌륭한 노래라서 감동받는 것이 아니다. 그들이 감동하는 것은 애국가가 그들로 하여금 자신들이 단순한 메달이 아니라 조국이라는 대의를 위하여 몸 바쳐 싸웠다는 것을 기억하게 하기 때문이다.

7) 상징을 사용하라

상징은 사람들의 마음속에 깊이 들어와 박힌다. 단체에서 배지를 만들거나 회사에서 로고를 만드는 이유도 여기에 있다. 내가 아는 분은 로고를 디자인하는 회사에 다니고 있는데, 그분 말로는 대기업이 엄청난 돈을 투자해서 로고를 만드는 이유는 로고 하나를 제대로 만들면 매출이 엄청나게 달라지기 때문이라는 것이다.

많은 역사학자들은 히틀러가 유럽을 점령했을 때 영국 국민이 항복하지 않았던 이유는 바로 처칠 때문이었다고 이야기한다. 처칠은 독일이 영국을 점령하기 위해 해안에 엄청난 병력을 집결시키자 라디오 방송을 통해 비장한 연설을 했다. 그는 위기 상황을 솔직히 털어놓으면서, 영국인들에게 최후의 한 명이 남을 때까지 항복하지 말고 싸울 것을 독려했다. 특히 이 상황에서 처칠은 계속되는 공습으로 공포에 떨고 있는 런던 시민에게 용기를 주기 위해 상징 기법을 사용했다. 공습이 끝난 폐허 속을, 심지어 공습 도중에, 태연히 시가를 물고 활보하며 그의 트레이드 마크가 된 손가락으로 승리의 V 자를 보인 것이다.[11] 처칠은 상징이 가져다주는 커뮤니케이션의 위력을 잘 알고 있었던 것이다.

8) 스토리를 사용하라

스토리텔링(story-telling)은 매우 효과적인 커뮤니케이션 기술 중 하나다. 어떤 단체든지 그 단체 안에는 비전과 관계되어 전설처럼 전해지는 이야기가 있어야 한다. 일화는 언제나 추상적인 가치를 생동감 있게 만들기 때문이다.

사우스웨스트 항공사(Southwest Airlines)의 경우 승객들에게 눈에 돋보이는 서비스를 한 직원들의 영웅담에 초점이 맞춰지고 있다. 예를 들면 탑승을 체크하는 직원의 관대함으로 한 승객이 휴가를 망치지 않은 이야기가 있다. 한 여행객이 애완동물을 데리고 비행기에 탑승할 수 없다는 것을 모른 채 애완견을 데리고 탑승하려고 했다. 이때 직원은 애완견 때문에 승객이 휴가를 망치지 않도록 2주 동안 그 개를 돌봐 줬다.[12]

지도자는 스토리텔링에 능해야 한다. 적재적소에 이야기를 사용할 수 있는 능력을 갖춰야 한다. 《영혼을 위한 닭고기 수프》의 공동 저자인 잭 캔필드(Jack Canfield)를 알고 있을 것이다. 그가 지은 책은 공전의 히트를 기록하여 3년 동안 《뉴욕 타임스》(Newyork Times)의 베스트셀러 목록에 올랐고, 북미 대륙에서만 4,000만 권 이상이 팔렸다. 그는 이미 75만 명을 대상으로 "영혼을 위한 닭고기 수프" 강연과 세미나를 열었으며, 이미 최고의 유명 강사의 반열에 올라 한 번 강의에만 13만 5,000달러, 한화로 하면 약 1억 7,000만 원이라는 엄청난 사례금을 받는다고 한다.

그는 그 자리에 오르기까지 약 2만 개의 스토리를 읽었고, 그중 2,000개는 원저작권자로부터 책이나 강연에 인용해도 좋다는 서면 동의를 받아 두었다고 한다. 그리고 그 스토리들을 거의 외우고 있다고 한다. 그는 자신이 알고 있는 2만 개의 스토리를 적재적소에 풀어 놓을 수 있는 기술을 가지고 있기 때문에 세계에서 가장 탁월한 이야기꾼이 될 수 있었던 것이다.[13]

9) 멀티미디어를 사용하라

문자 메시지나 영상을 통해 많은 것을 전달할 수 있다. 또한 컴퓨터의 메일을 이용하여 리더의 비전을 담은 개인적인 서신을 보낼 수도 있다. 이것들은 모두 오늘날의 문명의 이기로서 리더는 이 같은 최첨단 멀티미디어를 적절히 이용할 수 있어야 한다.

언젠가 미국에서 세미나에 참석했을 때 윌로우크릭 교회의 빌 하이벨스 목사가 자신의 교회에서 있었던 침례식 장면을 촬영한 영상을 보여 주는 것을 본 적이 있다. 미국 침례교회는 세례가 아니라 물에 잠기는 침례를 하는데, 윌로우크릭 교회 옆에는 강이 있었다. 강물 속에서 사람들이 침례를 받는 장면을 촬영하여 배경 음악과 함께 보여 주는데, 이루 말할 수 없는 감동을 받았다. 슬로우 비디오로 촬영된 그 장면에서 침례를 받고 나오는 사람들이 구원받은 감격으로 기뻐 울며 침례자를 끌어안는 모습은 정말 그 어떤 말로도 설명할 수 없는 분명한 메시지를 던져 주었다.

"그렇다. 교회는 바로 이것을 위해 존재하는 것이다. 교회는 영혼이 구원받는 이 비전을 위해 모든 것을 바쳐 헌신하는 것이다."

이런 깨달음이 분명히 왔다.

10) 개인적인 접촉을 하라

비전을 이루는 데 필요한 핵심 그룹의 사람들을 개인적으로 만날 필요가 있다. 그들과 식사를 하고, 비전을 나눠야 한다. 단체로 만나면 반대하던 사람들도 개인적으로 만나면 찬성하는 경향이 있다. 개인적으로 설득된 사람들은 리더의 추종자가 되어 준다.

오늘날 사려 깊은 리더는 현장에 나가 발로 뛰며 최대한 많은 사람들을 만난다. 그들은 그 과정을 통해 자신의 비전을 전달하고, 사람들의 의견을 들어 반영하기도 한다. 굴지의 식품 회사인 네슬레(Nestle)의 CEO 피터 브라벡-레마스(Peter Brabeck-Letmathe)는 1년에 약 4,000명의 직원들을 직접 만난다. 그가 본사에 있는 기간은 기껏해야 한 달에 1주일 정도고, 나머지 시간에는 생산 현장과 지역 본부를 방문하여 직원들과 계속 대화를 나누며 그들의 질문을 받는다고 한다.[14]

11) 반복하라

비전을 분명하게 전달하기 위해서는 비전을 계속 반복하는 것이 필요하다. 톰 피터스는 다음과 같은 말을 했다.

"리더십에는 지속적인 메시지의 힘이 필요하다. 전화하고, 메시지 전달에 집중하며, 자신의 목소리에 신물 날 때까지 똑같은 소리를 반복해서 이야기해야 한다. 이 메시지가 따분하게 느껴지기 시작할 때 비로소 그 메시지가 조직 속에 스며들기 시작할 것이다."[15]

잭 웰치도 이런 말을 했다.

"10번 이상 이야기한 것이 아니면, 한 번도 이야기하지 않은 것과 같다."

1930년대에 미국을 중심으로 전 세계는 무서운 대공황을 겪었다. 회사들은 줄줄이 문을 닫고 은행들은 도산했으며, 직장을 잃은 수많은 사람들이 길거리에서 방황하고 굶어 죽고 자살했다. 사람들의 마음속에 불안과 공포가 밀려오자, 그들은 은행으로 달려가 자신이 예치한 돈을 찾아가기 시작했다. 그 결과 은행들은 도산했으며, 기업들은 문을 닫게 되었다. 실직자들은 홍수처럼 길거리에 쏟아졌고, 최악의 경제공황이 전 세계를 휩쓸었다.

그런데 이 경제공황이 어떻게 극복되었는가? 바로 루스벨트 대통령의 긍정적인 메시지 덕분이다. 그는 '노변담화'(Fireside Chat)라고 해서 난롯가에서 따뜻한 이야기를 나누는 어투로, 매일 저녁 같은 시간에 라디오 방송을 통해 미국 국민의 마음속에 소망을 불어넣었다. 라디오를 통해 루스벨트의 노변담화를 들은 국민은 마치 대통령이 자신에게 직접 이야기하고 있는 듯한 느낌을 받았다. 루스벨트 대통령은 국민의 마음을 안정시키기 위해 두려움을 느낄 필요가 없다고 하면서 이렇게 말했다.

"우리가 가장 두려워할 것은 바로 두려움 그 자체입니다. 막연하고 이유도 없고 정당하지도 않은 두려움입니다."

이런 메시지를 통해 그는 사람들에게 자신감을 불어넣었다. 대통령이 반복적으로 희망적인 이야기를 하자 사람들의 마음속에 신념이 되살아나기 시작했다. 그래서 사람들은 다시 은행에 돈을 예치하고, 사업체와 공장이 문을 열었다. 그리고 미국 경제와 세계 경제가 다시 회복되기 시작했다.

이처럼 반복적인 메시지는 힘이 있다. 그런데 여기서 중요한 것은, 반복할 때 기교 없이 지루하게 되풀이하지 말아야 한다는 것이다. 감동적으로, 신선하게 다양한 접근을 하는 것이 필요하다. 동일한 메시지를 들을 때마다 새롭게 느껴지게 하는 것이 바로 리더의 커뮤니케이션 능력이다. 목사님들 가운데서 설교를 잘한다고 알려진 분들은 바로 이러한 능력이 뛰어난 분들이다. 일반적으로 설교의 주제는 언제나 동일하다. "예수 믿고 구원받아서 신앙생활을 잘 하라"는 것이다. 그런데 어떻게 하면 이것을 매번 신선하게 전달할 수 있느냐가 탁월한 설교자와 그렇지 못한 설교자를 가르게 된다.

12) 의미를 부여하라

결국 사람은 의미가 있는 일에 최선을 다하고자 한다. 리더는 사람들에게 그가 제시하는 비전이 진정으로 의미 있고 그들의 삶을 투자할 만한 가치가 있는 것이라고 생각하도록 만들어야 한다.

화장실 청소, 살충 작업, 카펫 청소 등을 담당하는 용역 회사 서비스 마스터(Service Master)의 대표 윌리엄 폴러드(William Pollard)는 직원들에게 자신들이 하는 일이 하나님의 영광을 위한 일임을 끊임없이 상기시킨다. 자신의 회사 직원들이 '걸레질하는 사람'이 아니라 환자의 건강을 위한 직접적인 공헌자라는 사실을 깨닫게 해 준다. 그는 이렇게 말한다.

"우리가 열심히 청소하지 않는다면 의사와 간호사들이 자신의 일에 전념할 수 없습니다. 물론 환자에게도 좋은 서비스를 제공할 수 없겠죠. 우리가 청소하지 않았다면 이곳은 벌써 문을 닫아야 했을 것입니다."[16]

비전은 소중한 것이다

비전이 없는 지도자를 가진 국민은 불행하다. 마찬가지로 비전이 없는 인생은 허무한 인생이다. 그러므로 우리의 인생이 의미 없는 인생이 되지 않으려면 우리의 전 생애를 바칠 만한 분명한 비전을 발견해야 한다.

마틴 루터 킹 2세는 이런 말을 했다.

"만일 어떤 사람이 자신의 생명을 바쳐서 헌신해야 할 어떤 일을 발견하지 못했다면, 그는 살아야 할 가치가 없는 사람이다."

일단 비전을 갖게 되었다면 결코 포기하지 말아야 한다. 월트 디즈니(Walt Disney)는 디즈니랜드 건설 자금을 마련하기 위해 은행 303곳을 찾아다녀야 했다.

마크 빅터 한센(Mark Victor Hansen)은 책을 출판하기 위해 167개의 출판사를 노크했으나 거절당했다. 그러나 그는 포기하지 않고 다시 도전함으로써 마침내 작은 출판사의 허락을 받아 냈다. 이렇게 해서 그는 잭 캔필드와 함께 세계적인 베스트셀러인 《영혼을 위한 닭고기 수프》의 저자가 될 수 있었다.

65세의 나이로 은퇴한 할랜드 샌더스(Harland Sanders)는 자신이 개발한 닭 요리법을 사 줄 식당을 찾아 미국 전역을 다니다가 마침내 1,009번째 방문한 식당에서 처음으로 계약을 맺었다. 그것이 바로 오늘날 KFC로 잘 알려진 켄터키 프라이드 치킨이다. 그가 만일 1,000번째 되었을 때 그의 비전을 포기했더라면, 오늘날 우리는 켄터키 프라이드 치킨점에 있는 수염 달린 할아버지를 볼 수 없었을 것이다.

역사는 언제나 비전을 보고 그것을 성취하는 사람들에 의해 이뤄졌다. 아널드 토인비(Arnold Toynbee)는 이 같은 사람들을 '창조적 소수'(creative minority)라고 부른다.

우리가 하늘로부터 오는 비전을 받기 위해서는 거룩한 불만(holy discontent)을 가져야 한다. 거룩한 불만이란, 현 상태에 만족하지 못하고 더 나아지기를 소망하는 영적 갈망을 의미한다. 하나님은 이러한 사람들에게 하늘의 비전을 주신다.

모세를 보라. 그는 이집트 왕자로서 잘 먹고 잘살 수 있었지만, 자신의 백성이 힘들어하고 고통 받는 것을 보고 거룩한 부담을 갖게 되었다. 그리하여 자신의 백성을 도와주고 싶어서 몸부림치다가 마침내 출애굽의 위대한 사명을 받게 된다.

느헤미야는 또 어떠한가? 아닥사스다 왕의 술을 맡은 관원장으로서 왕의 궁전에서 호의호식하며 살 수 있었지만, 그는 자신의 조국의 성벽이 무너져 하나님의 이름이 조롱받는다는 사실을 알고는 견딜 수가 없었다. 그의 마음속에 일어나는 거룩한 불만이 그로 하여금 조국으로 돌아가 성벽을 재건하는 일에 앞장서게 하였다.

무엇이 16세의 어린 소녀 유관순으로 하여금 독립만세 운동을 부르게 했는가? 그 나이에는 연애편지를 쓰거나 시집갈 준비를 하기에 바빴을 텐데, 무엇이 어린 소녀로 하여금 그 엄청난 일을 하게 했을까? 그것은 조국이 처한 비참한 현실을 보고 느끼는 불만 때문이었다. 자신의 조국이 일본의 손아귀에 넘어가 비참한 모습이 되어 가는 모습을 보고 있을 수 없었기 때문이다.

여러분은 이 세상을 보면서 어떤 거룩한 불만과 부담감을 느끼는가? 여러분이 느끼는 그 부분이 바로 하나님의 소명의 자리고, 하나님이 주신 비전의 자리일 가능성이 높다. 그러므로 세상의 문제에 무관심하지 말고 거룩한 영적 부담감을 가지라. 하나님은 그런 사람에게 분명한 비전을 주셔서 세상을 바꿔 나가는 통로로 사용하실 것이다.

인간에게 가장 큰 유혹은 너무 작은 것으로 만족해 버리는 데 있다.
_토머스 머튼(Thomas Merton)

비전이 가진 능력

미국 사우스다코타 주 러시모어 산은 조지 워싱턴, 토머스 제퍼슨, 에이브러햄 링컨, 시어도어 루스벨트 등 4명의 거대한 대통령의 얼굴 조각으로 유명한 곳이다. 그런데 그곳에서 27km 떨어진 블랙힐스의 산꼭대기에 크레이지 호스(Crazy Horse)의 바위 조각이 50년 넘게 만들어지고 있다는 사실을 아는 사람들은 많지 않다. 인디언 수우족의 추장이었던 크레이지 호스는 남북전쟁 당시 미국 기병대와의 전투에서 대승을 거둔, 인디언들의 전설적인 영웅이다.

1940년, 수우족의 지도자였던 스탠딩 베어(Standing Bear)는 근처 러시모어 산에 역대 대통령의 조각이 차례로 만들어지는 것을 보면서, 당시 작업에 참여했던 조각가 코작 지올코프스키(Korczak Ziolkowski)에게 아메리칸 인디언 중에도 영웅이 있음을 조각으로 알려 달라는 편지를 썼다. 그의 간곡한 부탁에 감동한 지올코프스키는 자신의 재산을 털어 1948년에 작업을 시작했다. 174달러로 시작한 무모한 도전이었지만, 소문을 듣고 수많은 자원봉사자가 몰려들었다. 그 과정에서 루스 로스(Ruth Ross)라는 여인을 만나 결혼까지 했다. 그러다가 1982년, 지올코프스키는 조각을 완성하지 못하고 74세의 나이로 세상을 떠났다.

그러나 부인 루스와 그의 자녀들이 아버지의 뒤를 이어 그 일을 계속했다. 이 소문이 전해지면서 크레이지 호스 기념재단이 만들어졌고, 미국 전역에서 수만 명의 후원자가 생겼다. 그리고 크레이지 호스 조각 현장은 한 해에 100만 명이 찾는 관광 명소가 되었다. 여기서 발생하는 입장료와 기부금이 작업을 계속할 수 있는 원동력이 되었다.

조각을 시작한 지 50년 만에 높이 27m, 너비 18m에 이르는 크레이지 호스의 두상이 완성되었다. 최종적으로 높이 1,700m의 바위 산 전체를 변형시켜서 완성하게 될 이 조각품의 크기는 러시모어 산의 조각 작품 4배에 달하기 때문에 언제 완성될지는 알 수 없다. 앞으로 손과 팔, 말을 조각하는 데만 50년이 걸리고, 최종적으로 완성하는 데는 100년 정도가 걸릴 것으로 예상된다. 이것이 완성되면 높이가 자유의 여신상 2배이며, 손가락 한 개가 버스만한 세계 최대의 조각품이 탄생할 것이다.

정부로부터 아무런 지원 없이 계속되고 있는 이 일은 처음엔 한 조각가의 손끝에서 시작되었지만, 이 놀라운 비전에 감동한 사람들에 의해 이제는 수많은 사람들이 동참하는 거대한 프로젝트가 되었다. 이것이 바로 비전이 갖고 있는 위대한 능력이다.

나눔을 위한 질문

5

리더의 비전이 방향을 결정한다

1. 남북의 격차가 심해진 것이 지도자의 비전의 차이 때문이라는 데 동의하는가? 동의한다면 왜 이런 차이가 생겼다고 생각하는가?

2. 헬렌 켈러는 앞을 보지 못하는 것보다 더 큰 불행은, 시력은 있되 비전이 없는 것이라고 말했다. 그녀가 왜 이런 말을 했다고 생각하는가?

3. "관리자는 일을 제대로 하는 사람이며, 리더는 제대로 된 일을 하는 사람이다"라는 말이 있다. 이 말을 기준으로 리더와 관리자의 차이에 대해 생각해 보라.

4. 비전을 달성하는 데 있어서 세부적이고 구체적인 목표가 필요한 이유는 무엇이라고 생각하는가?

5. 비전을 달성하는 데 있어서 비전의 근원이 중요한 이유가 무엇인지 생각해 보라. 내가 갖고 있는 비전은 무엇이며, 그 비전의 근원은 무엇인지 생각해 보라.

6. 12개의 비전 전달 방법을 살펴보고, 내가 가장 선호하는 방법이 무엇인지 생각해 보라.

7. 내가 이 세상을 보면서 갖고 있는 '거룩한 불만'은 무엇인가?

사람을 세우는 멘토형 리더

"현재의 당신과 5년 후 당신의 차이점은 당신이 누구와 함께 시간을 보내는지, 어떤 책을 가까이 하는지에 달려있다." - 찰리 존스(Charley Jones)

리더의 과업, 멘토링

빌 하이벨스는 현재 미국에서 가장 큰 교회 중 하나인 윌로우크릭 교회를 개척하여 크게 부흥시켰다. 그런데 그가 교회를 개척하게 된 배경이 있다. 그의 신학교 교수 중 한 분인 길버트 빌지키언(Gilbert Bilezikian) 박사가 수업 시간에 학생들을 도전한 것이다. 그는 사도행전에 나오는 초대교회의 모습을 설명하면서 이 교회는 오늘날의 교회와는 다르게 참으로 신선하고 역동적인 모습이었음을 강조했다. 그리고 학생들 가운데 이런 교회를 한번 세워 보고 싶은 사람이 없느냐고 도전했다. 이 말을 들은 빌 하이벨스는 가슴이 뛰기 시작했다. 그리고 그의 스승의 도전에 응답했다. 그리하여 현재 미국에서 가장 위대한 교회 중 하나인 윌로우크릭 교회가 탄생한 것이다.

빌지키언 교수가 빌 하이벨스에게 끼친 영향력과 같이 인간관계에서 한 사람이 다른 사람에게 영향을 끼치는 관계를 형성하는 것을 멘토링(mentoring)이라고 한다. 우리는 적절한 멘토링 관계를 통해 개인적인 발전은 물론 다른 사람을 훌륭한 사람으로 세워 주는 데 쓰임 받을 수 있다. 특히 리더가 되고자 한다면 멘토링에 대해 정확히 이해하고 있어야 한다. 리더십이란 결국 사람을 세워 주고 키우는 일이기 때문이다. 그래서 리더십의 대가인 존 맥스웰은 멘토링을 "리더의 처음이자 마지막 과정이며, 궁극적인 과업"이라고까지 이야기했다.

오늘날 인재 양성의 중요성이 더해지면서 각계각층에서 멘토링의 필요성이 더욱 강조되고 있다. 특히 급변하는 경영 환경에 신속하고 효과적으로 대응하고자 하는 기업체에서는 우수한 인재를 확보하고 제대로 육성하기 위해 사람을 키우는 멘토링에 많은 관심을 갖고 있다. 그래서 경영학의 대가인 피터 드러커는 "향후 인재 개발의 가장 강력한 도구는 멘토링

이다"라고 강조했다. 실제로《포춘》이 선정한 500대 기업 중 75%가 멘토링을 활용하고 있다.[1]

성경을 보면 에스더라는 인물이 나온다. 부모도 없이 자란 유대인 처녀 에스더가 당시 세계 최강대국이었던 페르시아의 왕비로 택함을 받고, 유대 민족 전체를 멸망의 위기에서 구해 낸 것은 혼자만의 힘이 아니었다는 사실을 알 필요가 있다. 하나님은 모르드개라는 탁월한 멘토를 통해 에스더를 지도하게 하셨다. 모르드개는 에스더의 사촌 오빠였는데, 에스더가 부모를 일찍 여의고 의지할 곳 없는 고아가 되자 그녀를 친자식처럼 양육했다. 에스더가 왕비 간택 후보가 되어 왕궁에 들어가자 모르드개는 날마다 찾아와서 에스더의 안부를 묻고, 고민을 들어 주고, 필요할 때마다 적절한 조언을 해 주어서 그녀를 올바른 길로 인도했다. 이처럼 멘토링은 한 사람의 인생에 너무나 중요한 영향을 미친다.

사람을 빛나게 하는 사람

상대방에게 멘토링을 해 주는 스승의 역할을 하는 사람을 멘토(mentor)라고 하는데, 이 용어는 그리스의 시인 호머(Homer)의 서사시〈오디세이〉(Odyssey)에서 유래되었다. 서사시의 내용에 따르면 기원전 1200년, 고대 그리스의 이타이카 왕국의 왕인 오디세이가 트로이 전쟁에 출정하면서 그의 사랑하는 아들 텔레마쿠스를 가장 믿을 만한 친구에게 맡기고 떠났는데, 그의 이름이 멘토였다. 오디세이가 전쟁에서 돌아오기까지 무려 10년 동안이나 멘토는 왕자의 친구, 스승, 상담자, 때로는 아버지가 되어 그를 잘 돌봐 주었다. 이후 '멘토'라는 그의 이름은 지혜와 신뢰로 한 사람의 인생을 이끌어 주는 지도자라는 의미로 사용되었다. 그리고 멘토의 지도를 받는 사람을 멘티(mentee)라고 부르게 되었다.

그렇다면 멘토링의 정확한 정의는 무엇인가? 로버트 클린턴 교수는 멘토링을 이렇게 정의했다.

"멘토링이란 한 사람이 하나님이 주신 자원을 나눠 줌으로 말미암아 다른 사람을 세워 주는 관계적 경험을 의미한다."[2]

하나님은 어떤 사람을 리더로 세우실 때 그를 다른 사람을 통해 준비되고 빚어지고 다듬어지게 하신다. 이것은 마치 철이 철을 날카롭게 하는 것(잠 27:17)과 같은 이치다.

멘토는 근본적으로 우리의 삶에서 성숙을 도와주는 사람이다. 멘토는 다음과 같은 인생의 7가지 영역에서 우리가 발전과 균형을 유지할 수 있도록 도와줄 수 있다.[3]

- 가족과 결혼 문제
- 재정적인 문제
- 개인적인 발전의 문제
- 육체적인 문제
- 직업적인 문제
- 사회적인 문제
- 영적인 문제

멘토의 역할

클린턴 교수는 멘토의 유형을 다음과 같은 7가지로 나누었다.[4]

1) 제자훈련자(Discipler)

그리스도를 따르는 일에 기초가 되는 것들을 행할 수 있도록 가르쳐 주는 사람이다.

2) 영적 인도자(Spiritual Guide)

삶의 모든 부분에서 그리스도를 닮은 성숙한 신앙인이 될 수 있도록 책임을 지고 방향을 가리키며, 통찰력을 제공하는 사람이다.

3) 코치(Coach)

과업을 이루는 데 있어서 더 잘할 수 있도록 동기를 유발하고 기술을 가르치는 사람이다.

4) 상담자(Counselor)

다른 사람과 자신과 사역을 바로 바라볼 수 있도록 정확한 관점과 시기 적절한 충고를 제공하는 사람이다.

5) 교사(Teacher)

특별한 주제에 대해 지식을 전달하고 이해력을 도와주는 사람이다.

6) 후원자(Sponsor)

어떤 단체 내에서 잠재적인 리더를 더 높은 단계로 발전할 수 있도록 보호하고 인도하는 영향력 있는 사람이다.

7) 모델(Model)

수동적인 멘토의 형태로서 누군가의 삶이나 사역이 간접적으로 타인에게 영향을 끼치는 것을 의미한다. 여기에는 동시대의 모델(Contemporary Model)과 역사적 모델(Historical Model)이 있다.

위의 7가지 멘토의 역할 중 코치로서의 멘토의 예를 들어 보자. 2009년 초 인터넷에 나온 기사를 보니, 몸무게가 290kg에 육박하던 남성이 '몸짱'으로 다시 태어나는 기적 같은 일이 있었다.

31세의 데이비드 스미스(David Smith)는 들소나 곰을 연상시키는 뚱뚱한 몸으로 한평생을 살아왔다. 그의 2년 전 몸무게는 무려 286kg으로, 혼자서는 이동하거나 식사할 수 없을 정도의 심각한 비만 상태에 빠져 있었다. 그런 그가 한 동네에 살고 있던 피트니스 트레이너를 만나 식이요법과 운동을 겸하는 혹독한 다이어트를 한 결과, 무려 180kg이 넘는 몸무게를 감량했다. 그가 다시 태어나는 데 가장 큰 도움을 준 사람은 피트니스 센터의 강사 크리스 파월(Chris Powell)이었다. 스미스는 파월과 함께 26개월간 하루도 빠짐없이 강도 높은 운동을 했다. 피자 등 칼로리가 높은 음식 대신 샐러드와 고단백질 음식으로 끼니를 때웠다. 그 결과 그는 가슴과 뱃살에 탄탄한 근육을 가진 '몸짱'으로 바뀌게 되었다.

이것이 바로 멘토의 힘이다. 현재 그는 자신에게 새 삶을 준 피트니스 트레이너와 함께 피트니스 전문가가 되기 위한 운동과 준비를 병행하고 있다.

후원자로서의 멘토의 예도 있다. 극동방송 회장이며, 아시아인으로서는 처음으로 세계침례교 연맹의 총회장을 역임한 김장환 목사의 경우이다. 그의 영어 이름은 빌리 김(Billy Kim)인데, 그가 세계적으로 위대한 목회자가 된 데는 그를 위해 위대한 멘토가 되어 준 칼 파워스(Karl Powers) 상사의 도움이 결정적이었다.

김장환 목사는 중학교를 졸업하고 고등학교 진학을 포기해야 할 정도로 가난했다. 그 와중에 또 한국 전쟁이 터졌다. 결국 그는 수원에 있는 미군 부대에 하우스 보이로 취직했는데, 그곳에서 칼 파워스 상사를 만났다. 남달리 성실하고 총명한 소년 김장환을 눈여겨본 칼 파워스 상사는 아무 조건 없이 그를 돌봐 주기로 마음먹었다.

칼 파워스 상사도 물질이 넉넉한 사람이 아니었다. 그는 아팔레치아 산맥의 한 탄광촌에서 태어났다. 변변한 가게 하나 없는, 고작 10가구가 모여 사는 산속 마을이었다. 그가 고등학교를 졸업했을 때 한국 전쟁이 터졌다. 가난 때문에 그는 군에 자원입대해야 했다.

칼 파워스 상사는 김장환을 데리고 미국에 가기 위해 6개월에 한 번씩 돌아오는 귀국 기회를 6번이나 포기해야 했다. 당시 전쟁으로 3만 4,000명의 미군이 죽었기에 대부분의 미군은 빨리 고국으로 돌아가기만을 손꼽아 기다리고 있었다.

칼 파워스 상사는 김장환을 미국의 유명한 기독교 사립 고등학교인 밥 존스 고등학교에 입학시켰다. 그리고 자신은 돈을 빨리 벌려고 사립대학교를 포기하고 2년제 교대에 입학했다. 김장환의 학비를 댈 돈을 모금하기 위해 지역신문에 빌리 김의 이야기를 싣기도 했고, 자신의 형과 거리 모금을 하기도 했다. 김장환이 고등학교를 졸업하자 대학 공부도 할 수 있게 도와주었다. 김장환 목사가 공부를 다 마치고 마침내 한국에 돌아온 후에야, 그는 대학에 들어가서 공부를 다시 시작했다. 이 과정에서 그는 혼기를 놓쳐 결혼도 하지 못한 채 평생 홀로 살아야 했다.[5]

참으로 감동적인 멘토의 모습이 아닐 수 없다. 좋은 멘토를 만나서 인생이 바뀐 김장환 목사는 또 다른 수많은 젊은이들의 멘토가 되어 사람들을 키웠다. 그중 한 사람이 바로 지구촌교회의 이동원 원로 목사다.

멘토라는 말이 오늘날처럼 여러 분야에서 쓰인 것은 그렇게 오래되지 않았다. 사실상 과거에는 대가족 사회에서 이모나 삼촌 같은 위치에 있는 사람들이 멘토의 역할을 자연스럽게 감당했다. 그러나 오늘날처럼 인간관계가 단절된 핵가족 사회에서는 멘토의 역할을 해 줄 사람을 발견하기 위해 노력을 기울여야 한다.

특별히 학교 선생님들이나 주일학교의 교사들이 멘토링의 본질과 다양한 멘토의 역할을 알고 있다면, 그들이 학생들에게 미치는 영향력이 엄청나게 증가할 것이다. 우리가 알아야 할 사실은, 진정한 스승과 제자와의 관계는 단순히 지식 전달의 관계가 아니라는 것이다. 삶을 나누는 관계, 인격을 전달하는 멘토링의 관계가 되어야 한다.

모든 교사가 멘토가 되는 것은 아니다. 그러나 삶을 나눠 주고 진정한 영향력을 끼치고자 하는 교사는 반드시 멘토가 되어야 한다. 기억하라. 가르치는 일은 단순히 지식을 전달하는 일만이 아니다.

"가르치는 일은 누군가의 삶을 영원히 바꿔 놓는 일이다"(To teach is to change one's life forever).

멘토링 관계 성향 분석표

클린턴 교수는 일반적인 멘토링 관계를 다음과 같은 방식으로 4개의 범주로 분류했다.[6]

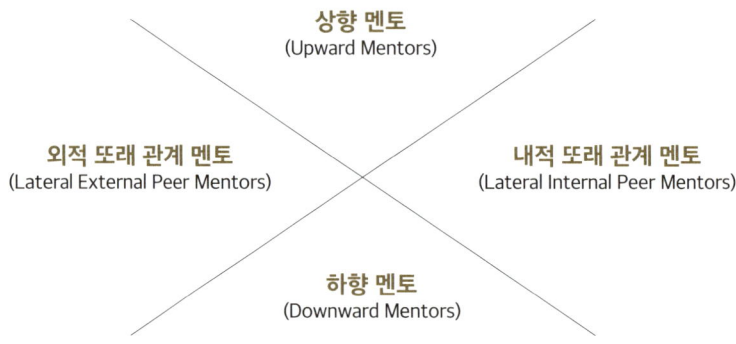

위와 같은 분석표를 보고 자신의 멘토링 성향을 분석해 보는 것이 필요하다. 즉, 자신이 어느 쪽에서 잘하고 있고, 어느 쪽에서 약한지를 아는 것이 필요하다. 각각의 멘토링의 특징을 좀 더 깊이 분석해 보자.

1) 상향 멘토(Upward Mentors)

사람은 누구나 자신을 키워 주고 돌봐 줄 멘토를 필요로 한다.《하버드 비즈니스 리뷰》에서 출간한 논문에서 조셉 베일리(Joseph Bailey)는 성공적인 중역의 조건에 관해 조사했다. 30명 이상의 최고 중역을 대상으로 한 그 조사에 의하면, 그들 모두가 자신에게 직접적인 영향을 준 멘토가 있었다고 이야기했다.[7] 이것은 더 높은 단계의 리더의 자리로 나아가고자 할수록 자신을 돌봐 줄 멘토가 더욱 필요하다는 것을 의미한다. 상향 멘토는 바로 이런 일을 하는 사람이다. 도움이나 조언을 줄 수 있는 윗사람의 역할을 하는 것이 상향 멘토의 역할이다. 좋은 상향 멘토를 만나는 것은 인생의 큰 축복이다. 그러나 잘못된 상향 멘토를 만나면 부정적인 영향을 받게 된다.

한국 교회의 역사에 상향 멘토를 잘 만나서 인생의 꽃을 피운 사람에 관한 놀라운 기록이 남아 있다. 가난한 고아에다가 머슴 출신이었으나 자신의 인생을 축복해 주는 훌륭한 상향 멘토를 만난 덕분에 대한예수교장로회 총회장을 3번이나 역임한, 인생 역전의 주인공 이자익 목사에 관한 이야기다.

그는 1882년, 경남 남해의 가난한 농가에서 태어났다. 6세의 나이에 부모를 잃고 친척 집에 맡겨진 그는 더 큰 꿈을 찾아 머슴살이를 하며 떠돌아다녔다. 그러다가 김제군 금산면에 있는 대지주 조덕삼의 집에 마부로 들어가게 되었다. 이때가 그의 나이 17세였다. 그는 그곳에서 주인이 맡겨 준 일을 성실하게 하며 인정받았다.

그가 몸담고 있던 김제군 금산면 용화마을은 정읍과 김제로 나가는 길목에 자리 잡고 있었기에 찾아오는 사람들이 많았다. 그런데 어느 날 주인이 그곳을 방문한 미국 남장로교의 루이스 테이트(Lewis B. Tate. 한국 이름은 최의덕) 선교사를 통해 예수님을 믿게 되었다. 그의 영향으로 이자익도 함께 예수님을 영접하고 세례와 집사직을 받았다.

주인 조덕삼은 유난히 총명하고 신앙심이 깊은 이자익을 좋게 보고는 그가 자신의 아들과 함께 서당 공부를 할 수 있게 배려했고, 결혼까지 시켰다. 이 과정에서 조덕삼은 1905년 자신의 과수원 대지를 헌납하여 금산교회를 짓고, 더욱 열심히 교회를 섬겼다.

그런데 놀라운 일이 일어났다. 1909년, 금산교회에서 장로를 뽑기 위해 투표를 실시했는데, 교회 설립자인 조덕삼을 제치고 마부였던 이자익이 장로로 선출된 것이다. 철저한 신분 사회였던 당시 상황을 감안하면 놀라운 사건이었다. 그러나 그보다 더 놀라운 사실은, 조덕삼이 이를 불쾌하게 여기지 않았다는 것이다. 그는 이자익이 자신보다 믿음이 좋다는 사실을 인정하고, 그를 높여 주었다.[8]

몇 년 후 조덕삼도 장로가 되었다. 그는 장로 이자익의 믿음을 귀히 여겨 그의 학비와 가족의 생활비까지 모두 후원하며 그를 평양신학교에 입학시켰다. 그리고 5년 뒤에 그를 자신이 설립한 금산교회의 담임목사로 청빙했다. 이후 이자익은 목회자로서 많은 존경을 받았다. 분열 이전의 장로교단에서 총회장을 세 차례나 역임했고, 후진 양성에도 힘써 대전고등성경학교와 대전신학교를 설립했다.

머슴의 위치에 있다가 총회장이 된 이자익 목사의 인생 역전도 대단하지만, 우리가 깊이 생각해야 할 것은 자신의 집의 머슴으로 있던 그를 세워 위대한 목회자로 만든 조덕삼 장로의 위대함이다. 요즘 같은 시대에도 그렇게 하기 힘든데, 철저한 계급사회였던 시대 분위기에서 그렇게 비천한 사람을 인정하고 세워 준 그의 고매한 인격에 저절로 머리가 숙여진다. 이자익 목사는 참으로 그가 만든 위대한 작품이다.

제대로 된 상향 멘토가 한 사람의 인생을 얼마나 놀랍게 변화시킬 수 있는지를 이자익 목사의 이야기를 통해 깨달을 수 있다. 그래서 인생에서 좋은 멘토를 만난다는 것은 말로 다 할 수 없는 축복인 것이다.

2) 또래 관계 멘토(Lateral Peer Mentors)

또래 관계의 멘토링은 비슷한 지위나 나이, 경험을 가진 사람들이 서로에게 멘토의 역할을 해 주는 것이다. 이런 멘토링의 좋은 모델로 요나단과 다윗의 관계가 있다. 요나단은 자신의 아버지인 사울이 이유 없이 다윗을 미워하고 죽이려고 하자 그를 감싸 주며 도망갈 길을 열어 주었다. 사실 요나단의 입장에서는 다윗이 유명해지면 사울의 뒤를 이어 왕이 될 자신의 자리가 위태로워질 수도 있는데, 전혀 개의치 않고 다윗에게 뜨거운 우정을 보여 주었다. 이것이 또래 관계 멘토링의 한 예다.

헨리 포드가 한 말을 기억하라.

"가장 좋은 친구란, 내 안에서 최상을 이끌어 내는 사람이다."[9]

미국에서 시작된 알코올 중독 방지회 AA(Alcoholics Anonymous)는 술을 끊고자 하는 사람들이 모여서 서로를 격려하며, 단주에 필요한 도움을 주는 모임이다. 이 모임에서는 단주를 위해 12단계의 치료 프로그램을 실시하는데, 정작 그보다 더 중요한 것은 같은 입장에 처한 동료를 통해 받는 도움이다. 이 협회의 회원은 모두 알코올 중독의 고통과 술이 주는 유혹을 경험해 봤기 때문에 만약 회원 중 누군가가 술의 유혹을 받아서 힘들어 전화하면 즉시 나와 주는 것을 원칙으로 한다. 이것이 바로 또래 관계 멘토링의 힘이다.

여러분은 인생의 결정적인 순간에 전화를 걸거나 찾아갈 수 있는 친구가 있는가? 우리의 삶에 이 같은 또래 멘토가 있다는 것은 대단히 중요하다.

나는 대학교 2학년 때 친구의 자살을 막은 적이 있다. 어느 날 친한 친구 한 명이 내게 전화를 걸었다. 자살하러 가는 길이라고 하면서, 마지막으로 목소리를 듣고 싶어서 집 근처 공중전화에서 전화하는 것이라고 했다. 목소리를 들어 보니 심상치 않아서 친구에게 집으로 찾아오라고 했다. 그 친구는 3개월 전에 실연을 당했는데, 그동안 집에 틀어박혀서 여자에게 거절당한 자신에 대해 고민하다가 결국 자기처럼 못난 존재는 죽어야 한다고 결론을 내린 것이다. 그때 나는 몇 개월 동안 몸이 몹시 아파서 집에서 요양하고 있던 중이라 친구가 그렇게까지 힘들어하는 줄 모르고 있었다. 집에 찾아온 친구가 마지막 편지라고 하면서 내게 준 편지를 보니 "다시 태어나도 너의 친구가 되겠다"고 쓰여 있었다. 편지의 어투가 보통 심각한 것이 아니어서 "네가 죽으면 나도 죽을 거다"라고 하면서 같이 울며 자살을 만류했다.

결국 그 친구는 우여곡절 끝에 마음을 돌렸고, 지금은 좋은 사람을 만나 결혼해서 행복하게 잘 살고 있다. 친구의 말로는 그날 나를 만나지 못했다면 소주 한 병 마시고 집 근처 철길에 뛰어들어 정말 자살할 생각이었다고 한다. 친구가 가족들에게 써 놓은 편지를 읽어 보니 정말 심각한 상황이었음이 분명했다. 이처럼 또래 관계 멘토는 인생의 결정적인 순간에 중요한 역할을 한다.

우리가 기억해야 할 사실은, 리더가 핵심적인 위치로 올라갈수록 또래 관계의 멘토를 찾기가 더욱 힘들어진다는 것이다. 높은 위치에 있는 리더일수록 자신을 투명하게 내놓기가 더욱 힘들기 때문이다. 그러나 위치가 높아질수록 추락할 위험성이 더 높아지기 때문에 자신의 내면을 믿고 털어놓을 수 있는 또래 멘토가 더욱 필요하다.

3) 하향 멘토(Downward Mentors)

이것은 스승의 위치에 있는 사람이 자신보다 못한 사람을 제자로 삼아 그를 발전시켜 주는 것이다. 사실상 멘토라고 하면 일반적으로 자신을 도와주고 키워 줄 상향 멘토만을 생각하기 쉽다. 그러나 진정으로 영향력을 끼치는 사람이 되고 싶다면, 다른 사람을 도와주고 세워 줄 수 있도록 하향 멘토를 발견하기 위해 노력해야 한다.

역사상 이런 일을 잘한 사람이 바로 19세기의 가장 위대한 피아니스트요, 작곡가로 존경받았던 프란츠 리스트(Franz Liszt)다. 그는 남을 세워 주고 격려하는 데 있어서 탁월한 사람이었다. 리스트에 관한 이런 일화가 있다.

어느 날 한 여성 피아니스트가 병든 아버지와 어린 아들을 먹여 살리기 위해 자신이 유명한 음악가인 리스트의 제자라고 속여 돈을 벌고 있었다. 그런데 리스트가 여행하던 중 마침 그 피아니스트가 음악회를 여는 시골 마을에 도착하게 되었다. 이 소식을 들은 그녀는 근심에 잠겼다. 결국 피아니스트는 리스트를 찾아갔다.

"저는 선생님에게 배운 적도 없으면서 선생님의 이름을 팔아 연주를 하고 돈을 벌었습니다. 용서해 주십시오. 지금 이 순간부터 연주를 하지 않겠습니다."

이야기를 들은 리스트는 그녀를 피아노 앞에 앉혔다. 그러고는 피아노를 치게 한 뒤 몇 가지 잘못된 점을 지적해 주었다. 그리고 이렇게 말했다.

"당신은 방금 나에게 피아노를 배웠으니, 이제 나의 제자가 되었소. 그러니 이제 리스트의 제자로서 당당하게 연주를 하시오. 그리고 연주의 마지막 순서에는 리스트가 참가한다고 말하시오."

리스트의 넓은 마음 덕분에 그녀는 연주를 계속할 수 있었고, 진짜 리스트의 제자가 되었다. 이 얼마나 아름다운 모습인가?

오늘날 능력 있고 유명한 사람들은 많으나 다른 사람들을 키워 주고자 마음먹는 사람은 그리 많지 않다. 자신이 조금만 관심을 가지고 길을 열어 주면 다른 누군가가 큰 도움을 받을 수 있지만, 실제로 그렇게 관심을 가지고 사람을 키우는 일을 하는 사람은 별로 없다. 이것은 일반인들의 세계에서뿐 아니라 기독교인들 가운데서도 그러하다.

그런 면에서 갈보리 채플(Calvary Chapel)로 유명한 척 스미스(Chuck Smith) 목사의 경우는 참 감동적이다. 그가 목회하던 1970년대의 미국에서는 "예수 운동"(Jesus Movement)이라고 하는 강력한 성령 운동이 시작되고 있었다. 당시 삶의 의미를 찾지 못해 방황하고 허무주의에 빠져 있던 젊은 히피들에게 놀라운 회개와 부흥의 역사가 일어난 것이다. 이때 척 스미스 목사는 다른 교회들이 배척한 히피들을 적극적으로 받아들여 그의 제자로 삼고, 목회 훈련을 시켰다. 결국 전 세계적으로 3,000명이 넘는 목회자가 그를 통해 배출되었고, 미국 전역에 1,000개가 넘는 갈보리 채플이 생겼다. 더 놀라운 사실은, 척 스미스 목사의 제자들이 세운 교회들은 교인 수가 기본이 만 명이 넘고, 그 교회들이 미국 최대의 교회 25개 중 15개를 석권했다는 것이다. 이 얼마나 놀라운 멘토링의 영향력인가?

계속 이어지는 영향력의 고리

한 사람이 다른 누군가에게 영향을 미치면 그 영향력이 그 한 사람에게서 끝나는 것이 아니라, 그를 통해 다른 사람에게로 퍼져 나간다. 이것이 바로 영향력의 중요성이다. 멘토링이라는 것은 누군가의 삶에 개인적으로 깊은 영향력을 끼치는 일이다. 이로 인한 영향력의 고리가 얼마나 길게 이어질지는 아무도 모른다.

어느 날 보스턴의 지하 병동에 한 소녀가 격리, 수용되어 있었다. 이 소녀는 정신 질환이 너무 심했다. 사람들이 다가오면 괴성을 지르며 사납게 공격을 퍼부었다. 소녀의 치료를 맡은 의사들은 저마다 고개를 흔들며 회복 불가능을 선언하고, 소녀를 독방에 수용했다. 그때부터는 소녀의 부모도 딸을 포기하고 더 이상의 미련을 버렸다. 그리고 병원에 면회 오는 일도 중단하고 말았다.

이후 소녀는 온종일 홀로 독방에서 지냈다. 그런데 한 사람이 소녀에게 관심을 갖기 시작했다. 은퇴한 늙은 간호사가 소녀에게 사랑을 쏟기 시작한 것이다. 그러나 소녀는 먹을 것을 주면 집어던졌고, 말을 건네면 침묵으로 일관했다. 그래도 늙은 간호사는 포기하지 않고 6개월 동안 끊임없이 소녀에게 관심을 보였다. 결국 이 늙은 간호사의 지극한 사랑이 소녀의 마음을 움직였다. 소녀는 마음 문을 열고 사랑에 반응하기 시작했고, 비로

소 늙은 간호사의 사랑을 받아들였다. 이후 소녀는 정신 질환에서 완전히 해방되어 봉사하는 삶을 살게 되었다.

이 소녀가 바로 앤 설리번(Ann Sullivan)이다. 그녀는 나중에 헬렌 켈러라는 소녀를 만나게 된다. 우리가 알다시피 헬렌 켈러는 듣지도 못하고 보지도 못하고 말하지도 못하는 삼중고를 이겨 냈다. 장애인으로서는 처음으로 하버드 대학교를 졸업한 뒤 위대한 업적을 남기고, 수많은 사람들의 존경을 받는 인물이 되었다. 그러나 설리번 선생이 헬렌 켈러를 처음 만났을 때 헬렌 켈러는 이미 6세가 되었는데도 아무런 교육이 되어 있지 않았다. 손으로 음식을 집어 먹고, 마음에 들지 않으면 닥치는 대로 주위의 물건을 집어던지는 야수 그 자체였다. 그러나 설리번 선생은 끈기 있게 지도하여 결국 그녀를 세계적인 인물로 탈바꿈시켰다.

헬렌 켈러에게 설리번 선생은 그녀의 인생을 바꿔 준 멘토였다. 만약 그녀가 자신의 인생에서 설리번 선생이라는 위대한 멘토를 만나지 못했다면, 그녀의 인생은 결코 꽃피지 못했을 것이다. 그러나 중요한 것은, 설리번 선생의 삶에 다가온 한 늙은 간호사가 없었다면 그러한 위대한 일은 결코 일어나지 못했을 것이라는 사실이다. 그러므로 우리가 기억해야 할 사실은, 내가 누군가에게 멘토가 되어 준다면 그 사람이 또 다른 사람을 지도할 것이고, 그 영향력이 어디까지 미칠지는 아무도 알 수 없다는 것이다.

성공에서 의미로

우리는 모두 외로운 존재다. 그러므로 우리 인생에는 스승이 필요하다. 이 시간 한번 스스로에게 질문해 보라.

"지금의 내가 있도록 나를 도와준 사람은 누구인가? 그리고 내가 지금까지 영향을 준 사람은 누구인가?"

왜 멘토링이 그렇게 중요한가? 멘토링은 사람을 키우는 일이기 때문이다. 돈을 벌고 유명해지는 것 자체가 성공은 아니다. 자신이 가진 물질, 재산, 지식, 영적 자산들을 풀어 놓음으로써 나의 삶을 통해 누군가의 삶을 축복할 수 있어야 그것이 진정한 의미에서의 성공이요, 의미 있는 인생이다. 여기에 우리가 멘토링을 해야 하는 이유가 있는 것이다.

밥 버포드(Bob Buford)가 한 말을 기억하라. 이 말은 우리의 삶에서 왜 멘토링 사역을 해야 하는지를 가르쳐 준다.

"어느 시점에서 인간은 성공에서 의미로 옮아가야 한다. 그렇지 않을 경우 그는 그저 몸만 살아 있을 뿐 죽은 사람이나 다름없다. 스승과 제자의 관계는 성공에서 의미로 옮아가는 한 가지 방법이다. 왜냐하면 이 관계는 인간으로 하여금 물질적 자원의 획득이 아니라 다른 사람의 삶에 자신의 영적 자원을 풀어 놓게 만들기 때문이다. 이 관계가 두 사람을 변화시킬 수 있다. 지금, 그리고 영원히."[10]

《하버드 졸업생은 마지막 수업에서 만들어진다》라는 책을 보면, 하버드대학교 교수인 토머스 J. 드롱(Thomas J. Delong)도 이와 비슷한 이야기를 하고 있다. 그는 다음과 같이 말한다.

"성공을 측정하는 방법을 바꾸어라. 자신의 이력서를 얼마나 휘황찬란하게 만들었느냐가 아니라 타인에게 어떤 영향을 미쳤는지, 주위 사람들의 삶을 어떤 식으로 달라지게 했는지, 어떻게 그들로 하여금 자신의 삶을 변화시키도록 만들었는지를 성공의 기준으로 삼아라."[11]

반얀(Banyan)나무에 관한 이야기를 아는가? 반얀나무는 가지가 계속 옆으로 뻗어 나가 결국에는 거목이 된다. 어떤 경우에는 가지가 8km까지 뻗어 나가 거대한 숲을 이루기도 한다. 하지만 이 나무 주변에는 단 한 포기의 풀도 자라지 못한다. 영양분을 혼자 모조리 빨아들이기 때문이다. 결국에는 땅이 메말라 자신도 고목이 되어 쓰러져 버린다. 그리고 반얀나무가 죽은 장소는 버려진 불모의 땅이 된다. 반면에 바나나나무는 6개월마다 옆에 싹을 틔운다. 그리고 다른 나무가 옆에서 자라도 방해하지 않는다. 그래서 나무를 잘라 내도 주변에는 어린 바나나나무가 무수히 잘 자란다.[12]

사람도 이런 사람이 있다. 주위 사람을 다 쓰러뜨리면서 혼자 성장하려고 하는 사람이 있는가 하면, 끊임없이 남을 세워 주는 사람이 있다. 여러분은 어떤 사람이 되고 싶은가? 정말 인생에서 아름다운 유산을 남기고 싶다면, 사람을 키우는 일에 헌신하라. 여러분의 장례식장에서 여러분으로 인해 인생이 변화되었다고 고백할 사람을 많이 만들라. 그것이 바로 진정으로 성공한 인생을 사는 비결이다.

우리가 가장 원하는 것은 우리를 최고의 사람이 되도록 이끌어 줄 수 있는 사람이다. _랄프 왈도 에머슨

이순신의 멘토

한국 사람들에게 가장 존경하는 인물이 누구냐고 물으면 이순신을 꼽는 사람들이 많다. 그 이유는 조국이 위기에 처했을 때 온갖 역경을 극복하고 극적인 승리로 왜군을 물리쳐 나라를 구한 장군이기 때문이다. 그러다 보니 이순신이 우리에게는 너무 신화적인 존재로만 인식되어 있어서 이순신에게 멘토가 있었다는 사실을 들으면 의아해하는 사람들이 있을 것이다. 그러나 그에게는 아주 영향력 있는 멘토가 있었다. 그는 바로 임진왜란 때의 명재상 서애 '유성룡'이다.

유성룡은 이순신보다 나이가 세 살 많았고, 이순신과 한 동네 사람이었다. 그러나 두 사람은 가는 길이 많이 달랐다. 유성룡은 일찍이 학문에 뜻을 두고 이황의 문하에서 수학했으며, 젊은 나이에 대과에 급제하여 벼슬길에 올랐다. 나중에는 영의정 자리까지 오르며 승승장구했다. 반면에 이순신은 무관의 길을 택해 별과시에 응시했으나 말에서 떨어져 다리가 부러져 낙방했다. 32세 때 무과 시험에 다시 응시해 합격했으나 가장 낮은 급제인 병과를 받고 북방의 말단 수비장교로 근무하게 되었다.

이순신의 삶을 보면 탁월한 능력을 가졌음에도 불구하고 너무나 원칙주의적이고 강직한 성품을 지녔기 때문에 벼슬길이 순탄하지 못했다는 사실을 알 수 있다. 이순신이 2년간의 지방 근무를 마치고 서울로 왔을 때 병조판서인 김귀영이 자신의 서녀(庶女)를 첩으로 삼을 것을 제안했다. 그러자 이순신은 이제 막 벼슬길에 오른 입장에서 세도가에 기댈 수 없다고 하면서 거절했다. 그뿐 아니라 병조정랑인 서익이 자신이 아는 지인을 참군으로 승진시키려고 서류를 꾸며 올리라고 명하자 이를 거부했다. 이를 괘씸하게 여긴 서익은 나중에 군기를 감찰하는 군기 경차관이 되었을 때 이순신을 모함하여 파직시켜 버렸다. 그 결과 이순신은 38세의 나이에 졸지에 관직을 잃어버리고 앞날을 기약할 수 없는 처지에 놓이게 되었다.

이때 이순신을 구해 준 사람이 바로 유성룡이다. 그는 어릴 때부터 이순신의 비범한 인품과 능력을 알아봤다. 그래서 그는 이순신을 다시 복직시키기 위해 당시 이조판서로 있던 이이를 찾아가서 부탁했다. 그 결과 이순신은 다시 종 8품의 훈련원 봉사로 발령받게 되었다. 그리고 얼마 후 조산 만호로 승진되어 종 4품 자리를 회복했다. 그 후 이순신은 이곳에서 여진족에게 끌려가던 조선인 남녀 60명을 구출하는 개가를 올리게 된다. 그러나 이 일로 인해 이순신은 뜻밖의 누명을 쓰고 다시 조산 만호 자리에서 쫓겨난다. 그의 나이 44세에 일어난 일이다.[13]

이를 안타깝게 여긴 유성룡은 다른 사람을 통해 그를 다시 천거하여 복직시켜 정읍 현감이 될 수 있도록 도와주었다. 이것으로 끝이 아니었다. 유성룡은 나라에 전쟁의 위기가 닥치고 있는 것을 감지하고, 이순신을 빨리 무관의 자리로 돌려보내야 한다고 생각했다. 그리하여 그는 이순신을 진도 군수로 승진시켰다가 종 3품에 해당하는 전남 완도의 가리포 첨사로 자리를 옮기게 했다. 그리고 마침내 그를 '전라 좌수사'로 승진시켰다. 이는 정 3품 당상관 자리로서 6개월 만에 6계급 특진을 한 것이다. 이에 대해 신하들의 원성도 자자했지만, 일본의 동태가 심상치 않기 때문에 선조가 이를 받아들일 수밖에 없었다.[14]

이렇게 이순신이 전라 좌수사가 되고 1년 후에 임진왜란이 발발했다. 그 후에도 유성룡은 이순신이 억울한 일을 당할 때마다 이모저모로 이순신에 대해 변호해 주었다. 그에게 유성룡 같은 멘토가 없었다면 나라의 운명이 어찌 되었을까. 임진왜란 때 이순신 장군이 끼친 공헌을 생각해 보면 아찔한 마음이 들 수밖에 없다.

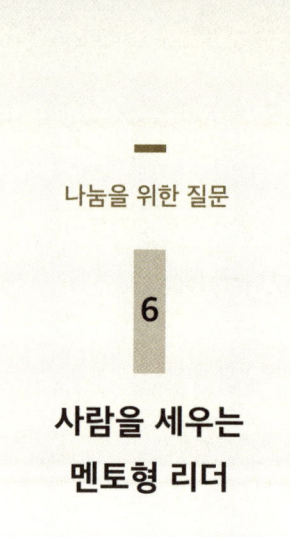

나눔을 위한 질문

6

사람을 세우는 멘토형 리더

1. 멘토링의 정의를 살펴보고, 내가 다른 사람에게 나눠 줄 수 있는, 하나님이 주신 자원은 무엇인지 생각해 보라.

2. 멘토링이 필요한 인생의 7가지 영역에서 지금 나에게 가장 필요한 것은 무엇인가?

3. 클린턴 교수가 말한 7가지의 멘토 유형에서 지금 나에게 가장 필요한 멘토는 어떤 사람인가? 그리고 내가 누군가의 멘토가 된다면 가장 잘할 수 있는 유형은 무엇인가?

4. 멘토링은 사람을 세우는 일이다. 사람을 세우는 데 왜 다른 사람이 필요하다고 생각하는가?

5. 지금까지 내 인생에 영향을 미친 상향 멘토 가운데 머릿속에 떠오르는 사람이 있는가?

6. 또래 멘토(친구) 중에 생각나는 사람이 있는가? 그 사람과는 어떤 영향을 주고받고 있는가?

7. 지금 내가 영향을 미치고 있는 하향 멘토가 있는가? 나의 장례식에서 그들이 어떤 평가를 해 주기를 원하는가?

팀 리더십이 진짜 리더십이다

"우리 모두를 합친 것보다 현명한 사람은 아무도 없다(None of us is as smart as all of us)". - 켄 블랜차드(Ken Blanchard)

리더 혼자서 할 수 없다

리더라고 하면 가장 먼저 머리에 떠오르는 것이 무엇인가? 보통 우리는 리더라고 하면, 모든 것을 혼자 해결하는 초인적인 존재를 떠올린다. 그러나 그러한 초인적인 리더십은 현실적으로는 불가능하며, 특별히 오늘날같이 사람들의 욕구가 더욱 다양해지는 상황에서는 한 사람의 리더가 할 수 있는 일에는 한계가 있다.

혼자서 모든 것을 하려는 리더는 마치 접시돌리기를 하는 광대와 같다. 그는 이쪽 접시를 돌려놓으면 저쪽 접시가 떨어지려고 하는 것을 볼 것이고, 급하게 그쪽으로 뛰어가서 접시를 돌려놓으면 또 다른 쪽의 접시가 떨어지려고 하는 것을 볼 것이다. 이런 식으로 혼자서 문제를 해결하는 리더는 얼마 못 가서 탈진하고 만다. 또한 조직의 구성원들의 입장에서도 리더가 모든 일을 혼자서 해결하려고 하기 때문에 자신들은 주인 의식을 느끼지 못하고, 일에 대한 보람도 느끼지 못한다.

이 같은 문제는 팀 리더십으로 해결할 수 있다. 팀 사역을 하면 여러 사람들의 재능을 한 곳으로 모을 수 있으며, 한 사람의 리더로는 상상할 수 없었던 엄청난 일을 할 수 있다. 이런 것을 시너지(Synergy) 효과라고 한다.

시너지 효과라는 것을 《브리태니커 백과사전》에서 찾아보면 "기업과 같은 조직이나 약품, 혹은 개체 간의 상호작용으로 말미암아 개개의 효과보다 전체의 효과가 더 커지는 현상"이라고 정의되어 있다. 이것은 결국 한 사람이 하는 것보다 여러 사람이 하면 상승효과가 일어나는 것을 의미한다. 가령 한 마리의 말이 보통 2톤의 짐을 끌 수 있다고 하는데, 두 마리가 함께 끌면 2+2=4 톤이 아니라 23톤을 끌 수 있다고 한다. 이러한 것을 시너지 효과라고 하는 것이다.

성경에 나오는 모세도 처음에는 모든 것을 혼자 해야 한다는 착각 속에 빠진 적이 있다. 출애굽한 뒤 백성의 여러 가지 어려운 문제들을 혼자 모두 해결하려고 하니 탈진할 수밖에 없었다. 그때 지혜로운 그의 장인 이드로가 그의 모습을 보고는 그에게 천부장과 백부장과 오십부장과 십부장을 세워서 그들로 하여금 백성을 재판하게 하고, 그는 큰일에만 관여하라고 충고했다. 이것이 오늘날 팀 리더십의 원형이다. 모세는 장인의 충고를 따른 덕분에 큰 도움을 받았다.

사실상 리더의 참된 능력은, 사람들이 얼마나 적절하게 협력하여 일하게 만드느냐에 달려 있다. 그래서 존 록펠러(John D. Rockefeller)는 다음과 같이 말했다.

"나는 이 세상에서 다른 어떤 능력보다 사람을 다루는 능력이 있는 사람에게 더 많은 봉급을 지불할 것이다."

미국의 철강 왕이라고 불리는 앤드루 카네기(Andrew Carnegie)의 묘비명에도 인상적인 글귀가 적혀 있다.

"여기 자신보다 더 우수한 사람을 어떻게 다루어야 하는지를 아는 인간이 누워 있다."[1]

우리는 성경에 나오는 바울이 강력한 카리스마를 가진 독불장군식의 리더였다고 생각하기 쉽다. 그러나 바울이 쓴 로마서의 마지막 장인 16장을 보면, 바울이 27명의 이름을 일일이 언급하는 것을 볼 수 있다. 그들은 대부분 바울과 함께 팀 사역을 했던 사람들이다. 이같이 팀 사역은 성공적인 리더십의 수행을 위한 필수 조건이다.

리더를 세우는 임파워링 리더십

오늘날 많은 리더의 문제는 팀 리더십의 능력이 없다는 것이다. 훌륭한 리더가 되기 위해서는 자신을 따르는 자들을 리더로 세워 주는 임파워링(empowering) 리더십을 개발해야 한다. 그것이 자신이 속한 공동체를 건강하게 만드는 비결이기 때문이다. 기독교계에서 일어난 건강한 교회 성장을 위한 '자연적 교회 성장(NCD: Natural Church Development) 운동'에서도 이와 비슷한 주장을 하고 있다.

NCD 운동은 '과학적으로 증명된 가장 가치 있는 자연적 교회 성장 원리'를 뽑아내기 위해 독일인 크리스티안 A. 슈바르츠(Christian A. Schwarz)가 전 세계 6대 주에 있는 32개 국가 1,000개의 교회를 조사한 결과를 바탕으로 만든 것이다. 이 결과를 가지고 그는 건강하게 성장하는 교회를 만들기 위한 8개의 원칙을 뽑았다. 그중 첫 번째가 바로 사역자를 세우는 지도력(empowering leadership)이다. 다른 말로 하면 영적 슈퍼스타 목사가 아니라, 성도를 훈련시키고 무장시키는 목회자가 있는 교회가 건강한 교회라는 말이다.

그러면서 슈바르츠는 능력을 부여받은 리더십(empowered leadership)과 능력을 부여해 주는 리더십(empowering leadership)의 차이를 비교한다. 전자가 자신이 모든 것을 하는 카리스마적 리더십이라면, 후자는 다른 사람을 훌륭한 리더로 세워 주는 팀 사역적 리더십이다. 그리고 이 같은 리더십이 자신이 속한 공동체를 건강하게 만드는 제대로 된 리더십이라는 것이다. 이것은 어떤 면에서는 리더십에 대한 우리의 기존 관념을 뛰어넘는 관점이다. 지금까지 우리는 리더라고 하면 뭔가 남다른 능력이 있는 카리스마적인 존재를 생각했다. 그러나 슈바르츠의 조사 결과, 진정 바람직한 리더는 혼자 모든 것을 하는 리더가 아니라 다른 사람이 잘할 수 있도록 도와주는 리더임을 알 수 있다.

초등학교 졸업이 학력의 전부인 다나카 가쿠에이(田中角榮) 전 일본 수상의 경우를 생각해 보라. 그가 대장성의 장관으로 취임했을 때, 사람들은 그가 도쿄 대학교 출신의 수재가 즐비한 대장성에서 오래 버티지 못할 것이라고 생각했다. 대장성 직원들도 그를 장관으로 임명한 데 대해 노골적으로 불만을 품고 있던 터였다. 그런데 다나카는 1분도 안 되는 취임사 한마디로 그 모든 우려와 불만을 해소해 버렸다. 그는 이렇게 말했다.

"여러분은 천하가 알아주는 수재고, 나는 초등학교밖에 못 나온 사람입니다. 더구나 대장성 일에 대해서는 깜깜합니다. 따라서 대장성 일은 여러분이 하십시오. 나는 책임만 지겠습니다."

이와 같은 취임 인사 한마디로 다나카는 부하 직원들의 마음을 휘어잡는 데 성공했다. 대장성 직원 모두를 리더로 인정해 주는 순간, 그들의 마음이 활짝 열린 것이다.[2]

성공적인 팀 리더십의 조건

리더란 무엇인가? 리더는 공동의 목표를 이루기 위해 구성원 전체가 각자의 재능을 최대한 발휘할 수 있도록 만들어 주는 사람이다. 진정한 의미에서 리더는 오케스트라의 지휘자나 스포츠 팀의 감독과 유사하다.

오케스트라의 단원들은 모두 같은 곡을 연주하고 있지만 각자 다양한 소리를 낸다. 그러면서도 서로 조화를 이루어 하나의 곡을 완성해 간다. 이 과정에서 지휘자 자신은 정작 소리를 내지 않으면서 이들이 각자의 소리를 최대한 아름답게 낼 수 있도록 도와준다. 이같이 다른 사람들의 잠재력을 깨워서 꽃피게 하는 것이 바로 리더의 사명이다.

스포츠 팀의 감독은 지휘자보다 더 극적이다. 운동경기에서는 오케스트라와 달리 상대해야 할 적이 있기 때문이다. 또한 스포츠에는 예측할 수 없는 변수가 더 많이 작용한다. 그래서 스포츠 팀의 리더는 한층 더 극대화된 리더십을 발휘해야 한다. 각각의 선수들이 자신의 능력을 극대화하면서 한 팀으로 위대한 일을 이룰 수 있도록 리더십을 발휘해야 한다.

그렇다면 리더로서 자신이 이끄는 팀이 성공적인 팀이 되도록 하려면 어떻게 해야 하는가? 다음의 7가지를 생각해야 한다.

1) 팀의 결속력을 강화시키라

팀이 제대로 능력을 발휘하려면 팀의 결속력이 강화되어야 한다. 이것을 팀 워크라고 한다.

남극 대륙의 황제 펭귄은 우리에게 팀 워크를 가르쳐 준다. 펭귄은 무리 지어 있지 않으면 죽게 되므로 겨울 동안에 함께 몸을 움츠리고 서로의 체온에 의지해 냉혹한 추위를 견딘다. 그들은 번갈아 가며 무리 바깥쪽에 서며, 안쪽에 있는 펭귄은 잠을 잔다. 그렇게 해서 혹독한 추위를 이겨 내는 것이다.

그렇다면 어떻게 팀 워크를 강화할 수 있는가? 먼저 리더는 전체 팀원들로 하여금 같은 목표를 이루기 위해 나를 버리고 우리를 생각하게 만들어야 한다. 과거에는 기업체에서 팀의 결속력을 강화하기 위해 다양한 방법을 사용했다. 팀원들이 가능한 한 더 많은 시간을 함께 보내도록 식사나 파티를 같이 하기도 했다. 또 다양한 운동경기나 가족 중심의 비공식적인 사교 활동을 하기도 했다.

그런데 문제는, 오늘날 사회가 너무 복잡해지고 분주해짐에 따라 이 같은 활동을 할 시간적인 여유가 별로 없다는 것이다. 또한 이런 방법으로 하면 팀원들이 한 팀으로서 신뢰의 관계를 형성하는 데 시간이 너무 오래 걸린다는 단점이 있다.

그래서 오늘날은 더 빠른 시간에 팀을 형성하기 위해 회사 밖에서 일련의 '휴양지 회의'(Off-site Retreat)를 하는 것이 일반화되어 있다. 8명이나 12명 혹은 24명으로 짜인 그룹의 사람들이 2-5일 정도의 시간을 잡아 더 결속력 있는 팀이 되겠다는 분명한 목표를 가지고 어딘가로 장소를 옮긴다. 그리고 그곳에서 여러 가지 대화를 나누고 등산도 하면서 서로의 이해와 신뢰 관계를 증진시킨다.[3] 이 같은 방법으로 팀의 결속력을 다진다. 교회에서 수련회를 갔다 오면 교인들이 서로 친해지고 교회 분위기가 달라지는 것도 바로 이런 원리다.

팀의 결속력을 강화시키는 또 하나의 중요한 방법은, 팀원들이 자신의 팀을 자랑스럽게 생각하도록 만드는 것이다. 이것을 다른 말로 하면 사기 진작이라고 한다. 사람은 누구나 승리하는 팀에 있기를 원한다. 그러므로 팀원들 간의 결속력을 강화시키려면 팀원들에게 자신이 속해 있는 팀이 훌륭한 팀이라는 자신감을 불어넣어야 하며, 이로 인해 스스로 자부심을 느끼게 해야 한다. 리더는 긍정적인 에너지를 불어넣어야 하며 팀원들이 신바람 나서 자신의 일에 참여하게 해야 한다.

수년 전, 전미 트럭 서비스 회사인 PIE에서 있었던 일이다. 이 회사는 운송 계약의 약 60%가 잘못되어 매년 25만 달러에 달하는 손실을 보고 있었다. PIE는 W. 에드워즈 데밍(W. Edwards Deming) 박사를 고용해서 그 이유를 알아냈다. 원인은 회사 일꾼들이 컨테이너를 제대로 식별하지 않았기 때문이었다. 박사의 조언에 따라 PIE 간부들은 회사 전반에 걸쳐 질적 개선을 실행하기로 했다. 무엇보다 일꾼들이 자신들에 대한 인식을 바꾸는 것이 최선책이었다. 그래서 그들로 하여금 '일꾼'이나 '트럭 운전사'

라는 용어 대신에 스스로를 '장인'이라고 부르게 했다.

직업에 대한 호칭 하나를 바꾼다고 무엇이 달라지겠는가? 그러나 얼마 지나지 않아 변화가 일기 시작했다. 그 말을 일상적으로 사용한 결과 일꾼들은 자신을 '장인'이라고 생각하기 시작했다. 그리고 한 달도 되지 않아 PIE의 60%에 달하던 배송 관련 실수가 10%로 줄었다.

이와 비슷한 이야기가 또 있다. 일본에는 친절 택시의 대명사로 불리는 MK 택시 회사가 있다. 이 회사를 설립한 유봉식 회장은 1960년, 15세의 나이에 혈혈단신으로 일본으로 건너가 단 10대의 택시로 MK 택시 회사를 설립했다. 지금은 2,000여 대의 택시와 4,000명의 직원을 소유한 거대 운수 그룹으로 성장시켰다.

유봉식 회장은 택시 회사가 성공하려면 고객 중심의 철저한 서비스 정신이 필요하다고 생각했다. 이를 위해 먼저 사회적으로 형편없는 대우를 받던 운전기사들이 스스로 자부심을 갖도록 만들어야 한다고 생각했다. 그래서 그는 운전기사들의 임금을 인상하고, 그들의 복지를 위해 직접 주택을 지어 제공했으며, 무엇보다 그들에게 제복을 입히기로 했다. 이를 위해 당시 일본에서뿐 아니라 세계적으로 명성이 드높았던 디자이너 하나에 모리(Hanae Mori)에게 제복의 디자인을 부탁했지만, 일언지하에 거절당했다. 그러나 그는 이에 굴하지 않고 4년 동안 하나에에게 계속 전화와 편지로 끊임없이 부탁했다. 결국 하나에를 만나 볼 기회를 얻게 된 그는 택시 운전기사는 비행기 조종사나 스튜어디스와 똑같이 인명을 책임지고 있는데 왜 존경받을 수 없느냐고 물었다. 그 말에 충격을 받은 하나에는 부끄러워하며 당장 그 자리에서 제복을 디자인해 주기로 결정했다.

최고의 디자이너 제복을 입게 된 MK 택시 운전기사들이 스스로에 대한 자부심을 갖고 고객을 대하는 태도가 달라졌음은 말할 필요도 없다. 지금도 그들은 자신들을 '땅 위의 파일럿'이라고 부른다. 실제로 연봉도 파일럿 수준으로 받는다. 그러니 MK 그룹이 일본 대학생들이 가장 취업하고 싶은 1위 기업으로 선정된 것도 이상한 일이 아니다.

2) 팀원 간 커뮤니케이션을 활성화하라

리더는 팀원 간 커뮤니케이션을 활성화할 수 있는 분위기를 조성해야 한다. 팀원들이 서로 아이디어를 공유하고, 다른 팀이나 부서 간에도 다양한 정보 교환과 교류가 있어야 활발한 팀 사역이 이뤄질 수 있기 때문이다. 이를 위해 리더는 정기적으로 팀원들과 대화의 시간을 가져야 한다. 또한 다른 팀원들과도 서로의 업무를 이해할 수 있도록 전체를 보는 큰 그림을 그리도록 도와줘야 한다.

조직론의 대가 허버트 사이먼(Herbert Simon)은 직원들이 보다 큰 범위의 작업 프로세스를 의식하지 않고, 자신의 업무 목표에만 집중하는 조직은 붕괴하기 쉽다고 이야기했다. 사우스웨스트 항공사의 회장인 허브 켈러허(Herb Kelleher)는 팀의 원활한 커뮤니케이션을 통해 사고 예방률을 높이고자 수화물 관리직원들에게는 조종사들의 항공기 시뮬레이션 훈련과정을 지켜보도록 했고, 조종사들에게는 수화물 관리직원들의 작업을 지켜보도록 했다. 이 과정을 통해 모든 팀원들은 사고를 줄이고 전체적으로 안전 운항을 높이는 데 있어서 자신의 역할과 다른 팀원들의 역할을 이해할 수 있었다.[4]

디즈니에서도 최고 경영진이 하나의 팀으로서 전체 구성원들의 역할을 이해하는 것이 중요하다고 보고, '디즈니 차원'이라는 프로그램을 실시했다. 이 프로그램을 통해 경영진들은 8일 동안 회사의 각 부문들을 강의실이 아니라 실제 현장에서 경험하게 된다. 그들은 심지어 디즈니랜드에서 디즈니 인형이 되어 보기도 한다. 또한 호텔의 침대 시트를 가는 작업에 참여하고, 10만 인분의 식사를 조리하는 과정에 참관하기도 한다. 이를 통해 중역들은 직원들의 일이 얼마나 고되고 힘든지를 몸소 체험한다. 프로그램이 끝나자 수만 명의 직원들이 서로의 일을 존중하게 되었고, 동시에 친한 친구가 되었다. 그 결과 커다란 시너지가 작용하게 되었다.[5]

부부간에도 서로를 깊이 이해하기 위해서는 한 번씩 역할을 바꿔 볼 필요가 있다. 여성들은 남편 대신에 직장 생활을 경험해 볼 필요가 있고, 남편들은 아내 대신에 아이들을 돌보고 세탁과 요리 등을 해 볼 필요가 있다. 그렇게 되면 서로의 역할에 대한 이해가 깊어지고, 상대방의 입장을 더욱 깊이 헤아릴 수 있게 된다.

3) 다양성을 인정하면서 통일성을 추구하라

우리나라 사람들은 일반적으로 개인플레이는 잘하는데 여러 사람이 모여서 같이 하는 팀플레이에는 약한 면이 있다. 그러나 훌륭한 팀이 되기 위해서는 각자 자신의 개성이나 재능을 마음껏 발휘하되, 팀의 일원으로서 동료를 경쟁의 대상이 아닌 협력의 대상으로 인정해야 한다. 이렇게 다양성 속에서 통일성을 찾을 수 있도록 팀을 이끌어 가는 것이 리더가 해야 할 일이다.

하나의 팀 안에서는 각자가 모두 중요하다. 그러므로 리더는 어느 한 사람도 팀에서 소외되지 않도록 그들 각자의 재능을 인정해야 한다. 동시에 그들이 한 팀으로서 같은 목표를 갖고 일사불란하게 움직이도록 해야 한다. 이것이 팀 리더십의 기술이다.

다양성 속에서 통일성을 갖는 것을 경영학적 용어로 분화(differentiation)와 통합(integration)이라고 한다. 사람들이 함께 일할 때 일을 어떻게 나눌 것인지가 분화고, 다양하게 분화된 조직 구성원들의 노력을 한 방향으로 향하게 하는 것이 통합이다. 조직을 분화하는 이유는 과업의 생산성을 높이기 위함이요, 통합하는 이유는 다른 과업들과의 적절한 조정을 통해 조직 전체의 과업 수행에 기여하기 위해서다.[6]

팀이 강력한 통일성을 갖추려면 팀원 전체가 가치와 목표를 공유해야 한다. 사람들을 열정적으로 만들어 줄 명분이 없으면 훌륭한 팀이 될 수 없기 때문이다. 켄 블랜차드(Ken Blanchard)는 그의 책 《하이파이브》에서 이를 위해 팀 헌장을 만들 필요가 있다고 이야기한다. 팀 헌장이란 팀이 무엇을 성취하려고 하는지, 그 목표가 왜 중요한지, 그리고 결과를 성취하기 위해 팀이 어떻게 함께 행동해야 하는지를 분명하게 서술한 합의서라고 할 수 있다.[7]

리더는 공동의 성취 목표를 중심으로 개개인의 능력을 키우고, 잠재 능력까지 찾아서 조직의 성장에 긍정적으로 기여하도록 하고, 이 과정을 시스템으로 정착시켜야 한다. 이때 조직의 힘이 배가되는 시너지 효과가 일어난다. 이것은 마치 우리나라의 비빔밥과 같다. 비빔밥은 다양한 재료가 한데 어울려 매혹적인 맛을 낸다. 재료마다 독특한 맛이 있지만 서로 어울려 하나의 환상적인 맛으로 둔갑한다. 이것이 바로 시너지 효과다.

4) 적절하게 위임하라

빌 게이츠는 다음과 같은 말을 했다.

"21세기에는 다른 사람에게 권한을 위임하는 사람이 뛰어난 리더로 성공할 것이다."

리더는 위임의 천재가 되어야 한다. 많은 리더들이 자신의 권한을 위임하는 데 주저함으로 말미암아 진정한 의미에서의 임파워링이 발생하지 않는다. 여기서 중요한 것은, 리더는 자신이 리더로 세운 사람들에게 어려운 문제가 생겼을 때는 지원해 주되, 지나친 간섭이나 관여는 그 리더의 발전을 위축시킨다는 사실을 명심해야 한다는 것이다.

위(魏) 나라의 문후는 악양이라는 장수에게 군사를 주고 중산(中山)이라는 나라를 정벌하게 했다. 악양이 3년 만에 전쟁에서 승리하고 돌아와 그간의 공로를 말하자, 문후는 큼지막한 상자 하나를 악양에게 보여 주었다. 그 상자에는 악양을 비방하는 상소문이 가득 담겨 있었다. 이에 악양은 머리를 조아리며 문후에게 절하며 "이번 승리는 대왕께서 하신 일이지 신에게는 공이 없습니다"라고 말했다.

이처럼 한번 부여한 과제에 대해서는 부하가 스스로 결정을 내리고 추진할 수 있도록 끝까지 믿고 맡겨야 한다.

노드스트롬(Nordstrom)은 미국의 유명한 백화점이다. 그곳의 탁월한 서비스는 정평이 나 있다. 그곳의 직원들이 남다른 이유는 노드스트롬이 내거는 '권한 부여'의 원칙 때문이다. 노드스트롬은 고객을 대할 때 직원들에게 최대한의 권한을 위임한다. 그 회사의 핸드북에는 다음과 같은 회사 규칙이 적혀 있다.

"제1 규칙: 모든 상황에서 스스로의 판단을 활용하라."
"제2 규칙: 더 이상의 다른 규칙은 없다."

노드스트롬에서 일하는 직원들은 모든 상황에서 자신이 나름대로 내린 판단을 따라 행동하도록 전적인 자유를 부여받는다. 그렇게 함으로써 직원들은 소비자들이 원하는 요구 사항에 최대한 신속하게 대처할 수 있다.

노드스트롬의 서비스 정신에 관한 전설적인 이야기가 있다. 어느 날 한

손님이 주름 잡힌 포도주색 바지를 몹시 사고 싶어 했다. 그러나 할인판매 기간 중이어서 그 손님이 찾는 제품은 이미 품절된 상태였다. 판매 직원이 시애틀에 있는 자사의 모든 지점을 수소문했지만 찾을 수 없었다. 그러다가 길 건너편에 있는 경쟁 백화점에 그 바지가 있다는 정보를 입수했다. 판매 직원은 매장 관리자에게 돈을 받아 경쟁 백화점으로 갔다. 그리고 정가를 고스란히 다 주고 손님이 찾던 바지를 구입해 자기 매장으로 가져와 할인 가격으로 고객에게 되팔았다. 정말 놀라운 고객 감동의 서비스라고 할 수 있다.

나도 미국에 있을 때 노드스트롬이 집 근처에 있어서 몇 번 방문해 본 적이 있다. 피아노 연주가 라이브로 흐르고, 전체적인 분위기가 산뜻하고 좋았다. 다만 백화점의 가격대가 높아서 함부로 물건을 구입하지는 못했다. 그러다가 한번은 새 양복을 반값으로 세일하는 행사가 있어서 노드스트롬에서 양복 한 벌을 구입하게 됐다. 교회 사역을 시작하게 됐기에 양복이 필요했기 때문이다. 그런데 입어 보니 바지 길이가 조금 길었다. 그래서 바지를 사고 난 뒤 직원에게 수선을 부탁했다. 한국에서는 바지가 긴 것은 금방 줄여 주기 때문에 미국에서도 그러려니 했다. 그런데 직원이 바지를 줄이려면 예약하고 며칠을 기다려야 한다고 했다. 그런데 마침 다음 날이 주일이고 성찬식이 있는 날이어서 양복을 꼭 입어야 했기에, 사정을 이야기했다. 그러자 직원은 그런 경우라면 이야기가 달라진다고 하면서 위층 수선실에 전화하더니, 말해 놓았으니 바로 가서 수선하라고 했다. 고객의 불편함을 이해하고 바로 그 자리에서 조치를 취해 주는 서비스가 참 마음에 들었다.

리더가 책임만 위임하고 권한은 위임하지 않는 경우가 많이 있다. 그러면 제대로 된 팀 사역이 이뤄질 수 없다. 그래서 루스벨트 대통령은 이런 말을 했다.

"가장 유능한 리더는, 하고자 하는 바를 수행하는 뛰어난 자질의 사람들을 발굴하는 감각을 가진 사람이다. 또한 사람들이 맡은 일을 수행하고 있을 때 간섭하지 않는 충분한 자기 절제력을 가진 사람이다."

노자는 다음과 같이 말했다.

"훌륭한 지도자는 아랫사람들이 큰일을 할 수 있도록 동기를 부여하는 사람이다. 그리고 자기가 임무를 완성했을 때 백성의 입에서 '마침내 우리가 이 일을 해냈다'고 자랑스럽게 말할 수 있도록 하는 사람이다."

그런데 여기서 한 가지 주의해야 할 사실은, 리더는 위임에 있어서 강약을 조절할 수 있어야 한다는 것이다. 즉, 팔로워들의 성숙도에 따라서 리더가 위임의 정도를 조절할 수 있어야 한다. 준비가 갖춰지지 않은 리더에게 한꺼번에 너무 많은 책임을 맡기면 안 된다. 리더는 팔로워들의 성숙도에 따라서 위임의 정도를 조금씩 높여야 한다.

그래서 국제전략 전문가인 린정다(林正大)는 권한 위양은 연날리기와 같다고 말한다. 부하 직원의 능력이 약하면 연줄을 당겨야 하고, 부하 직원의 능력이 강하면 연줄을 놓아야 한다는 것이다. 결국 뛰어난 리더는 연날리기의 고수가 되어야 한다는 것이 그의 주장이다.

5) 인정하고 칭찬하라

사람들은 칭찬과 격려에 굶주려 있다. 리더로서 팀원들이 자발적으로 팀 사역에 동참하게 하려면 기회가 있을 때마다 그들을 칭찬하고 격려해야 한다. 에이브러햄 링컨이 암살당했을 때 그의 호주머니에서 신문기사 조각이 하나 나왔다. 링컨을 칭찬하는 기사가 실린 것이었는데, 얼마나 많이 봤는지 너덜너덜했다고 한다. 그 신문 기사에는 이런 문구가 적혀 있었다.

"에이브러햄 링컨은 역대 대통령 중에서 가장 존경받을 만한 사람이다."

남북 전쟁에서도 흔들리지 않는 불굴의 의지력을 보여 준 링컨도 사실은 칭찬과 격려에 굶주려 있었다는 것을 보여 주는 일화다.

우리가 알아야 할 사실은, 칭찬과 격려가 필요하지 않은 사람은 아무도 없다는 것이다. 그러므로 리더는 격려와 칭찬에 능한 사람이 되어야 한다. 이른바 3R이라고 하는데, 자주(repeated), 포상(reward)하고, 인정(recognition)해야 한다.[8]

사우스웨스트 항공사가 매년 흑자를 기록하며 고객 서비스 부문에서 상위를 차지하고 있는 이유를 알기 위해 사우스웨스트의 컨설턴트들이 조사한 결과, 기회가 있을 때마다 직원들을 기념하고 축하하는 문화가 있기 때문이라는 사실을 알게 되었다. 그들은 사람들에게 명예와 보상을 안겨 줄 기회가 있을 때마다 파티를 열어서 축하하고, 그 축하 의식을 기록으로 남겨 놓는다고 한다.

표창은 동기를 부여하는 가장 강력한 수단이다. 기록에 의하면, 유명한 전쟁 영웅 중에는 훈장을 남발한 사람들이 많았다고 한다. 국가에서 주는 규정된 훈장 외에 개인적인 훈장들을 만들어서 부하들에게 자주 수여했다는 것이다. 이것이 부하들의 사기 진작에 상당한 도움이 되었다고 한다. 이같이 인간은 칭찬받을 때 더 열심히 하게 된다.

6) 매뉴얼화하라

말로 일일이 설명할 필요가 없는 것은 문서화하고 매뉴얼화해서 업무의 효율성을 높일 필요가 있다. 특히 조직 내에서 맡아야 할 업무를 문서화하지 않을 때 책임 회피의 문제가 발생할 수 있다.

첫째는 수평적인 책임 회피인데, 이것을 '업무 핑퐁 게임'이라고 한다.

이 같은 업무 핑퐁 게임이 많은 조직일수록 팀이나 부서 간, 개인 간 화합을 이루기 어렵다. 무슨 사건이 발생해도 책임의 소재가 불분명하여 문제가 된다. 둘째는 수직적인 책임 회피인데, 이것은 윗사람이 자신이 져야 할 책임을 아랫사람에게 떠넘기는 것이다. 이렇게 되면 조직 구성원들의 사기가 떨어지고, 이로 인해 핵심 인재가 그 조직에서 떠나게 된다.[9]

그러므로 리더는 불필요한 에너지의 누수를 줄이기 위해 가능한 한 모든 부분을 매뉴얼화할 필요가 있다. 이같이 직원의 업무 책임을 분명하게 해 주는 것을 '직무기술서'(Job description)라고 한다.

맥도날드가 지금까지 그렇게 발전할 수 있었던 데는 다 이유가 있다. 맥도날드는 최고의 서비스를 제공하기 위해 얼마나 노력하는지 모른다. 하나의 점포를 개설하기 위해 수많은 조사를 한다. 그 지역의 상권을 전부 분석하는 것이다. 그래서 맥도날드가 들어가는 곳은 앞으로 발전할 지역이라고 봐도 무방하다.

맥도날드는 하나의 점포를 열기 위해 5만여 개에 달하는 서류를 준비한다. 모든 것을 매뉴얼화하는 것이다. 햄버거의 고기를 얼마의 두께로 자를 것인지, 몇 도의 온도에서 굽고 몇 분 동안 익힐 것인지 등을 꼼꼼하게 기록해 놓은 서류를 준비한다. 또한 프렌치프라이는 몇 cm로 자를 것인지, 종업원의 복장은 어떻게 하고 매장 안의 조명은 어떻게 할 것인지 등에 대해 정확한 문서로 기록해 놓은 후 사업을 시작한다.

그뿐 아니다. 맥도날드의 빵과 그 안에 들어가는 고기의 두께를 모두 합치면 44mm라고 한다. 이는 사람이 입을 벌렸을 때 평균 50mm인 입의 길이에 가장 적당하도록 계산된 두께다. 72cm의 카운터 높이 역시 사람이 가장 불편 없이 지갑을 꺼낼 수 있는 높이를 계산해서 정한 것이다. 이같이 맥도날드는 단순히 운이 좋아서 세계 최고의 패스트푸드점의 자리에 오른 것이 아니다. 철저하고 정확한 메뉴얼화의 노력이 오늘의 성공을 만든 것이다.

7) 핵심 멤버를 훈련시키라

팀 사역의 성공 요건은 팀을 책임질 수 있는 사람을 세우는 리더의 능력에 달려 있다. 그런데 일반적으로 사람들은 리더를 세우는 일의 중요성을 잘 모른다. 존 맥스웰은 미국에서 가장 저명한 리더십 강사인데, 그가 리더십에 관심을 갖게 된 것은 목회 현장에서의 경험 때문이었다.

그가 목회 초기에 부임한 교회는 조그마한 시골 교회였다. 그곳에서 그는 슈퍼 목사가 되어 전화, 심방, 결혼 주례 등 모든 것을 혼자 다하면서 100여 명밖에 안 되는 교인들을 거의 300명으로 끌어올렸다. 마을의 규모로 볼 때 그 마을 전체가 교회에 나온 것이나 다름 없었다. 그곳에서 3년 3개월을 보낸 후 그는 다른 교회로 초빙되어 갔다. 그는 자신이 이전 교회의 목회에서 나름대로 성공했다고 자부하고 있었다. 그런데 3개월 후 그 교회의 교인 한 사람을 우연히 만났다. 그런데 교회가 요즘 어떤지 물어봤더니 맥스웰 목사가 떠나고 난 뒤 교인이 다시 100명으로 줄었다는 것이다. 여기서 그는 큰 충격을 받게 된다. 그리고 그 원인에 대해 곰곰이 생각한 결과, 리더를 세우지 않아서 그런 참담한 결과가 오게 된 것을 깨닫게 되었다.

그래서 그는 리더십에 대해 깊은 관심을 갖게 되었다. 그리하여 다음에 부임해 간 스카이라인 웨슬리언 교회에서는 적극적으로 리더를 양육하기 시작했다. 그 교회에서 목회하면서 바랐던 목표는, 그가 떠나고 6개월이 지난 뒤 사람들이 "누군가 없어진 것 같은데"라고 말하는 것이었다. 그 결과 그가 떠나고 후임자가 온 뒤에 교회는 더 부흥했고, 나중에는 교회 건축까지 하는 것을 보게 되었다.

존 맥스웰은 폭발적인 성장을 맛보려면 팔로워들을 개발하는 리더가 되면 안 되고, 리더들을 개발하는 리더가 되어야 한다고 말한다. 그 차이는 다음과 같다.[10]

팔로워들을 개발하는 리더	리더들을 개발하는 리더
필요로 하는 것들	성공하기 위해 원하는 것들
약점에 초점을 맞춤	강점에 초점을 맞춤
가장 부족한 20%를 발전시키려 함	가장 우수한 20%를 발전시키려 함
그들을 모두 동등하게 대함	리더들을 영향력 있는 사람으로 대함
능력을 축적시킴	능력을 배분함
다른 사람들과 시간을 보냄	다른 사람들에게 시간을 투자함
점차적으로 성장함	폭발적으로 성장함
개인적으로 만나는 사람들에게만 영향을 줌	접촉하지 못하는 사람들에게도 영향을 미침

그는 리더를 개발하는 일이 결코 쉬운 일은 아니라고 말한다. 잠재적인 리더를 발견하는 일이란 쉽지 않다. 또한 리더들을 발견했더라도 그들을 계속 붙잡고 키우는 것은 더 어려운 일이다. 잠재적 리더들은 일반적인 팔로워들과는 달리 정력적이고 진취적이기 때문에 자신의 길을 가기를 고집하는 경향이 있기 때문이다. 그러나 그는 그 일은 충분히 할 만한 가치가 있는 일이라고 말한다.

팀 사역의 승패는 팀을 맡은 리더에게 달려 있다고 해도 과언이 아니다. 성공적인 팀 사역을 위해서는 반드시 팀을 이끌어 갈 핵심 리더를 키워야 한다. 때로 그것은 시간이 많이 걸리는 지루한 작업일 수도 있다. 그러나 그렇게 할 만한 가치가 있는 일이다. 리더가 제대로 세워져야만 팀 사역이 성공적으로 수행될 수 있기 때문이다.

팀 리더십이 진짜 리더십이다

오늘날 나라가 힘들고 어려워지니 사람들이 강력한 리더십에 대해 더 많은 관심을 갖게 된다. 그래서 영웅에 관한 책이 많이 나온다. 그중 하나가 이순신이다. 이순신의 이야기는 〈명량〉이라는 영화로 만들어져 큰 인기를 끌기도 했다.

이순신 장군에 관해서는 여러 가지 책이 있는데, 그중 특별히 눈여겨볼 책이 하나 있다. 바로 고진숙의 《이순신을 만든 사람들》(한겨레아이들)이라는 책이다. 이 책에서 저자는 우리가 그토록 존경하는 이순신도 사실은 혼자 그 모든 위대한 일들을 한 것이 아니고, 주위에 그를 돕는 사람들과 팀 사역을 했기에 그 모든 일이 가능했다고 말한다. 사실 알고 보면 이순신은 탁월한 팀 사역의 대가였다. 그는 자신의 승리에 필요한 사람을 정확히 알아보고 그들을 발굴하여 적재적소에 활용하는 지혜가 있었다.

먼저 거북선을 생각해 보면, 거북선은 사실 이순신 혼자만의 아이디어가 아니었다. 이순신이 왜적의 침입에 대비한 새로운 형태의 배에 대하여 고민하고 있었을 때, 나대용이라는 사람이 찾아왔다. 그도 일찍이 이순신과 비슷하게 왜적이 침략했을 때 맞서 싸울 비밀 병기를 고민하다가 거북선을 발명하게 된 것이다. 거북선의 설계도를 본 이순신은 단번에 그 진가를 알아봤고, 그를 거북선을 만드는 부서의 책임자인 전선감조 군관으로 임명했다. 그날부터 나대용과 이순신의 병사들은 하루도 쉬지 않고 배 만드는 일에 매달려 마침내 1년 만인 1592년 4월 12일에 거북선을 완성했다. 그런데 놀랍게도, 정말 아슬아슬하게 바로 그 다음 날 임진왜란이 일어난 것이다. 정말 하늘이 우리나라를 도왔다는 말밖에 할 말이 없다. 그래서 우리 후손들은 나대용을 기려 해군의 국산 잠수함 이름을 '나대용호'로 지었다.

이순신을 도운 사람은 나대용만이 아니다. 이순신의 혁혁한 성과 뒤에는 바다의 물길을 정확하게 알아서 이순신을 위해 물길 지도를 그려 준 어영담이라는 사람이 있었다. 이순신 장군이 해전에서 백전백승을 하고, 명량해전에서 12척의 배로 일본군의 330척의 배를 물리칠 수 있었던 것도 그가 명량 앞바다의 물길을 미리 연구해 두었기 때문에 가능했다.

이순신을 도와 팀 사역을 했던 사람은 이 외에도 많이 있다. 임진왜란은 사실 화약 전쟁이나 마찬가지였다. 거북선에서 대포를 쏘아야 했기 때문이다. 이를 위해 이순신은 많은 화약을 비축해 두었지만, 막상 전쟁이 일어나니까 생각보다 훨씬 많은 화약이 필요했다. 이때 이순신을 도운 사람이 바로 이봉수다. 그는 이름 없는 과학자로서 이순신을 도와 불철주야의 연구 끝에 화약을 만드는 비밀을 발견했고, 이순신이 전쟁에서 승리하는 데 결정적인 공헌을 했다.

이처럼 이순신의 승리 뒤에는 이순신과 한마음, 한뜻이 되어 도와준 다양한 사람들의 팀플레이가 큰 힘이 되었다. 이순신의 위대한 점이 바로 이것이다. 그는 남달리 뛰어난 리더인 것도 사실이지만, 다른 사람들의 재능을 알아보고 그들을 발탁하여 환상의 드림 팀을 만들어 내는 팀 리더십의 능력까지 갖추고 있었던 것이다. 이것이 이순신을 진정 위대한 장수로 만들어 준 것이다.

《초한지》를 보면 유방이 천하를 통일한 후 이렇게 말한다.

"장막 안에서 계책을 세워 천 리 밖에서 승리를 거두게 하는 데 있어서 나는 장량(張良)만 못하다. 국가의 안녕을 도모하고 백성을 사랑하며 군대의 양식을 대 주는 데 있어 나는 소하(蕭何)만 못하다. 백만 대군을 이끌고 나아가 싸우면 이기고 공격하면 반드시 빼앗는 데 있어 나는 한신(韓信)만 못하다. 하지만 나는 이들을 얻어 그들의 능력을 충분히 발휘하도록 해 주었다. 바로 이것이 내가 천하를 얻은 까닭이다."

그렇다. 바로 이것이 팀 리더십이다. 그리고 이 같은 팀 리더십이 바로 진짜 리더십이다. 진짜 리더가 되고자 한다면 팀 리더십의 전문가가 되어야 한다.

팀이 가장 뛰어난 선수다. _알렉스 퍼거슨(Alex Ferguson)
오케스트라가 최고의 악기다. _장한나

에디슨의 가장 위대한 발명

에디슨이라고 하면 가장 먼저 어떤 생각이 떠오르는가? 실험실에 틀어박혀 혼자 미친 듯이 연구에만 몰두하는 괴짜 발명가 같은 이미지가 떠오르지 않는가? 에디슨이 평생 동안 얻은 국제 특허만 해도 1,293건에 이르니, 그렇게 생각할 만도 하다. 그러나 에디슨은 이 모든 발명을 혼자 한 것이 아니었다. 사실상 에디슨은 그의 중요한 발명의 대부분을 자신의 동료들과 함께 이뤄 냈다.

그는 서른이 채 되기 전인 1876년 3월 25일에 뉴저지 주 멘로 파크(Menlo Park)에 사재를 털어 민간 연구소를 설립했다. 이러한 유의 연구소로는 최초였다. 그러나 여기에 대한 학계의 반응은 싸늘했다. 당시 학자들은 과학적 연구와 실험은 인류 전체의 공익을 위해 행해져야지 개인이 그것을 실용화해서 사용하는 것은 옳지 않다고 생각했기 때문이다. 그러나 에디슨의 생각은 달랐다. 그는 인류를 위해 발명이 필요하다고 믿었고, 그러한 발명을 지속적으로 하기 위해서라도 발명품을 상품화하는 것이 중요하다고 생각했다. 그래서 그는 멘로파크 연구소를 세웠고, 세계 각지에서 온 수학자, 화학자, 목수, 기계론자 등 다양한 분야의 전문가들을 연구 인력으로 선발했다.

그가 연구소를 세우고 난 뒤 작은 발명은 10일에 한 번, 큰 발명은 6개월에 한 번꼴로 해내겠다고 큰소리칠 수 있었던 비결도 이 모든 발명을 같이할 동역자가 있었기 때문이다. 에디슨은 탁월한 아이디어가 떠오르면 그것을 팀 프로젝트로 내놓았다. 그러면 그에 필요한 연구원들이 힘을 합쳐 그 아이디어를 발명품으로 현실화시켰다.

특별히 에디슨이 가장 심혈을 기울인 것은 전구를 발명하는 것이었다. 전구의 필라멘트에 들어갈 가장 적합한 소재를 찾기 위해 무수한 재료로 실험해야 하는 어려움이 있었다. 이것을 에디슨이 혼자 다했으면 일찌감치 지쳐서 연구를 그만뒀을 것이다. 그러나 그는 강력한 팀을 가지고 있었기에, 아마존 정글을 포함한 세계의 모든 지역을 뒤질 수 있었다. 그리하여 오랜 시간 불빛을 내면서도 타 버리지 않는 필라멘트에 적합한 재료로 약 6,000종의 식물을 테스트할 수 있었다. 그가 최종적으로 발견한 것은, 일본 교토 지역의 대나무가 가장 적합하다는 것이었다. 당시에 에디슨 혼자 재료를 구하려고 했다면, 머나먼 땅 일본에 필라멘트에 가장 적합한 재료가 있다는 사실을 발견하는 것은 불가능했을 것이다. 그러나 그에게는 팀이 있었기에 이 모든 일들이 가능했다.

에디슨이 멘로파크 연구소의 25명 팀원들과 7년 동안 이룬 연구 업적은 그야말로 세계를 바꿔 놓을 만한 것이었다. 축음기, 영사기, 확성기, 복사기, 백열전구, 전기 기차 등 무려 400개의 특허가 이 연구소를 통해 나왔다.[11] 그래서 저명한 경제사가 존 스틸 고든(John Steele Gordon)은 "멘로파크 연구소야말로 에디슨의 가장 위대한 발명품"이라고 평가하기도 했다.

우리가 알아야 할 사실은, 에디슨은 혼자 실험실에 틀어박혀 머리를 쥐어짜며 연구만 하는 괴짜 발명가가 아니었다는 사실이다. 그는 팀 사역을 통해 발명에 관한 시너지 효과를 극대화시킬 줄 아는 탁월한 팀 리더였다. 그는 실로 "작은 성공은 개인이 만들지만, 큰 성공은 팀이 만든다"는 사실을 잘 알고 있는 리더였다.

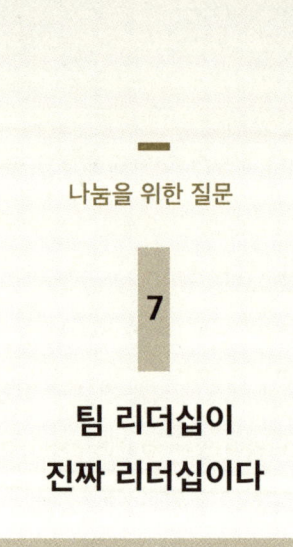

나눔을 위한 질문

7

팀 리더십이 진짜 리더십이다

1. 혼자 모든 것을 맡아 해결하려고 하는 리더에게는 어떤 문제가 발생할 수 있는가?

2. 인생에서 좋은 쪽으로든 나쁜 쪽으로든 시너지 효과를 경험한 적이 있는가?

3. 자신이 몸담고 있는 학교나 직장이나 교회나 동아리에 대한 자부심이 있는가? 그렇다면 그러한 자부심을 가지게 된 이유는 무엇인가?

4. 팀 사역에서는 커뮤니케이션이 중요하다. 내가 어떤 프로젝트의 팀장이라면 팀원들과의 커뮤니케이션을 활성화하기 위해 사용하고 싶은 방법은 어떤 것이 있는가?

5. 사람들이 다른 사람에게 위임을 잘 하지 못하는 이유는 무엇이라고 생각하는가? 또한 효과적인 위임을 위해 고려해야 할 문제는 무엇이라고 생각하는가?

6. 나는 팔로워들을 개발하는 리더인가, 아니면 리더들을 개발하는 리더인가? 이 차이는 무엇이라고 생각하는가?

7. 에디슨의 팀 리더십에 관한 글을 읽고 느낀 점은 무엇인가? 이 글이 평소에 알고 있던 에디슨의 이미지에 변화를 준 부분이 있는가?

리더의 마지막 과업, 리더십 교체

"언제나 당신의 끝이 있음을 기억하라. 그리고 잃어버린 시간은 돌아오지 않는다는 사실도." - 토마스 아 켐피스(Thomas a Kempis)

리더의 능력은 물러날 때 드러난다

1988년 서울 올림픽 육상 400m 계주 경기에서 있었던 일이다. 모두가 미국이 이 경기에서 우승하리라는 것을 의심하지 않았다. 그런데 결승전이 시작되었을 때 생각조차 할 수 없는 일이 일어났다. 계주 경기를 진행하던 미국 선수가 경기 도중에 바통을 떨어트리고 만 것이다. 너무나 순식간에 벌어진 일이었고, 미국으로서는 금메달의 꿈이 사라지는 순간이었다.[1]

리더십의 계승이라는 것은 바통을 전달하는 것과 같다. 리더가 자신의 리더십을 후임자에게 제대로 전달하고 물러날 때 비로소 그는 자신의 리더십의 책임을 완수한 것이다. 이 같은 리더의 자세에 대해 프랜시스 헤셀베인(Frances Hesselbein)은 다음과 같이 말했다.

"효과적인 리더는 떠나는 일도 처음 들어올 때와 마찬가지로 긍정적이고 은혜롭게 계획한다. 그들은 그 기관에 처음 들어올 때 그 기관을 어디로 인도할 것이며, 그곳을 떠날 무렵에는 자신이 어떤 위치에 있을 것인지 염두에 두고서, 기관의 사명과 목표 그리고 개인적인 목표에 헌신한다. 그러한 목표가 실현되면 이제 새로운 리더로의 전환이 최우선의 초점이 된다. 이것이 리더로서의 마지막 책임이 된다."[2]

리더가 리더십의 계승을 제대로 하지 못하면 그것은 엄밀한 의미에서 리더로서의 실패를 의미한다. 그래서 한스 핀젤(Hans Finzel)은 그의 책 《리더가 저지르기 쉬운 10가지 실수》(프리셉트)에서 "후계자가 없는 성공은 실패다"(Success without a successor is failure)[3] 라고 말했다.

리더의 진정한 성공은 물러날 때 드러난다. 얼마나 제대로 자신의 리더십을 이양했는지가 리더로서의 진정한 능력을 보여 주는 것이다.

한국 교회 안에 리더십 교체가 제대로 이뤄지지 않아 교회가 어렵게 된 사례가 한둘이 아니다. 부적절한 리더십 교체로 말미암아 교회가 쇠퇴한 것은 이루 말할 것도 없고, 교회가 두 쪽이 난 경우도 많다. 이것은 기업도 마찬가지다.

오늘날처럼 CEO의 이름이 브랜드의 가치를 지닌 경우에는 리더 한 사람이 차지하는 비중이 엄청나게 높아진다. 그래서 펜실베이니아 대학교의 데이비드 라커(David Larcker) 교수는 "CEO 브랜드가 10% 좋아지면, 주식 가치는 24% 증가한다"라는 분석 결과를 내놓았다.[4]

비근한 예로 애플(Apple)의 창립자 스티브 잡스(Steve Jobs)가 다시 경영 일선에 복귀한다는 소식이 주식시장에 전해졌을 때, 애플의 주가가 하루에 무려 200%나 솟구쳤다.[5]

아메리칸 인터내셔널 그룹(AIG: American International Group)의 경우 2008년의 비우량 주택담보대출(서브프라임 모기지) 사태로 인해 회사 자체가 파산 위기까지 몰렸다. 그러나 2009년에 로버트 벤모셰(Robert H. Benmosche) 회장이 취임하면서 상황은 반전되었다. 그가 적극적으로 구제금융 자금을 상환하고, AIG 사업부문에서 구조 조정을 단행한 결과, AIG는 극적으로 위기를 탈출할 수 있었다. 그 결과 벤모셰가 회장을 지낸 5년의 기간 동안 AIG의 주가는 무려 373%나 치솟았다. 리더의 역할이 얼마나 중요한 것인지를 보여 주는 단적인 예다.

30년 전만 해도 미국 CEO의 평균임금은 공장 노동자에 비해 44배 높았지만, 최근 조사에 의하면 300배 이상으로 크게 올랐다.[6] 사실 별로 바람직한 현상은 아니지만, 어쨌든 현대사회에서 리더가 차지하는 비중이 얼마나 상대적으로 높아져 가고 있는지를 보여 주는 것이다. 그러므로 오늘날 기업체에서 후임 CEO로 어떤 사람을 세우는가는 그 기업의 사활이 달린 문제가 된다.

시간을 알려 주는 사람 VS 시계를 만드는 사람

시간을 알려 주는 사람과 시계를 만드는 사람의 차이를 아는가? 이것은 짐 콜린스가 성공한 우량 기업들의 성공 비결을 알고자 시작한 연구에서 처음 사용한 말이다.

《성공하는 기업들의 8가지 습관》에서 밝히기를, 그가 처음 기업의 성공 원리에 대한 연구를 시작했을 때 한 기업이나 단체의 흥망성쇠는 한 사람의 뛰어난 카리스마적 지도에 달려 있다고 믿었다. 그러나 6년에 걸친 실제 기업들의 사례 연구를 통해 얻은 결론은, 지나치게 개성이 강하고 능력과 생각이 강한 카리스마적인 지도자는 오히려 그 기업의 장기적인 발전을 저하시킨다는 것이었다. 그 리더가 있을 때는 혁혁한 성과를 낼 수도 있지만, 그가 갑자기 사라졌을 때는 오히려 그가 차지하고 있던 자리의 공백이 크게 느껴지기 때문에 조직에 위기가 찾아올 수 있다는 것이다.

짐 콜린스는 이것을 시간을 알려 주는 사람(Time Teller)과 시계를 만드는 사람(Clock Builder)의 차이로 설명한다.[7] 어떤 사람이 시간을 정확하게 알려 줄 수 있다면 대단한 사람으로 존경받겠지만, 그가 죽은 뒤에는 시간을 가르쳐 줄 사람이 없기 때문에 리더는 시계를 만드는 사람이 되어야 한다는 것이다. 뛰어난 아이디어를 가졌거나 카리스마가 있는 지도자가 되는 것이 시간을 알려 주는 것이라면, 한 개인이 자신의 일생을 뛰어넘어 오랫동안 번창할 수 있는 조직을 만드는 것은 시계를 만드는 것이라고 할 수 있다. 이를 위해 조직의 리더는 자신이 없어져도 그 조직체가 계속 굴러갈 수 있도록 시스템을 개발하고, 리더를 발굴하여 세우는 일을 계속해야 하는 것이다.

어떤 단체의 지도자가 아무리 시간을 정확하게 알려 주는 탁월한 능력을 갖고 있다고 해도, 그도 언젠가는 물러날 때가 오게 된다. 그러므로 지도자가 해야 할 가장 중요한 일 중 하나는, 그가 언젠가 떠나더라도 그 단체가 잘 돌아갈 수 있게 시계를 만드는 것이다. 다시 말해서 자신의 비전을 이어받을 수 있는 리더들을 키워서, 그들이 자신의 뒤를 이어 조직체를 계속 이끌어 갈 수 있는 시스템을 만들어야 하는 것이다. 그래서 프레드 맨스크(Fred Manske)는 이렇게 말했다.

"가장 위대한 리더는 사람들을 훈련하고 개발하여 능력으로나 지식으로나 그 사람이 자신을 능가할 수 있게 되기를 바란다."

후계자를 키우는 시스템

경우에 따라 리더들이 은퇴하면서 자신의 후계자로 외부 사람을 영입할 수도 있겠지만, 가장 바람직한 것은 내부에서 후계자를 발굴하는 것이다. 짐 콜린스가 쓴 《좋은 기업을 넘어 … 위대한 기업으로》를 보면 흥미 있는 내용이 나온다. 그는 이 책에서 그냥 좋은 기업이었다가 나중에 위대한 기업으로 도약한 11개의 회사들과 그냥 좋은 기업으로만 머물거나 지속적으로 좋은 기업에 머무는 데도 실패한 28개의 기업을 비교하여 연구했다.

리더십 교체가 일어났을 때 좋은 기업에서 위대한 기업으로의 도약에 성공한 11개 회사 중 10개 회사의 CEO가 회사 내부 출신인 반면, 그저 좋은 기업으로 머문 기업들은 6배나 많이 외부에서 CEO를 영입했다는 사실을 발견했다. 이것은 외부에서 리더들을 영입하게 되면 좋은 회사에서 위대한 회사로 도약하는 데 부정적인 영향을 미친다는 것을 보여 준다.

미국에서 가장 위대한 경영자로 손꼽히는 GE의 잭 웰치 회장을 모르는 사람은 아마 없을 것이다. 그러나 웰치를 키우고 발탁한 GE의 존스 회장에 대해서 아는 사람은 그렇게 많지 않다. 존스 회장은 1970년대 후반부터 1980년대까지 《포춘》과 《월 스트리트 저널》(Wall Street Journal)이 뽑은 미국에서 가장 유능한 최고 경영자였다. 그런데 그는 자신이 가장 인정받고 있을 때 스스로 후계자를 지명하고 자리를 내놓았다. 그렇게 한 이유는 그가 바라본 비전 때문이었다. 그는 1980년대의 세상은 자신이 가장 잘 경영했던 1970년대의 세상과 달라질 것이기 때문에 앞으로 변화될 세상에서는 자신보다 더 잘 맞는 사람을 세우는 것이 GE에 가장 중요한 일이라고 생각했다.[8]

존스 회장이 잭 웰치를 뽑기까지의 선발 과정을 보면, GE의 후계자 양성 프로그램이 얼마나 치밀한지 알 수 있다. 존스 회장은 자신이 회장직을 사임하기 7년 전부터 2년에 걸쳐 96명의 후보를 사내에서 선발했다. 그리고 그들을 다시 12명으로, 마지막에는 6명으로 추렸고, 그들을 각각 지사장으로 임명했다. 그리고 3년에 걸쳐서 그들을 다양하게 테스트한 뒤 최종적으로 잭 웰치를 자신의 후계자로 선정했다. 놀라운 사실은, 최종 12명에 들어간 사람들도, 비록 GE의 CEO는 되지 못했지만, 모두 미국 굴지 기업의 전문경영인 회장으로 스카우트되었다는 것이다. 이것은 사람을 키우는 그들의 시스템이 얼마나 탁월한가를 보여 주는 것이다. 그래서 GE의 간부 양성 스쿨인 크론트빌은 '미국 기업체의 하버드'로 불리기도 한다.[9]

일반적으로 GE가 인재양성 프로그램을 통해 인재를 계발하는 데 드는 시간은 대략 15년이라고 한다. 그러한 시스템이 있기에 자체적으로 훌륭한 인재가 발굴되는 것이다. 잭 웰치도 이런 과정을 통해 리더로 길러졌다. 그는 자신의 후계자를 뽑을 때도 외부에서 경영자를 영입하지 않고 사내에서 경력을 쌓은 제프리 이멀트(Jeffrey Immelt)를 지목하여 세웠다.

리더십 전문가이기도 한 한홍 목사는 리더가 사람을 키우는 일에 집중해야 하는 필요성에 대해 통찰력 있는 이야기를 했다.

"다음 세대 리더들을 세우는 데 우리의 시간을 투자해 주어야 한다. 리더들의 일반적인 시간 관리는 다음과 같이 두 가지 종류의 'P' 사람들에게 집중된다. 첫째는, 'Problem People'(문제를 일으키는 사람들)이다. 둘째는, 'Program People'(프로그램을 담당하는 실무진)이다. 그러나 진정한 리더라면 우리는 확실한 열매가 안 보여도 'Potential People'(잠재력을 가진 사람들)을 위하여 우리의 시간을 투자해야 한다."[10]

정말 중요한 말이라고 생각한다. 리더는 사람을 키우는 사람이 되어야 한다.

IBM에서도 사람을 키우는 데 상당히 체계적으로 많은 시간을 투자하고 있다. 중요한 직책마다 후계자를 어떻게 계발하겠다는 것에 대한 계획을 매년 세운다. 또 후계자로 키우는 사람에 대해 자세한 리더십 평가를 하고, 그 사람의 약점을 보완하기 위한 계획을 세운다. 중요한 직책별로 현재 그 직책을 수행할 수 있는 사람이 반드시 한 명 이상 있어야 한다. 만일 없으면 현직의 중역은 진급할 수 없다. 그러니 진급하려면 후계자를 양성해야 하는 것이다. 어떤 면에서는 자기를 잡아먹을 호랑이를 키우는 셈이지만, 이런 시스템이 리더를 키워 주는 것이다.[11]

성공적인 리더십 교체의 조건

성공적인 리더십 교체를 위해 리더는 다음의 4가지 사항을 유념해야 한다.

1) 성공적인 리더십 교체의 필요성을 인식하라

성공적인 리더십 교체를 위한 첫 번째 전제 조건은, 리더가 성공적인 리더십 교체의 필요성을 인정하는 것이다. 리더가 자신도 언젠가는 떠날 날이 있다는 것을 생각하면서, 자신이 떠날 때 성공적인 리더십 교체가 이뤄져야 함을 늘 인식하는 것이다. 이것을 생각하고 리더의 역할을 수행하는 리더는 리더십 계승 때 일어날 수 있는 많은 문제를 미연에 방지할 수 있다.

우리가 알아야 할 사실은, 리더십이 교체된다고 끝나는 것이 아니라는 것이다. 리더십 계승이 성공적으로 이뤄져야 한다. 그렇지 않으면 엄청난 손해가 오기 때문이다. 성공적인 리더십 교체가 이뤄지려면 미리 계획을 세워서 체계적인 리더십 교체를 해야 한다. 논란의 여지가 많거나 무계획적인 리더십 승계는 조직을 위태롭게 만들고, 조직의 사명을 모호하게 만든다. 이를 위해 리더는 자신이 물러날 때를 정확하게 알아야 한다.

H. G. 웰스(Herbert George Wells)가 한 말을 기억하라.

"리더는 최대한 리더십을 발휘하다가 때가 되면 사라져야 한다. 그들이 남긴 재가 그들이 지펴 놓은 불을 꺼트리는 일이 발생해서는 안 된다."

훌륭한 리더는 떠날 때를 아는 사람이다. 자신이 떠날 때를 알고 물러나는 사람은 아름답다.

전 혼다 사장 가와시마 기요시가 퇴임하면서 남긴 말을 생각해 보라.

"최근 2-3년간 내가 말한 사항들이 사내에서 8할이나 통과됐다. 6할이 넘으면 원맨 경영의 폐해가 나타나는 위험신호라고 하는데, 그렇다면 지금 혼다가 위험하다는 얘기가 아닌가? 내가 계속 사장 자리에 있으면 우리 회사는 직선적으로밖에 성장하지 못한다. 그렇기 때문에 나는 퇴임을 결정했다."[12]

2) 후계자를 발굴하라

리더는 언제나 최악의 상황을 생각하면서 자신이 물러날 때 자신을 대신할 후계자를 발굴해 놓아야 한다. 자신의 후계자를 발굴하기 위한 가장 좋은 방법은, 자신이 속한 조직 내부에서 리더십 풀(leadership pool)을 만드는 것이다. 즉, 리더가 될 만한 사람들을 모아서 키워 낼 수 있도록 리더 그룹을 만드는 것이다. 이것을 기업체에서는 "핵심 인재 양성"이라는 말로 표현한다.

한때 신문지상에서 삼성 그룹 이건희 회장의 '천재론'과 LG 그룹 구본부 회장의 'CEO 육성론'이 화제가 된 적이 있다. 이건희 회장은 "빌 게이츠 같은 한두 명의 천재가 수만 명을 먹여 살리는 시대가 되었다"고 하면서 나라가 살고자 하면 천재가 나와야 한다는 천재론을 펼쳤다. 이에 비해 구본부 회장은 한두 사람의 천재를 키우려고 애쓰기보다는 훌륭한 CEO를 육성하는 것이 더 중요하다고 말했다.

설문 조사를 해 보면 대체적으로 많은 사람들이 'CEO 육성론'에 더 관심을 갖는 것을 알 수 있다. 그 이유는 현실적으로 빌 게이츠 같은 천재는 만들어지는 것이 아니고 하늘이 내리는 것이라고 보기 때문이다. 어디서 천재가 나올지 예측할 수 없고, 계획해서 천재를 만들어 낼 수도 없다는 것이다. 그리고 천재론을 너무 지나치게 강조하면 엘리트주의로 흘러서 위화감을 조성할 위험도 있다는 것이 지적되었다. 그리고 우리나라는 천재들이 천재성을 꽃피우기가 쉽지 않은 나라라는 것도 천재론을 반박하는 이유였다.

그러나 엄밀히 말하면 천재론과 CEO 육성론을 대립적인 관점으로만 볼 필요는 없다. 이건희 회장이 말한 천재론은 나라 전체의 관점에서 나라를 살릴 인재가 나와야 한다는 말이고, 구본부 회장의 CEO 육성론은 한 기업의 관점에서 기업을 살리기 위해서는 훌륭한 인재들을 육성해야 한다는 말이기 때문이다.

사실 제대로 된 인재가 한 명 나오면 나라 전체에 엄청난 유익을 끼친다. 그래서 천재가 나와야 한다는 이건희 회장의 이야기도 무시할 수 없는 것이다. 그러나 여기서 중요한 것은, 구본부 회장의 CEO 육성론에 대해 우리가 생각할 것이 많다는 것이다. 이것은 참으로 중요한 부분을 지적한 것이다. 어떤 기업체나 회사나 조직이 성공하기 위해서는 끊임없이 리더 그룹을 발굴해 내야 한다. 그런데 이것은 시간과 노력이 많이 드는 일이다.

제임스 가필드(James A. Garfield)는 미국 대통령으로 당선되기 전에 오하이오 주에 있는 히람 대학교(Hiram College)의 학장으로 있었다. 그런데 학부형 한 사람이 학교에 찾아와서는 자기 아들이 학교를 빨리 졸업할 수 있도록 학과 과정을 간단하게 해 줄 수 없느냐고 물었다. 가필드는 이렇게 대답했다.

"그럼요. 그러나 아드님을 어떤 사람으로 만들기를 원하느냐에 따라 달라질 수 있습니다. 하나님은 참나무 한 그루를 만들기 위해 100년이 걸리도록 하셨습니다. 그리고 호박 하나를 만들기 위해서는 두 달이 걸리게 하셨습니다."

우리가 기억해야 할 사실은, 제대로 된 리더를 키우는 데는 많은 시간과 노력이 든다는 것이다. 그러므로 후계자를 발굴하고 준비시키는 일은 리더가 해야 할 가장 시급한 일 중 하나다.

3) 후계자를 키워라

일단 후계자를 발굴했으면 그를 키워야 한다. 한국 교회에서 부교역자를 키워 주는 담임목사는 그리 많지 않다. 그런 면에서 홍정길 목사는 존경할 만한 분이다. 그는 목회자 한 명을 제대로 키우는 것이 교회 하나가서는 것으로 생각한다. 그래서 그의 교인들에게 자신의 1차 목회 대상은 집사님도 아니고 장로님도 아니고 부교역자라고 공식적으로 이야기한다. 그러면서 자신의 밑에 있는 부교역자를 키우고자 애쓴다. 이처럼 리더는 후계자를 발굴한 뒤 그를 키워야 할 책임이 있다.

그런 면에서 일본의 소프트뱅크의 창립자인 손정의 사장이 좋은 모범이 된다. 그는 그룹의 후계자 양성 프로그램인 소프트뱅크 아카데미를 진행하고 있다. 300명의 수강생 중 200명은 2만 명의 직원 가운데서 뽑았고, 100명은 외부에서 선발했는데, 외부 지원자만 1만 명 이상 몰렸다. 그들은 매주 수요일 오후에 4-5시간에 걸쳐 손 사장에게 직접 교육을 받는다. 손 사장은 10년 이상의 장기 계획을 갖고 그들을 양성하고 있다.

인재를 키우려면 시간과 물질을 투자해야 한다. GE가 인재 양성을 위해 해마다 쓰는 돈이 약 10억 달러라고 한다. 이는 우리 돈으로 환산하면 1조 원이 넘는 엄청난 금액이다.[13] 오랜 시간 동안 GE가 존경받는 최고의 기업으로 자리 잡고 있는 데는 다 이유가 있는 것이다.

리더가 후계자를 키우기 위해서는 다음 4가지의 방법을 적절히 활용해야 한다.

① 모델링(Modeling)

첫 번째는 모델링이다. 지도자는 자신의 후계자에게 알게 모르게 많은 영향을 미친다. 자신도 모르는 사이에 자신을 따르는 사람에게 모델의 역할을 하게 된다. 성경에 나오는 모세와 여호수아를 보면 그들의 행동 패턴에서 유사한 점이 눈에 많이 띈다.

그중 몇 가지를 살펴보면 다음과 같다. 첫째, 모세가 홍해를 가른 것처럼 여호수아도 요단 강을 갈랐다. 둘째, 모세가 가나안에 정탐꾼을 보낸 것같이 여호수아도 가나안에 들어가기 전에 정탐꾼을 보냈다. 셋째, 모세가 그랬던 것처럼 여호수아도 에발 산과 그리심 산에서 저주와 축복을 선포했다. 이 외에도 여호수아가 모세와 비슷하게 행동한 부분은 수없이 많다. 여호수아는 모세를 따라다니는 동안 어느새 그를 닮은 것이다.

사실상 본을 보이는 것만큼 전염성이 강한 것은 없다. 사람은 지식으로 배우는 것보다 보는 것을 통해 가장 많이 배운다. 그러므로 리더는 자신의 후계자에게 하나의 모델이 되어야 한다. 리더는 말로 많이 가르치려고 하지 말고, 행동으로 보여 줘야 한다.

② **탠덤 트레이닝**(Tandem Training)

이것은 전임자가 후임자와 함께 일하면서 후임자가 업무를 하나하나 익히게 도와주는 것이다. 후임자에게 한꺼번에 큰 책임을 맡기는 것이 아니라, 어떻게 하는지를 서서히 가르쳐 주는 것이다. 이를 위해서는 전임자가 미리 충분한 시간을 두고 후임자를 내정하고, 가르쳐야 한다.

우리가 인식해야 할 사실은, 리더십 교체는 순간적인 사건이 아니고, 시간을 두고 진행하는 과정이라는 것이다. 클린턴 교수는 리더십 교체에 있어서 리더가 시간을 두고 후임 리더에게 리더십과 리더의 역할을 전수할 필요가 있음을 강조한다. 그렇게 해야 자연스러운 리더십 계승이 일어난다. 그런데 일반적으로 리더십 이양에 있어서 이 부분이 잘 되지 않는 경우가 많다. 이 같은 상황이 발생하는 것을 막으려면 리더는 자신의 임무를 서서히 후임자에게 넘겨야 한다. 후임자에게 과업이나 책임을 한꺼번에 다 맡기지 말고, 작은 임무부터 서서히 맡겨야 한다.

다음은 조지 바나가 소개하는 탠덤 트레이닝을 통한 점진적인 리더십 개발 방법이다.[14]

- 내가 하고, 네가 본다(I do, you watch).
- 내가 하고, 네가 돕는다(I do, you assist).
- 네가 하고, 내가 돕는다(You do, I assist).
- 네가 하고, 내가 지켜본다(You do, I watch).
- 네가 혼자 한다(You do it alone).

③ 멘토링(Mentoring)

리더십의 계승을 위해 빼놓을 수 없는 것이 바로 멘토링이다. 전임자가 후임자의 리더십을 개별적으로 발전시키는 데 멘토링만큼 효과적인 방법은 없다. 핵심 인재에 대한 멘토 제도로는 금융회사 프루덴셜(Prudential)의 프루멘토(Prumentor)가 유명하다. 이 기업은 "핵심 인재는 하루아침에 만들어지지 않는다"라는 모토로, 핵심 인재를 조기 선발해서 장기간에 걸쳐 리더로 양성하고 있다. 선발된 핵심 인재는 임원들과 일대일로 교육받는다. 임원은 아무리 바빠도 핵심 인재를 직접 만나 과제를 주고, 개별적으로 잘잘못을 가르쳐 준다. 핵심 인재를 관리하는 것이 임원들의 가장 중요한 업무다.[15]

우리가 알아야 할 사실은 사람은 금방 만들어지지 않는다는 것이다. 회사의 자재는 돈만 있으면 들여올 수 있고, 일류 기술도 돈만 있으면 배워 올 수 있다. 회사 건물도 몇 개월이면 새로 지을 수 있다. 그러나 사람은 하루아침에 만들어지지 않는다. 그러므로 사람이 가장 중요하다.

1947년, 당시 P & G 회장이던 리처드 듀프리(Richard Deupree)는 이런 말을 했다.

"누가 우리의 돈, 건물, 브랜드를 남겨 놓고 직원들을 데리고 떠난다면 우리는 망할 것이다. 그러나 모든 것을 가지고 가더라도 직원들을 남겨 둔다면 우리는 10년 안에 반드시 일어선다."

이것은 오늘날에도 진리다. 그 무엇보다 사람이 가장 중요하다.

그런데 우리나라의 경우, 아직까지 사람을 키우는 시스템이 잘 되어 있지 않다. 대한상공회의소가 2003년 2월에 발간한 "핵심 인재 관리의 4가지 성공 포인트" 보고서에 따르면 국내 제조업체의 71.9%가 핵심 인재의 부족을 호소했다고 한다. 이것은 우리가 사람을 키우는 일에 더 집중해야 함을 보여 준다.

④ 임무 위임(Delegation)

리더는 자신의 후임자를 세웠으면 그에게 최대한 위임해야 한다. 그것이 후임자의 리더십을 최대한 살릴 수 있는 최상의 방법이다. 만약 전임자가 후임자의 리더십을 신임하지 못하고 그에게 제대로 위임하지 못하면 리더십 승계는 실패할 수밖에 없다.

자동차 회사를 만든 포드가 이 같은 실패를 맛본 대표적인 경우다. 그는 권한을 제대로 위임하지 못하는 리더였다. 아래 관리자들의 위신을 깎아내리고 그들을 감시하려고 했다. 심지어 회사 내에 특별 부서를 만들어 사원들을 조사하고, 그들의 사생활까지 간섭했다.

또한 포드는 회사의 경영권을 아들에게 넘겨준 후에도 그의 아들 에드셀을 깎아내리고, 조직 내에서 다른 리더를 지지했다. 결국 아들은 스트레스로 인해 심한 위궤양을 앓다가 49세에 암으로 세상을 떠났다.

그 후 에드셀의 장남인 스물여섯 살의 헨리 포드 2세가 해군에서 제대하고 회사의 경영권을 물려받았다. 그는 처음에는 회사를 잘 운영하는 듯했다. 할아버지를 설득하여 경영 일선에서 물러나게 하고 뛰어난 지도력을 갖춘 사람들을 영입하여 회사를 살려 내는 성과를 거뒀다. 그런데 어느 정도 시간이 지나자 헨리 포드 2세도 할아버지가 한 일을 그대로 답습하기 시작했다. 그는 자신과 함께 성공을 거둔 이들이 회사에서 차지하는 영향력과 위치를 두려워하기 시작했다. 그래서 수석 이사들을 이간시키기 시작했고, 그들을 공개적으로 망신시키는 방법으로 그들의 권한을 축소시키거나 말살했다. 이 과정에서 희생된 사람 가운데 한 명이 나중에 크라이슬러의 CEO가 된 리 아이어코카다. 헨리 포드 2세는 그가 언젠가 자신의 후임이 될 수도 있다고 생각하여 비열하고 치사한 방법으로 그에게 망신을 주어 내쫓고자 했다. 이에 대해 아이어코카가 나중에 회상하기를, 헨리 포드 2세가 언젠가 자신의 지도 철학을 다음과 같이 밝힌 적이 있다고 한다.

"어떤 사람이 당신을 위해 일한다면, 그를 너무 편안하게 내버려 두지 마라. 그가 당신과 친해지려 하거나 자기 마음대로 행동하려는 것을 용납하지 마라. 언제나 그가 기대하는 것과 반대되는 일을 하라. 부하 직원들을 불안하고 균형을 잃게 하라."[16]

이와 반대로 IBM의 창업자이자 탁월한 경영자였던 토머스 왓슨 1세는 자신의 아들인 왓슨 2세에게 경영권을 넘겨주고, 그에게 전적으로 권한을 위임함으로써 좋은 결과를 얻었다. 왓슨 1세가 2세에게 경영권을 물려주던 당시에 IBM은 독점 금지에 대해 정부로부터 심한 압박을 받아 오다가 마침내 고발을 당하는 사태에 이르렀다. 왓슨 1세는 합의서에 서명하는 것을 결사반대했다. 하지만 재판에 회부될 상황이 되자 왓슨 2세는 어떻게 하든지 재판만은 피하기 위해 아버지 몰래 검사와 판사를 만나서 협의했다. 이로 인해 처음에는 아버지가 노발대발했지만, 결국 아들의 손을 들어 주었다. 그가 한 일을 인정하고 지지해 준 것이다.

아버지가 자신을 믿고 지지한다는 사실을 확신한 아들은 그때부터 자신 있게 경영의 혁신을 추구할 수 있었다. 우리가 잘 아는 프로그램을 내장한 현재의 IBM의 컴퓨터 시스템은 토머스 왓슨 2세의 작품이다. 그 전까지는 천공 카드에 의한 데이터 처리 시스템이었다. IBM의 주력 제품인 천공 카드가 잘 팔리고 있을 때 왓슨 2세는 기존의 제품과 호환성이 전혀 없는 신제품을 개발하는 모험을 감행했다. 그런데 이것이 대성공을 거둔 것이다. 만일 그가 이런 변화를 시도하지 않았다면 오늘날과 같은 IBM의 명성은 얻지 못했을 것이다.[17] 이것은 모두 후임자를 전적으로 신임하고 리더십을 위임한 토머스 왓슨 1세의 리더십에서 비롯된 것이다. 포드가와 비교할 때 얼마나 차이가 나는가.

4) 리더십 교체를 안정시키라

성공적인 리더십 교체가 이뤄졌다고 해도 그것으로 만족하면 안 된다. 안정적인 리더십 교체가 이뤄지기 위해 전임자가 마지막으로 명심해야 할 2가지가 있다.

① 리더십 교체를 공식화하라

먼저 전임자는 후임자에게 분명한 힘을 실어 주기 위해 후임자의 리더십 계승을 공식화할 필요가 있다. 이것이 제대로 되지 않고 전임자가 어물거리다가 물러나 버리면 후임자는 대단히 어려운 상황에 처하게 된다. 아무리 내부적으로 후임자에 대한 리더십 승계가 명약화되어 있다고 해도 전임자가 물러나기 전에 이것을 분명하게 공식화하지 않으면, 성공적인 리더십 이양이 되기 힘들다.

미국 유학 때 살던 LA 지역에 큰 한인 교회가 있었다. 교인 수가 수천 명이고 자체 교회 건물도 갖추고 있는, 몇 안 되는 훌륭한 한인 교회 중 하나였다. 그 교회의 담임목사는 말씀을 대단히 은혜롭게 전하는 분으로, 나름대로 큰 존경을 받았다. 그런데 이분이 갑자기 은퇴를 선언했다. 그런데 문제는 후계자를 제대로 지목하지 않고 떠난 것이다.

당시에 담임목사를 도와서 수석 부목사로 있던 훌륭한 목사가 있었다. 나름대로 인상과 성품이 좋았고, 설교도 담임목사에 비하면 카리스마적인 면이 많이 부족했지만 차분하고 은혜롭게 말씀을 전하는 분이었다. 더군다나 1.5세로 영어와 한국어가 능통하여 교회를 한국 커뮤니티의 차원을 넘어서서 발전시킬 수 있는 충분한 역량을 가진 분이었다.

그런데 문제는 전임자인 담임목사가 이분을 분명하게 후임으로 세워 놓지 않고 떠난 것이다. 그저 설교 시간에 부목사의 칭찬만 잔뜩 늘어놓으면서 훌륭한 분이니까 잘 생각해 보라는 식으로 추천만 하고 떠났다. 그 후에 어떤 일이 일어났겠는가? 아무래도 큰 교회니까 장로가 많았는데, 이분을 담임으로 모시자는 의견과 다른 분을 찾자는 의견이 팽팽하게 갈렸다. 그렇게 몇 개월을 끄는 가운데 이 후임목사는 마음의 상처를 크게 입었고, 결국 다른 교회에서 청빙이 들어오자 그곳으로 떠나 버렸다.

이분이 떠나고 난 뒤 교회는 한층 더 분열되고 시끄러워져서 상당수의 장로들이 교인들을 이끌고 교회를 새로 개척하기 위해 나가 버렸다. 그 후에 새로운 목사가 왔지만 교회는 여전히 시끄러웠고, 그러는 가운데 많은 사람들이 교회를 떠났다. 그로인해 그 교회는 꽤 오랫동안 상당한 어려움을 겪게 되었다. 이 모든 것이 전임자가 후임자를 분명하게 세워 놓지 않고 떠나 버렸기 때문에 일어난 일이다.

성경을 보면, 여호수아가 모세의 후계자로 세워질 때 하나님이 모세에게 그를 세우는 의식을 분명히 하라고 명령하신다.

"여호와께서 모세에게 이르시되 눈의 아들 여호수아는 그 안에 영이 머무는 자니 너는 데려다가 그에게 안수하고 그를 제사장 엘르아살과 온 회중 앞에 세우고 그들의 목전에서 그에게 위탁하여 네 존귀를 그에게 돌려 이스라엘 자손의 온 회중을 그에게 복종하게 하라"(민 27:18-20).

사실 모세와 여호수아의 차이는 엄청나다. 모세는 이집트에서 노예로 있던 이스라엘 백성을 해방시킨 사람이다. 그는 애굽에서 학문과 교양을 교육받았고 하나님에 의해 직접 선택받았다. 그리고 온갖 기적을 행하여 애굽의 바로를 굴복시키고, 지팡이 하나로 홍해를 가르기도 했다. 그뿐 아니라 산속에서 하나님을 직접 만나 십계명을 받았다. 그런데 여호수아에게는 모세와 같은 카리스마가 없었다. 그는 그저 12지파 중 한 족장에 불과했다. 그런 그가 이제 모세의 리더십을 계승해야 하는 위치에 놓이게 되었다. 그러나 그는 성공적으로 리더십을 계승했고, 모세가 하지 못한 가나안 정복까지 마무리했다.

여호수아가 그렇게 성공적인 리더십을 발휘할 수 있었던 비결은 무엇일까? 물론 하나님이 그와 함께하셨고, 그가 지금까지 모세의 수행 비서로서 옆에서 배운 것이 있었기 때문이기도 하다. 그러나 가장 결정적인 것은, 모세가 리더십에서 물러나기 전에 여호수아의 리더십의 위치를 분명하게 했기 때문이다. 자신의 뒤를 이어 후임이 될 사람이 여호수아임을 분명하게 공식화한 것이다.

② 완전히 물러나라

리더십 계승에서 전임자가 최종적으로 해야 할 가장 중요한 일 중 하나는, 완전히 물러나는 것이다. 즉, 후임자에게 미칠 자신의 영향력을 최소화하는 것이다. 한국 교회를 보면 담임목사와 원로목사의 갈등으로 교회마다 어려움을 겪는 경우가 많이 있다. 이것은 마치 주자가 바통을 넘기고서는 다음 주자와 바통을 같이 쥐고 뛰는 것처럼 모순된 행동이다. 이렇게 해서는 아무것도 안 된다. 전임자는 후임자가 마음껏 리더십을 발휘할 수 있도록 완전히 물러나야 한다.

GE의 잭 웰치는 은퇴하기 전에 이런 말을 했다.

"내가 집으로 물러나는 날 나는 회사에서 완전히 사라질 것이고, 내 뒤를 잇는 사람이 내 자리를 차지할 것이다."[18]

성경을 보면, 하나님은 여호수아가 리더십을 마음껏 발휘할 수 있도록 모세의 영향력을 완전히 제거하셨다. 모세가 가나안에 못 들어가고 죽게 하셨을 뿐 아니라 심지어 그의 시체도 감춰 버리셨다. 모세의 시신조차 영향력을 끼칠까 봐 없애 버리신 것이다. 그뿐 아니다. 모세를 따르던 사람들도 여호수아의 리더십에 부정적인 영향을 미칠 것 같으니 아예 그 세대를 광야에서 다 죽게 하셨다. 최종적으로 가나안에는 여호수아가 신세대와 들어가게 하셨다.

리더십 계승에서 전임자의 영향력을 제거하는 것이 이토록 중요한 것이다. 그러므로 전임자는 리더십 계승이 성공적으로 이뤄지려면 자신의 영향력을 완전히 제거해야 한다는 사실을 꼭 기억할 필요가 있다. 이렇게 될 때 성공적인 리더십 교체가 완성된다.

박수 칠 때 떠나라

지도자가 할 수 있는 가장 이기적인 행동은, 자신이 떠나면 조직이 무너지도록 만들어 놓는 것이다. 미국 팬 암(Pan American World Airways) 항공사의 후안 트리페(Juan Terry Trippe)는 평상시에 "내 인생이 성공이라는 확실한 증거는, 팬 암은 내가 사라지면 파산한다는 것이다"라고 했는데, 정말 그 말대로 되었다.

진정한 리더는 떠날 때의 모습이 아름다운 리더다. 리더로서 자신의 사명을 다할 뿐 아니라 자신의 뒤를 이을 후계자를 준비해 놓고, 자신은 조용히 물러나서 남은 인생을 하나님 앞에서 정리하는 모습. 이것이 바로 가장 아름다운 리더의 모습이다.

물러나야 할 시기에 물러나지 않으면 사람이 추해진다. 물러나는 시기를 놓침으로써 지금까지 쌓은 명성을 한꺼번에 무너뜨리는 리더가 의외로 많다. 그래서 맬컴 머거리지(Malcolm Muggeridge)는 "적절한 시기에 품위 있게 물러날 수 있는 사람은 거의 없다"는 말까지 했다. 조금 아쉽다 싶을 때 물러나는 것이 좋다. 우리나라 영화 중 〈박수 칠 때 떠나라〉는 영화도 있지 않은가? 할 수 있으면 자신의 인기가 정점일 때 은퇴를 결심하고, 은밀하게 후계자를 물색하고 준비해야 한다. 이것이 지혜로운 리더의 자세다.

기억하라. 성공적인 리더십 계승은 리더가 추구해야 할 최종 과업이다. 이것을 늘 염두에 두고 리더의 역할을 수행한다면, 떠나는 모습까지 아름다운 멋진 리더가 될 수 있을 것이다.

체조 선수는 착지가 좋아야 하듯이 사람은 인생의 마무리를 잘 해야 한다.
_무명

멋진 은퇴

마이크로소프트(MS)의 빌 게이츠 회장은 2008년 6월 27일, 약속대로 자신의 대학 친구인 스티브 발머(Steve Ballmer)에게 CEO 자리를 넘겨주고 명예롭게 은퇴했다. 1975년에 회사를 차려 세계 최대의 소프트웨어 회사를 만들어 세계 최고 갑부로 등극한 그의 은퇴는 회사 창립 후 33년 만에 이뤄진 셈이다. 지금 48개국에서 7만여 명이 이 회사에서 일하고 있으며, 그의 재산은 약 560억 달러로 추산된다. 은퇴를 결심하면서 빌 게이츠는 가족을 위한 1,000만 달러를 제외한 모든 재산을 사회에 환원하기로 결정한 바 있다.

이로 인해 이제 그는 일의 무게 중심을 MS에서 빌 & 멜린다 게이츠 재단으로 완전히 옮기게 되었다. 빌 게이츠와 그의 부인의 이름을 따서 1994년에 설립한 이 재단은 세계 최고의 갑부가 세운 재단답게 활동 영역에서도 으뜸으로 꼽힌다. 미국 워싱턴 주 시애틀에 본부가 있는데, 역사상 규모가 가장 큰 10억 달러짜리 장학 펀드를 설립하는 등 교육 분야에 26억 달러를 투입했고, 아프리카인들의 질병 퇴치를 위한 기금 조성에도 앞장서고 있다.

이들의 활동에 대해 세계 보건 기구(WHO)는 다음과 같이 말한다.
"사실 수십년 간 지구촌 빈민 건강에 대해 말만 많았지 실제적인 내용은 거의 없었습니다. 게이츠 재단 이후 지구촌 건강은 달라졌습니다."
빌 게이츠 부부는 자신들의 자선사업 단체를 적당히 운영하지 않는다. 그 부부는 일 년에 적어도 한 번은 자신들이 말하는 '학습 여행'(learning tour)을 떠난다. 개발도상 국가를 체험하기 위한 여행이다. 뉴델리, 방글라데시의 빈민가를 찾아다니며 가난한 자들의 현실을 몸으로 체험한다.

2000년 9월, 빌 게이츠가 은퇴 선언을 발표하자마자 10일이 안 되어 그의 친구 워런 버핏(Warren Buffett)이 또 다른 충격을 전 세계에 선사했다. '투자의 달인'이라고 불리는 세계 2위의 부자인 그가 자신의 재산 중 85%에 해당하는 310억 달러(한화로 약 37조 원)를 게이츠 재단에 기부하기로 결정한 것이다. 사실 버핏 회장은 자신의 자녀가 운영하는 자선 단체가 세 곳이나 된다. 그러나 그는 그의 재산의 대부분을 게이츠 재단에 기부하기로 했다. 이로 인해 게이츠 재단의 자산은 2배로 뛰어오르게 되었다.

경제전문지 《포춘》과의 인터뷰에서 버핏은 이렇게 말했다.

"내 재산을 게이츠 재단에 기부하기로 한 것은, 그동안 게이츠 부부가 해 온 자선 활동에 크게 감명받았기 때문이다. 내 가족들이 운영하는 재단을 확대하는 것보다 규모가 큰 게이츠 재단에 기부하는 것이 더 현명하다고 생각했다."

버핏은 어디에 투자해야 할지를 아는 투자의 달인답게 자신의 돈이 가장 안전하고 보람 있게 쓰일 만한 곳에 전 재산을 투자한 것이다.

노년에 멋있는 은퇴를 결심한 버핏의 인기가 어느 정도인지를 보여 주는 한 예가 있다. E-Bay라는 경매 사이트에서 매년 버핏 회장과 점심 식사를 할 수 있는 이른바 '자선 오찬 경매'가 있는데, 2012년도에는 최고 낙찰가가 346만 달러였다고 한다. 버핏 회장과 점심 한 끼를 하면서 담소를 나눌 수 있는 기회를 갖기 위해 누군가가 40억 원이 넘는 거액을 투자한 것이다(물론 버핏은 그 돈을 자선단체에 기부했다).

멋진 은퇴를 하는 사람은 은퇴를 하고 나서도 결코 그 가치가 떨어지지 않는다. 오히려 더 많은 사람이 그와 가까이하려고 하고, 그의 조언을 듣고 싶어 한다. 우리 모두는 이같이 멋있는 은퇴를 할 수 있는 리더가 되어야 할 것이다.

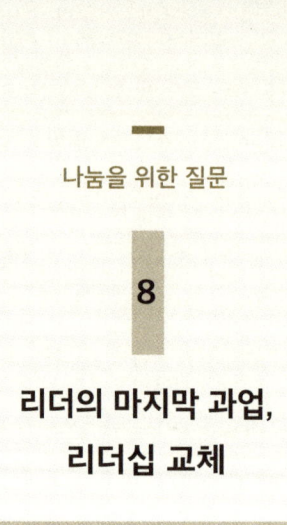

리더의 마지막 과업, 리더십 교체

나눔을 위한 질문

8

1. 많은 리더들이 리더십 교체에 실패하는 원인이 무엇이라고 생각하는가?

2. 나는 시간을 알려 주는 스타일인가, 아니면 시계를 만드는 스타일인가? 성공적인 리더십 교체를 위해 시계를 만드는 스타일이 되어야 하는 이유는 무엇인가?

3. 후계자가 내부에서 나오는 것과 외부에서 후계자를 영입하는 것 가운데 어떤 것이 더 좋다고 생각하는가? 내부에서 나올 때 좋은 점은 무엇이고, 외부에서 영입할 때 좋은 점은 무엇인가?

4. 리더십 교체의 방법으로 세습하는 것에 대해 어떻게 생각하는가? 특별히 이것이 교회의 경우라면 어떻게 받아들이는 것이 옳다고 생각하는가?

5. 삼성 그룹 이건희 회장의 '천재론'과 LG 그룹 구본무 회장의 'CEO 육성론' 가운데 어떤 것이 더 옳다고 생각하는가? 각각의 장단점을 비교해 보라.

6. 탠덤 트레이닝의 장점에 대해 살펴보고, 이것이 왜 현실적으로 쉽지 않은지 생각해 보라.

7. 리더십 교체를 공식화하고 전임자가 완전히 물러나는 것이 왜 그토록 중요한지 생각해 보라.

리더는 외적 환경에 민감해야 한다

"컬럼비아 대학교의 총장인 니콜라스 머레이 박사는 세상을 세 부류의 사람으로 나눈다. 어떤 일을 일어나게 하는 사람들, 어떤 일이 일어나는 것을 지켜보는 사람들 그리고 무슨 일이 일어나고 있는지도 모르는 사람들." - 빌 브라이트(Bill Bright)

리더십 이론의 변천사

과거로부터 많은 사람들이 리더십이란 무엇인가, 리더십은 어떻게 획득하는 것인가, 어떤 방식으로 리더십이 발휘되는가에 대해 꾸준히 연구해 왔다. 이 같은 리더십에 관한 이론에도 변천사가 있다.

1) 인물 리더십 이론(Great Man Leadership Theory)

리더십 연구의 초기에는 위대한 리더의 생애 자체에 초점을 맞춘 연구를 했다. 위인이나 영웅들의 생애를 연구하면서 무엇이 그들을 리더로 만들었는가를 연구했다. 이 같은 연구 방법으로 인해 "리더는 타고나는가, 아니면 만들어지는가?"(Are leaders born or made?)라는 유명한 질문이 나오게 되었다.

토머스 칼라일(Thomas Carlyle)은 "리더는 타고나는 것으로 그들은 자신들이 주목받게 되는 상황과 진보를 만들어 낸다"라고 말했다. 반면, "리더는 리더가 출현할 수밖에 없는 상황에 의해 불가피하게 생겨나는 것이다"[1]라고 주장하는 사람도 있다. 이 같은 리더십 연구의 특징은 위인전을 중심으로 리더가 생겨나게 된 과정을 연구하는 것이다.

그런데 이와 같은 인물 중심적 리더십 이론은 리더의 위대함을 지나치게 부각시켜서 일반인들은 리더가 되기 위한 시도조차 하지 않게 만들 위험성이 있다. 물론 리더는 타고나야 하는 부분이 있지만, 또한 훈련과 경험에 의해 육성되는 것도 사실이다. 그래서 리더가 가져야 할 자질에 대한 연구의 필요성이 대두되었다.

2) 특성적 리더십 이론(Trait Leadership Theory)

이 단계는 이제 리더십 연구에 심리학적이고 사회과학적인 연구가 접

목되기 시작하는 단계다. 사회과학자들은 데이터를 분석하여 리더의 특징을 구성하는 요소가 무엇인가를 면밀히 연구하기 시작했다. 이를 위해 키나 체구 같은 신체적 특성, 창의력이나 IQ, 지식 같은 능력적 특성뿐 아니라 자신감, 정직성, 지배 성향 같은 심리적, 성격적 특성과 지구력, 적응력 같은 행동적 특성에 이르기까지 다양한 연구가 행해졌다.[2]

이 단계의 특징은 리더 자체를 연구하는 것에서 리더의 특징을 연구하는 것으로 초점이 옮겨진 것이다. 이 같은 연구는 리더에게 공통적으로 있는 특징들을 밝혀내서 일반인들도 훈련을 통해 그것들을 개발하고 발전시키도록 하는 것을 목적으로 한다. 그러나 이 리더십 이론의 한계는 리더가 갖춰야 할 자질들을 명확히 규정하기가 어렵다는 점이다.

가령 대통령의 자질을 생각해 보자. 대통령이 되기 위해서는 어떤 자질이 있어야 하는가? 무엇이라고 꼬집어 말하기가 어렵다. 미국의 역대 대통령들 가운데 비교적 높은 점수를 받고 있는 로널드 레이건(Ronald Wilson Reagan) 전 대통령은 과거에 영화배우였다. 그런데 재미있는 사실은, 그가 과거 배우 시절에 〈The Best Man〉이라는 영화의 주연을 캐스팅하는 과정에서 대통령 역할을 맡을 뻔했으나 그가 대통령의 자질이 없다는 이유로 그 역할에서 제외되었다는 것이다.[3]

이것을 보더라도 리더의 특성 연구는 리더십 연구에서 어느 정도의 한계를 가지고 있다는 것을 알 수 있다. 그러나 리더가 되려면 어떤 자질이 필요한가를 개략적으로 보여 줄 수 있다는 점에서는 긍정적으로 평가될 수가 있다.

3) 행위적 리더십 이론(Behavior Leadership Theory)

이 단계에서는 리더의 개인적인 특성보다는 리더가 한 그룹이나 조직체의 리더로서 역할을 수행할 때 개인적으로 그가 하는 행위를 연구하는 것에 초점을 맞춘다. 이 행위 연구 단계에서는 "지도자는 누구인가?"에서 "지도자는 무엇을 하는가?"로 질문의 방향이 바뀌었다. 리더십은 지도자의 특성이라기보다는 지도자가 취하는 행동의 결과라고 보는 것이다. 이 이론의 장점은, 특성은 타고나는 면이 강하지만 행동은 후천적인 훈련을 통해 습득 가능하므로, 누구나 특정한 행동을 연습하고 훈련하면 어느 정도까지는 리더십을 발휘할 수 있다는 사실을 보여 준 것이다.[4]

이 행위론은 1930년대에 아이오와 대학교를 중심으로 시작하여 1950년대 이후에는 오하이오 대학교, 미시간 대학교 등을 중심으로 본격적인 연구가 진행되었다. 아이오와 대학교의 연구 결과에 따르면 리더의 행위가 독재적이냐, 민주적이냐, 아니면 자유방임적이냐에 따라 리더십의 결과가 달라진다.

그런데 리더의 행위에 대한 연구는 팔로워들이나 리더십을 발휘하는 현장에 따라 리더십의 성과가 전혀 다르거나 엉뚱한 결과로 나타나는 원인에 대해 설명하지 못한다. 가령 미국의 지미 카터(Jimmy Carter) 대통령을 보면, 그는 현직에 있을 때는 무능하고 유약한 대통령의 이미지를 지녔었다. 그러나 권좌에서 물러난 후 국제 평화를 중재하며 해비타트 운동을 벌여 노벨 평화상까지 타게 되었다. 그의 리더십이 다른 환경과 상황에 처하니까 오히려 강력한 힘을 발휘한 것이다. 이런 부분들은 리더의 행위에 관한 연구로는 설명이 부족하다. 그래서 상황적 리더십 이론이 나온 것이다.

4) 상황적 리더십 이론(Situational Leadership Theory)

그전까지는 리더의 개인적인 특징이나 행위에 초점을 맞췄다면, 이 단계에서의 리더십 연구에서는 리더가 처한 상황과 환경, 그가 속한 조직이 리더십을 발휘하는 데 중요한 변수로 작용할 수 있음을 보여 준다.

이 상황론의 대표적 주자는 1950년대부터 활동한 피들러(Fiedler)다. 그는 조직의 효과를 높이기 위한 중요한 변수로 리더십 스타일, 조직 내 상황, 집단의 효율성 등을 들었다. 이 이론은 리더가 상황에 맞게 자신의 리더십 스타일을 변화시키는 것이 어렵기 때문에 구체적인 상황에 적합한 리더십 스타일을 가진 리더를 배치시킬 때 가장 바람직한 리더십을 행사할 수 있다고 보는 것이다.

이 같은 상황 리더십은 폴 허시(Paul Hersey)와 켄 블랜차드에 의해 더욱 구체적으로 발전되었다. 그들은 이 세상에서 제일 좋은 리더십 스타일이란 존재하지 않으며, 리더가 팔로워들의 수준에 맞춰 적절한 스타일의 리더십을 발휘해야 한다고 주장했다. 이 상황적 리더십은 일과 인간관계와 팔로워의 수준 등에 의해 다양하게 적용될 수 있다.

상황에 맞는 리더십

리더십 이론의 발전 과정을 살펴보면서 결국 리더에게 있어야 할 것 중 하나는 융통성이라는 사실을 알 수 있다. 자신이 처한 상황에 따라 리더십 스타일을 다르게 적용할 수 있는 융통성을 가져야 하는 것이다.

올리버 L. 니우제는 다음과 같이 말했다.

"유능한 리더란 유연한 리더다. 그는 아랫사람들의 필요에 따라, 그리고 상황에 따라 리더십 스타일을 바꿀 줄 아는 사람이다."[5]

바울은 리더로서 대단한 융통성을 지니고 있었다. 그는 유대인들에게는 유대인의 입장으로 다가가고, 율법이 없는 자에게는 또 그에 맞게 율법을 강조하지 않고 다가갔다. 이것은 그가 카멜레온처럼 입장을 그때그때

바꿨다는 뜻이 아니라, 상황에 맞게 유연성을 발휘하여 사람들에게 다가갔다는 뜻이다. 이것이 그가 사람을 얻을 수 있었던 비결이다.

일반적인 상황에서는 민주적 리더십 유형이 최상의 효과를 거둘 수 있다. 그러나 상황에 따라 독재적 리더십이 더 성공을 거둘 수도 있고, 자유방임적 리더십이 더 적절할 수도 있다. 중요한 것은, 리더가 상황에 맞게 적절한 리더십의 유형을 잘 선택하여 활용하는 것이다. 사실상 이것이 리더십의 기술이라고 볼 수 있다.

독재적 리더십에서 자주 사용하는 의사소통 체계는 지시(direction)다. 특별히 이 같은 지시는 전시 상황과 같은 위기 상황이나 다른 이야기를 논의할 수 있는 시간이 없을 때, 혹은 강력한 리더십이 필요할 때 적합한 의사소통 방법이다. 이 같은 지시가 제대로 이뤄지려면 리더가 추종자보다 월등히 힘이 강한 상황이어야 한다. 지시를 통하지 않고 리더의 의사를 전달하는 방법으로는 설득과 협상이 있다.[6] 리더는 가급적 지시보다는 대화와 설득의 방법을 사용하는 것이 좋다.

훌륭한 팔로워를 만드는 법

허시와 블랜차드가 주장한 상황적 리더십 이론에 따르면, 성공적인 리더십 수행을 위해서는 팔로워의 성숙도가 절대적임을 알 수 있다. 리더가 성숙하고 능동적인 팔로워들을 만날수록 더욱 효과적으로 리더십을 발휘할 수 있기 때문이다.

실제로 최근《포춘》에서 비즈니스 리더들의 실패를 분석한 결과, 가장 큰 실패의 원인은 리더의 비전의 부족이 아니라 실행하는 사람들의 헌신의 부족이었다.[7] 그래서 로버트 켈리(Robert E. Kelly)는 "리더가 조직의 성공에 기여하는 정도는 고작해야 20%다. 그 나머지 80%는 팔로워들의 기여다"[8]라고 했다. 브루스 미로프(Bruce Miroff)는 "리더십을 보충할 수 있는 단 하나의 특징이 있다면, 그것은 상호작용이다. 추종자 없는 리더는 없다"[9]는 말을 했다.

과거에는 팔로워가 수동적이고 의존적인 개념이었지만, 이제 팔로워는 서로 보완적인 파트너 개념이라는 것을 명심할 필요가 있다. 리더와 팔로워의 관계는 동전의 앞면과 뒷면, 댄스의 파트너, 작곡가와 연주자의 관계와 같다. 훌륭한 팔로워를 만들기 위해 리더는 다음 6개의 사항을 명심해야 한다.[10]

① 팔로워가 리더를 생각하는 것 이상으로 리더는 팔로워를 이해해야 한다.
② 팔로워와 정보를 공유해야 한다.
③ 팔로워가 적절한 교육을 받을 수 있도록 지원해야 한다.
④ 팔로워가 자발적으로 목적을 이루도록 신뢰를 구축해야 한다.
⑤ 팔로워에게 필요한 자원을 제공해야 한다.
⑥ 팔로워를 확신을 갖고 설득해야 한다.

훌륭한 리더가 되기 전에 먼저 훌륭한 팔로워가 되어야 함을 명심하라. 미국의 웨스트포인트 사관학교는 훌륭한 고급 장교를 길러 내는 것이 주 목적이지만, 처음 입학한 신참들에게는 먼저 팔로워가 되는 훈련을 철저히 시킨다. 권위에 복종하고 규율을 지키는 팔로워의 자세를 제대로 훈련받지 않고서는 절대로 훌륭한 리더가 될 수 없다고 보기 때문이다.

흥미로운 사실은 최근 한 조사에 따르면, 《포춘》에서 선정한 500대 기업의 총수 중 86%가 참모 역할을 하던 2인자들이었다는 것이다.[11] 이것은 충실한 팔로워의 역할이 리더의 역할을 얼마나 효과적으로 준비시키는가를 보여 준다. 그래서 일찍이 아리스토텔레스는 다음과 같은 말을 했다.

"순종을 배우지 못한 사람은 좋은 명령자가 될 수 없다."

로버트 E. 켈리도 이런 말을 했다.

"추종은 사람이 아니라 역할이다. 리더와 추종자를 구분하는 것은 인격이나 지식이 아니라 그들이 맡고 있는 역할이다. 좋은 추종자와 실력 있는 리더는 동일한 사람들이 그 시대의 여러 부분에서 서로 다른 역할을 하고 있는 경우일 때가 많다."

에드먼드 힐러리(Edmund P. Hillary)와 텐징 노르가이(Tenzing Norgay)의 이야기는 이러한 사실을 우리에게 감동적으로 보여 준다. 네팔과 중국 티베트 자치구 사이의 국경에 솟아 있는 에베레스트는 세계에서 가장 높은 산이다. 그런데 1953년 5월 29일, 세계 최초로 이 에베레스트의 정상을 밟은 사람이 있었으니, 그는 뉴질랜드의 등반가 에드먼드 힐러리다.

힐러리가 에베레스트를 등정할 때의 일이다. 대부분의 등반가들은 에베레스트 같은 고산(高山)을 오를 때 혼자 가지 않고 짐을 나르며 도움을 주는 도우미와 함께 오른다. 이들은 주로 네팔 고산 밑에 사는 원주민들인 '셰르파' 족인데, 당시 힐러리도 텐징 노르가이라고 하는 노련한 셰르파와 동행했다. 험난한 등반길이었지만 두 사람은 천신만고 끝에 정상에 다다르게 되었다. 마침내 정상을 눈앞에 둔 순간, 등반 내내 앞서 가던 셰르파 노르가이가 정상 몇 미터를 남겨 두고 걸음을 멈췄다. 그리고 힐러리가 오기를 기다렸다. 노르가이는 세계 최초로 에베레스트 정상을 밟아 영웅이 될 수도 있었다. 그러나 그는 정상 턱밑에서 30분을 기다렸다가 힐러리가 먼저 올라가도록 배려했다. 여기에 대한 보답으로 힐러리는 정상을 정복한 사진의 모델로 자신이 아닌 노르가이를 세웠다.

이후 힐러리는 탐험가로서의 부와 영예를 얻은 후 네팔의 셰르파를 돕는 데 일생을 바쳤다. 그는 120번 넘게 네팔을 방문했고 히말라야 오지에 병원, 교량, 활주로와 30여 개의 학교를 세웠다. 겸손하게 자신의 위치를 지킨 셰르파 노르가이에 대한 고마움을 그렇게 표현한 것이다. 이 얼마나 아름다운 모습인가? 이것을 보면 리더가 더 위대한지, 팔로워가 더 위대한지 함부로 말할 수 없다.

시대의 변화는 독단적 리더십을 거부한다

상황적 리더십이 보여 주는 바와 같이 성공적인 리더십을 위해 리더는 시대와 환경의 변화를 무시하면 안 된다. 특히 오늘날과 같은 시대에 과거의 구태의연한 방식으로 일방통행적인 리더십을 발휘하는 리더는 실패하기 십상이다.

에노모토 히데타케는 그의 책 《마법의 코칭》에서 오늘날 많은 사람들이 문제에 대한 해답이 없어졌다고 아우성이지만, 해답은 사실 없어진 것이 아니라 그것이 위치하는 장소가 바뀐 것이라고 주장한다. 즉, 해답이 상류에서 하류로 이동한 것이다. 경제구조를 예로 들어 보면, 과거에는 물건을 만드는 생산자가 주도권을 쥐고 있었다. 그러나 오늘날은 소비자가 주도권을 쥐고 있다. 소비자의 요구에 부합하는 제품을 만들어야 제품이 팔리기 때문이다.[12]

이 같은 현상은 사회 전반에 걸쳐서 일어나고 있다. 과거에는 리더가 대부분의 문제에 대한 답을 가지고 있었다. 그러나 이제는 리더가 스스로 답을 내놓을 수 없는 시대가 되었다. 회사 내에서도 경영자나 상사가 경영의 중심이 되는 것이 아니라, 사원 위주의 경영과 부하 위주의 매니지먼트가 요구된다.

그러므로 성공적인 리더가 되기 위해서는 사회의 모든 분야에서 해답의 권력 이동이 일어났다는 사실을 제대로 인식하고, 이 같은 환경의 변화에 재빨리 대처할 수 있는 기민함이 필요하다. 과거의 성공과 과거의 방식에 그대로 매여 있다가는 아무것도 이룰 수 없기 때문이다. 지혜로운 리더라면 이러한 것을 생각하면서 시대의 흐름을 빨리 읽을 수 있어야 한다.

모든 시대적, 환경적 변화는 피할 수 없이 찾아오는 것인데, 문제는 대부분의 사람들이 이 같은 변화에 대처하지 않는다는 사실이다. 이에 대해 미래학자 앨빈 토플러(Alvin Toffler)는 다음과 같은 말을 했다.

"변화란 일순간에 우리를 덮쳐 오는 산사태 같은 것인데, 대부분의 사람들은 어처구니없게도 그에 대처할 준비를 하지 않는다."

이 같은 시대적 변화를 빨리 이해하고 환경에 맞도록 적절하게 리더십을 발휘하는 사람이 바로 깨어 있는 리더다.

몇 년 전에 《굿바이 잭 웰치》라는 책이 나왔다. 2006년 7월 17일, 《포춘》에서 "잭 웰치의 경영지침서를 찢어 버려라"는 특집 기사를 쓴 것에 고무되어 나온 책이다.[13] 지금까지 많은 사람들이 잭 웰치의 경영 방침을 교과서처럼 사용했지만, 그의 리더십은 아날로그 시대에 맞는 것이고, 디지털 시대에는 새로운 리더십이 필요하다는 것이 중심 내용이다. 가령 잭 웰치는 "주주가 최고"라는 주주 가치의 경영 원칙이 있었지만, 이제는 "고객이 왕"이라는 고객 중심의 마인드로 바뀌어야 한다는 것이다. 또 잭 웰치는 대규모 합병을 통한 몸집 불리기로 사업을 성공적으로 이끌었지만, 이제는 창조적인 마인드로 새로운 시장을 계속 창조해야 한다는 것이다.

이같이 포스트 잭 웰치에 대한 이야기가 나오는 것은 무엇을 말해 주가? 시대가 계속 변화한다는 것이다. 이 변화를 읽을 수 있어야 한다.

나는 개인적으로 강호동 선수를 보면서 변화의 중요성을 깊이 절감했다. 그는 많은 사람들이 알고 있듯이 천하장사 출신이다. 그런 그가 MC로 변신하여 폭발적인 인기를 누렸다. 그가 지금까지 천하장사로서의 신분만 고집했다면 지금쯤 많은 사람들에게 잊혀진 인물이 되었을 것이다. 그러나 그는 과감하게 변신을 시도했고, 천하장사 때보다 더 많은 인기를 누리고 있다.

때로 변화는 삶과 죽음을 결정한다. 병아리에게는 알을 깨고 나오는 것이 변화다. 그런데 병아리가 이 변화를 거부한다면 그것은 곧 죽음을 의미한다.

질문을 던지는 습관

변화가 이토록 중요한데, 많은 경우에 리더들이 시대의 흐름과 변화에 적절하게 대처하지 못하는 이유는 무엇인가? 그들이 오래된 사고의 패러다임을 가지고 있기 때문이다. 이것은 마치 오래된 지도를 가지고 여행하는 것처럼 위험한 일이다.

언젠가 신문에 다음과 같은 기사가 나온 적이 있다. 미국의 79세 노인이 독일을 홀로 여행하던 중 길을 잃고 헤매다가 가까스로 구조되었다는 내용이다. 미국 워싱턴 주에 사는 이 노인은 독일 남부의 바이에른 주 숲에서 길을 찾다가 자동차가 진흙에 빠져 오도 가도 못하게 되었다. 몇 시간 동안 헤맨 끝에 다행히 가옥을 찾아 경찰에 구조를 요청했다. 인근의 농부가 트랙터로 자동차를 끌어내는 가운데 이 노인이 경찰에게 "지도가 잘못된 듯하다"며 보여 준 관광안내 서적은 1차 세계대전 이전인 1914년에 발행된 관광안내서였다. 무려 90년 전에 발행된 지도를 가지고 길을 찾으려고 했으니 제대로 될 리가 없었던 것이다.

오늘날 수많은 리더가 이와 비슷한 실수를 한다. 리더가 갖고 있는 패러다임은 길을 찾는 데 사용하는 지도와 같다. 그런데 문제는 많은 리더가 자신이 지금까지 갖고 있던 오래된 패러다임을 현재 상황에서 그대로 적용하려고 한다는 데 있다. 이것은 옛날 지도를 가지고 길을 찾으려고 하는 것과 마찬가지다.

리더는 과거의 오래된 패러다임을 버리고 새로운 시대와 환경에 맞는 패러다임을 갖기 위해 끊임없이 노력해야 한다. 그렇게 하지 않으면 진정한 변화를 맛볼 수 없다. 이처럼 패러다임을 바꾸기 위해 꼭 필요한 것은 올바른 질문을 하는 것이다. 이를 위해서는 먼저 내가 서 있는 자리에서 내가 하고 있는 일에 대해 질문해야 한다.

오늘날 고객 중심이라는 말을 많이 사용한다. 이 말이 너무 흔해서 고객 중심적 시각이 자명한 공식처럼 생각된다. 그러나 제조업자가 아니라 고객이 가치를 결정한다고 하는 통찰은 최근에 나온 사고방식이다.

테일러로 대표되는 과거의 경영학은 오로지 생산성을 높이는 것이었다. 어떻게 하면 생산 공정을 최대한 효율적으로 만들어서 더 많은 제품을 만들 수 있는가에 초점이 맞춰져 있었다. 그러나 피터 드러커를 중심으로 경영적 마인드에 대한 대혁신이 일어났다. 효율성도 필요하지만, 그것으로 충분하지 않다는 것이다. 생각해 보라. 생산자가 높은 효율성을 가지고 짧은 시간에 물건을 최대한 많이 만들었다고 해도 고객이 사 주지 않으면 아무 의미가 없다.

이 같은 사실에 착안하여 피터 드러커는 새로운 사고방식을 강조했다. 그것은 눈을 바깥으로 돌려 고객들이 필요로 하는 것을 파악하고, 그것에 근거하여 제품을 판매하는 것이다. 이를 통해 회사가 만든 물건이면 무엇이든 고객이 사야 한다고 강조하는 판매 방식에서 고객이 무엇을 가치 있게 생각하는지를 이해하고 그들이 필요로 하는 것을 판매하는 방식으로 바뀌어야 함을 강조했다. 과거의 전통적인 마케팅 방식이 만들고 파는(make-and-sell) 것이었다면, 현대의 마케팅 방식은 고객들의 필요를 느끼고 반응하는(sense-and-respond) 것이야 한다는 말이다.

경영자들이 바깥으로부터 안을 보는 시각을 발전시키게 하기 위해 피터 드러커는 간단하지만 심오한 의미를 담고 있는 핵심적인 질문을 스스로에게 해 볼 것을 제안했다. 예를 들면 "우리의 비즈니스는 무엇인가?", "고객이란 누구인가?", "고객이 가치 있다고 생각하는 것은 무엇인가?" 등이다. 피터 드러커의 위대한 점은 이 같은 질문을 통해 경영자로 하여금 늘 당연하게 생각했던 것에 대해 의문을 갖게 하고, 자신이 하는 일들을 고객의 눈으로 새롭게 볼 수 있게 한 것이다.[14]

적절한 질문이 주는 능력은 놀랍다. 특별히 경영자는 적절한 질문을 통해 자신이 갖고 있는 패러다임의 한계를 깨닫고, 고객의 필요를 채워 줄 수 있는 새로운 패러다임을 소유하게 된다. 그래서 리더는 언제나 자신이 하고 있는 일에 대해 질문을 던지고, 그에 대해 올바른 답을 발견하는 것이 무엇보다 중요하다.

우리나라 교육은 질문하는 능력을 키우기보다는 답을 찾는 재주를 가르치는 것이 문제다. 우리나라 학부모들은 아이들이 학교에서 돌아오면 "오늘 학교에서 무엇을 배웠니?"라고 묻는다. 그러나 유대인들은 아이들이 학교에서 돌아오면 "오늘 학교에서 무슨 질문을 했니?"라고 묻는다. 답이 아니라 질문을 통해 배우는 것이 진짜 배움이기 때문이다. 질문은 생각하는 힘을 키워 준다.

앤서니 라빈스(Anthony Robbins)는 《네 안에 잠든 거인을 깨워라》는 책에서 이런 말을 했다.

"질문은 우리가 상상하는 것 이상으로 강력한 도미노 효과를 유발한다. 우리가 부딪히는 한계에 대해 제기하는 질문은 삶의 장벽들을 무너뜨린다. 나는 모든 인간의 진보가 새로운 질문에서 비롯된다고 믿는다."[15]

질문의 힘이 얼마나 놀라운지를 적절한 질문을 통해 놀라운 성과를 얻은 몇몇 기업들의 예를 통해 살펴보자.

그 한 예가 스위스 시계 이야기다. 스위스는 1970년대 중반까지 세계의 시계 산업을 100년 이상 지배했다. 그러나 1970년대 말부터 시계를 싼 값에 대량 생산하는 방법이 나와서 시계 시장의 판도가 완전히 바뀌어 버렸다. 이로 인해 최고급 시계만 고집하던 스위스 시계제조업체는 몰락을 맞이했다. 1,600개의 스위스 시계제조업체 중 1,000개가 도산하는 지경에 이르렀다.

이때 스위스 시계를 기사회생시킨 사람이 있다. 그가 바로 니콜라스 하이에크(Nicholas Hayek)다. 그는 시계는 더 이상 사람의 지위를 나타내는 물건이 아니며, 패션으로 이해해야 한다고 생각했다. 결국 그는 적당한 가격의 패션 시계인 스와치(Swatch)를 개발했다. 그는 스와치를 패션으로 봤기 때문에 바닷가용 스와치, 사무실용 스와치, 운동선수용 스와치 등 다양한 시계를 선보였다. 또한 패션 시즌에 맞춰 매년 2번씩 약 70종의 새로운 스와치 컬렉션을 발표하기도 했다. 그 결과 스위스 시계시장은 다시 세계 시계시장의 54.7%를 점유하게 되어 예전의 명성을 되찾았다. 그리고 그는 스위스 시계산업을 다시 일으킨 영웅으로 떠올랐다.[16]

하이에크가 이 같은 눈부신 성공을 한 이면에는 그가 올바른 질문을 던지고 그에 대한 올바른 답을 제시했기 때문이다. 그는 "시계란 무엇인가?"

라는 질문을 던졌고, 이에 대해 시대에 맞는 바른 답을 제시했다. 스위스의 모든 시계제조업자가 시계를 지위를 상징하는 사치품으로 보고 있을 때, 그리고 일본과 홍콩의 시계제조업자가 시계를 시간을 보기 위한 필수품으로 간주하고 있을 때 하이에크는 시계를 패션으로 본 것이다. 그의 시계에 대한 재정의는 적당한 가격으로 멋을 낼 수 있는 시계를 찾고 있던 소비자들의 욕구와 정확하게 맞아떨어졌다.

또 다른 예가 있다. 바로 자일리톨 껌이다. 오늘날 자일리톨 껌은 높은 가격에도 불구하고 엄청난 매출을 올리고 있다. 그런데 이 자일리톨 껌은 비싼 가격과 홍보 부족으로 인해 시장에서 한 차례 실패를 했다. 그러나 한 직원이 기획한 '충치 예방'이라는 기능성 껌 콘셉트에 힘입어 롱런하는 대박의 주인공이 되었다. 기존의 씹고 즐기는 껌의 이미지에서 충치를 예방한다는 관점으로 껌을 다시 재해석함으로써 이러한 결과를 얻게 된 것이다. 그래서 자일리톨 껌의 로고를 보면 위에서 잇몸을 쳐다본 모습이다.

이러한 예는 수없이 많다. 전통적으로 우리는 '죽'이라고 하면 가치 없는 음식으로 평가했다. 그런데 본(本)죽이라는 죽 프랜차이즈를 만든 김철호 대표는 죽을 전혀 다른 관점으로 봤다. 그는 죽을 '최고의 웰빙 음식'으로 본 것이다. 그리하여 죽을 단순히 환자가 먹는 음식이 아니라, 고급 영양식으로 만들었다. 그 결과 500원짜리 호떡 장사를 하던 그가 500개 이상의 가맹점을 둔 프랜차이즈 업체의 사장이 되었다. 그는 현재 해외 시장을 겨냥하여 도쿄 아카사카에 매장을 냈고, 이어서 LA의 윌셔 블루버드에도 점포를 열었다. 그리고 이제는 본죽에 이어 본비빔밥과 본도시락까지 사업의 영역을 확장하고 있다.

이 모든 성공이 바로 올바른 질문에서 시작된 것임을 기억할 필요가 있다. 그것이 시계든, 껌이든, 죽이든 과거의 전통적인 관점에서만 바라볼 것이 아니라, 오늘날의 시대적인 흐름을 반영하여 그것이 사람들의 어떤 욕구를 만족시킬 것인가를 질문해 보는 자세가 필요하다.

톰 피터스는 다음과 같은 말을 했다.

"대부분의 경영학 서적은 답을 제시한다. 반면에 위대한 소설은 '위대한 질문'을 던져 준다. 그것이 내가 가르침을 얻기 위해 소설을 즐겨 읽는 이유다."

변해야 할 것과 변하지 말아야 할 것

리더는 시대의 흐름을 읽고 변화를 꾀해야 하지만 주의할 것은, 부적절한 변화는 실패를 가져올 수 있다는 사실이다. 그중 가장 대표적인 것이 바로 코카콜라와 펩시콜라의 마케팅 전쟁에서 일어난 해프닝이다.

음료수 시장에서 코카콜라가 차지하는 비중은 엄청나다. 여기에 펩시콜라가 도전장을 냈다. 미국 내 시장점유율이 6%에 불과하던 펩시콜라는 신세대를 겨냥한 마케팅을 통해 시장점유율을 14%까지 끌어올렸다. 이에 불안감을 느낀 코카콜라의 로베르토 고이주에타 회장은 지금까지 간직해 온 코카콜라 특유의 맛을 버리고 기존의 코카콜라보다 달짝지근한 맛이 더 나는 새로운 코카콜라를 개발했다. 이름은 'New Coke'였다.

그러나 오래 지나지 않아 그들은 당황스러운 결과를 접하게 되었다. 소비자들의 엄청난 저항에 직면한 것이다. 예전 콜라를 그리워하던 사람들이 코카콜라 본사에 6만 통 이상의 전화를 걸고, 앞다투어 분노의 편지를 보냈다. 매스컴은 99년 동안 지켜 온 코카콜라의 맛을 저버린 것은 매국 행위라고 비난했다. 심지어 고이주에타 회장의 아버지마저 코카콜라가 이전 맛을 완전히 버린다면 부자간의 인연을 끊겠다고 위협했다.[17]

이로 인해 시장점유율도 7%가량이나 줄어들었다. 결국 그해 7월, 코카콜라는 3개월 만에 공개적으로 사과하고, 'Classic Coke'라는 이름으로 원래의 코카콜라의 맛이 나는 제품을 시장에 다시 내놓게 되었다.

이러한 문제가 생긴 원인은 코카콜라가 기존의 콜라가 가지고 있는 상징적인 가치를 제대로 파악하지 못했기 때문이다. 소비자들은 과거 코카콜라의 맛을 미국의 상징이라고 생각했다. 그러므로 이 새로운 콜라 맛이 오랜 전통을 깨뜨리는 것이라고 생각하자 새로운 코카콜라에 저항을 느낀 것이다. 여기에 매스컴이 합세하여 군중심리가 덧붙여지자 사태는 걷잡을 수 없이 커졌다. 그들은 코카콜라는 콜라가 단순한 기호 상품을 벗어나서 미국을 대표하는 문화적인 코드가 되어 있다는 사실을 몰랐다. 삶의 변화의 물살이 거셀수록 사람들에게는 그들의 삶에서 상징이 되는 그 무언가를 지키려는 경향이 있다는 것을 몰랐던 것이다.[18]

이 사건을 통해 얻을 수 있는 교훈은, 리더는 시대를 읽고 시대의 흐름에 맞춰 변화를 추구해야 하지만, 변해야 할 것과 변해서는 안 되는 것을 구별할 필요가 있다는 사실이다. 기독교의 복음도 마찬가지다. 복음을 담는 그릇은 시대에 맞게 바뀌어야 한다. 과거에는 바닥에 앉아서 예배를 드렸지만, 이제는 의자에 앉아서 예배를 드린다. 과거에는 예배 시간에 손뼉도 칠 수 없었지만, 이제는 박수도 치고 손을 들거나 일어서서 찬양을 드리기도 한다. 그렇다고 복음의 내용이 변질되어서는 안 된다. 교회가 전하는 복음의 내용은 2,000년 전이나 지금이나 동일해야 하는 것이다.

미래학자들은 변하는 것과 변하지 않는 것의 비율을 볼 때 "변하지 않는 것은 80-90%이고, 변하는 것은 10-20% 정도"라고 한다.[19] 그러므로 지도자가 변화를 꾀하고자 할 때 절대로 변해서는 안 되는 것이 무엇인지를 먼저 파악하는 것이 중요하다. 이는 마치 지렛대를 움직이는 사람은 자신이 움직이지 않아야 지렛대를 움직일 수 있는 것과 마찬가지다. 이것을 알게 되면 필요한 변화를 가져오는 것은 그렇게 어렵지 않다.

그러므로 리더는 본질을 꿰뚫어 보는 통찰력이 있어야 하고, 절대로 변해서는 안 되는 핵심 가치를 지니고 있어야 한다. 영국의 철학자 알프레드 화이트헤드(Alfred North Whitehead)가 변화에 관해 통찰력 있는 말을 했다.

"발전하려면 변화하면서 질서를 지키고, 질서를 지키면서 변화를 이끌어야 한다."[20]

무조건적인 변화는 위험한 것이다.

창조적이고 유연한 리더십

미래학자들의 보고에 의하면 1970년에서 2020년까지 50년 동안 경험하게 될 변화는 지난 500년 동안의 변화와 맞먹는다고 한다.[21] 그러므로 이러한 변화를 무시하면 큰 어려움을 겪게 된다. 미래학자 최윤식 교수가 자주 하는 이야기가 있다.

"세상의 변화를 무시하면 변화된 세상이 가장 큰 적이 된다."

리더십을 발휘하는 데 외적 환경의 지속적인 변화의 중요성을 무시할 수 없기에 리더에게는 융통성이 요구된다. 창조적이고 유연한 사고를 하지 않고 오래된 패러다임만을 진리인 것처럼 고집하면 더 이상의 발전은 없다.

오늘날처럼 급변하는 사회에서는 기존 사고의 틀을 깨고 유연하게 생각할 수 있는 인재를 필요로 한다. 그래서 요즘은 기업체 면접에서 하는 질문도 많이 달라졌다. 그중 대표적인 기업이 미국의 마이크로소프트(MS)다. 면접관들은 입사지원자들에게 다음과 같은 엉뚱한 질문을 한다.

"후지 산을 옮기려면 얼마나 시간이 걸릴까요?"

"미국에 있는 50개 주 중에서 하나를 없애라면 어떤 주를 없애겠습니까?"

"전 세계의 피아노 조율사는 몇 명일까요?"

"맨홀 뚜껑이 사각형이 아니고 원형인 이유는 무엇일까요?"

위의 질문들은 면접에서 실제로 던진 질문들이다. 일부는 정답이 있고, 일부는 답이 없다. 답이 없는 경우에는 답에 접근해 가는 방식을 보고 싶어 하는 것이다. 오늘날 기업체에서 이처럼 다소 엉뚱한 질문을 던지는 이유는, 하루가 다르게 급변하는 시대에 적절하게 대처하려면 창의성과 문제해결 능력을 가진 사람이 필요하기 때문이다.

영국의 옥스퍼드 대학교와 케임브리지 대학교는 입학면접 시험에서 까다로운 질문을 던지기로 유명하다. 이는 모두 스스로 생각할 줄 아는 능력이 있는 학생을 뽑기 위한 방법이다. 그중에는 "자신의 머리 무게를 어떻게 잴 것인가?", "화성인에게 인류를 어떻게 설명할 것인가?" 등등 상상을 초월하는 질문들도 있다. 그중의 압권은 이것이다. "이것은 질문입니까?" 여기에 대해 한 학생이 내놓은 기막힌 답변은 다음과 같다.

"글쎄요, 만약에 이것이 대답이라면, 그것은 질문이었던 것이 틀림없겠네요."[22]

리더는 융통성과 유연성을 지녀야 한다. 앨빈 토플러는 이렇게 말했다.

"미래의 문맹은 읽거나 쓰지 못하는 이들이 아닐 것이다. 시효가 만료된 지식을 버리지 못하거나 다시 배우지 못하는 사람들이야말로 현대판 문맹이라고 할 수 있다."

앞으로 우리에게 다가올 미래의 변화는 상상을 초월한다. 《더 퓨처리스트》(The Futurist)의 편집장을 맡고 있는 미래학자 토머스 프레이(Thomas

Frey)는 2030년까지 20억 개의 일자리가 소멸될 것이라고 예측했다. 또한 2030년까지 지금 일자리의 80%가 소멸되거나 변환할 것이라고 예측한 보고서도 있다. 3D 프린터의 발전은 눈부시다. 이로 인해 앞으로 제조업이나 수출입 관련 운송 등의 일자리가 다 사라질 수도 있다.[23] 무인 자동차가 나오게 되면 앞으로 대리 운전이 사라지고, 자동차 보험 자체가 없어질 수도 있다.

이같이 급변하는 21세기는 우리에게 엄청난 변화의 물결로 다가온다. 이럴 때 고정적인 사고방식만 가지고 있으면 큰 어려움에 처하게 된다. 똑같은 문제에 대해서도 획일적인 사고가 아닌 다양한 사고로 접근할 수 있어야 한다. 그래서 때로는 수직적 사고에서 벗어난 수평적 사고(lateral thinking)를 하는 훈련을 할 필요가 있다. '수평적 사고'란 문제를 바라보는 고정된 방식에서 벗어나 다양한 주제를 통해 문제 해결을 위한 아이디어를 찾아내는 방식이다. 이는 에드워드 드 보노(Edward de Bono) 교수가 이러한 개념을 창안한 뒤 세상에 널리 알려지게 되었다.

수평적 사고를 활용한 예를 한 가지 살펴보자. 가령 어떤 고층 건물에 엘리베이터가 있다고 하자. 사람들이 엘리베이터가 느리다고 불평한다. 그렇다면 이 문제를 해결할 수 있는 방법은 무엇인가? 엘리베이터 속도를 더 빠르게 하거나, 짝수 층이나 홀수 층에만 서게 하는 것은 수직적 사고에서 나온 생각들이다. 수평적 사고는 엘리베이터에 거울을 설치하는 것이다. 엘리베이터 속도는 변함이 없지만 사람들은 기다리는 시간 동안 거울을 보면서 자기 얼굴과 복장에 신경 쓰느라 엘리베이터 속도가 느리다는 사실을 잘 인식하지 못한다. 이러한 것이 수평적 사고방식이다.

그런데 중요한 것은, 기존 사고의 틀에 매여 있는 사람은 수평적 사고를 잘 하지 못한다는 것이다. 그러므로 우리는 익숙한 사고의 패러다임에서 벗어나 새로운 아이디어나 여러 가지 가능성에 대해 열린 마음을 가져야 한다. 가령 에스컬레이터가 직선으로만 올라가라는 법이 어디 있는가? 이미 나선형으로 돌아가는 에스컬레이터가 개발되었다.

창의적인 사고를 위해서는 전혀 엉뚱한 두 개를 결합시켜서 새로운 가치를 창조하는 퓨전의 가치에 대한 마인드도 절실히 필요하다. 이어령 박사는 'fusion'은 'future vision'의 약자라고 말한다. 그는 비빔밥 문화에 익숙한 한국인이야말로 퓨전 사고를 할 수 있는 민족이라고 말한다. 오늘날 퓨전을 다른 말로 통섭, 컨버전스, 융합이라고 표현하기도 한다. 이제는 자신만의 것에 매여 있는 불통의 리더십을 가지면 고립될 수밖에 없다. 서로 섞이고 융화되기 위해서는 자신의 경계를 지우고 낮춰야 한다. 여기에서 혁신이 나온다. 이질적인 것들이 서로 결합하는 데서 새로운 창조가 나오는 것이다.

오늘날은 독불장군식의 경영이나 독단적인 리더십은 자리 잡을 수 없다. 리더는 주위 환경이나 시대적인 트렌드에 자신을 맞춰 나가는 유연성과 융통성이 있어야 한다. 유능한 선장은 파도와 맞서 싸우기보다는 파도의 흐름을 타면서 항해할 수 있는 사람이라는 사실을 기억하라.

당신이 조금만 변하기를 바란다면, 당신의 행동을 바꿔라. 그리고 획기적으로 변하기를 바란다면, 당신의 패러다임을 바꿔라.

_스티븐 코비(Stephen Covey)

모저 램프

한국의 전기 사정은 그렇게 나쁘지 않지만, 지금도 전 세계의 수많은 사람들이 전기 공급이 안 되거나 전기세가 비싸서 마음대로 전기를 사용하지 못하고 있다. 이렇게 전기의 혜택을 보지 못하고 사는 사람들을 돕기 위해서는 어떻게 해야 할까? 이에 대해서는 더욱 값싼 전기를 공급하도록 발전소를 더 짓는다거나 주민들의 경제 수준을 향상시킨다거나 하는 답이 나올 수 있다. 그러나 이것은 모두 수직적인 사고에서 나온 답이다. 그렇다면 이 문제에 대한 수평적인 답은 무엇일까?

지난 2001년, 브라질의 평범한 기계공인 알프레도 모저(Alfredo Mose)는 여기에 대한 기막힌 답을 발견했다. 그의 이름을 딴 '모저 램프'가 바로 그것이다. 이 방법을 사용하면 전기가 없어도 집 안을 환하게 밝히는 전구를 켤 수 있다. 이 램프를 만드는 원리는 단순하다. 먼저 흔히 볼 수 있는 빈 페트병에 물을 넣는다. 그리고 여기에 약간의 표백제를 넣어 녹조류가 생기는 것을 방지한다. 그 다음 지붕에 구멍을 뚫은 뒤 그 자리에 페트병을 꽂아 넣는다. 이때 병을 꽂은 자리에 빗물이 새지 않게 실리콘 처리를 해 준다. 그렇게 되면 태양 빛이 페트병 속에 있는 물을 통과하면서 빛의 산란 작용을 일으켜 집 안에 60와트 밝기의 전구를 켠 효과를 발휘한다.

이 얼마나 놀라운 발명인가? 감사하게도 이런 아이디어를 낸 모저는 "빛은 신이 주신 것이며, 따라서 모두가 무료로 사용할 수 있어야 합니다"라고 했다. 그리고 이에 대한 일체의 특허나 권리를 주장하지 않고, '모저 램프'를 만드는 법을 인터넷에 무료로 공개했다. 작은 아이디어 하나로 쓰레기나 다름없는 페트병이 수많은 사람들에게 희망의 빛이 된 것이다.

아시아에서 전기 요금이 가장 비싸다는 필리핀에는 무려 천만 가구가 전기 없이 살고 있다. 대부분의 빈민가 주택에는 창문조차 없는 판잣집이 오밀조밀하게 붙어 있다. 낮에도 집안에 있으면 생활이 불가능할 만큼 깜깜하다. 그런데 이 모저 램프로 인해 사람들은 이제 돈 한 푼 안 들이고 낮에도 집안에서 정상적인 생활을 할 수 있게 되었다.

인터넷을 통해 '모저 램프'를 알게 된 후 이 방법을 더욱 발전시킨 사람이 있다. 바로 필리핀의 사회사업가 일락 디아즈(Illac Diaz)다. 그는 기존의 페트병에 조그마한 태양 전지와 휴대전화용 충전기인 발광 다이오드(LED)를 덧붙였다. 이렇게 하면 태양 전지로 모은 태양열을 사용하여 전기 요금을 내지 않고도 낮이나 밤이나 불을 밝힐 수 있다. 가정집에서도 사용할 수 있고 동네 가로등으로 사용할 수 있다. 일락 디아즈의 적극적인 홍보와 활동으로 모저 램프는 전기의 혜택을 보지 못해 늘 어둡게 지내던 전 세계 15개국의 100만 명이 넘는 빈민들에게 희망의 빛을 선사했다. 그리고 빈민가의 주민들은 매년 전기 요금으로 들어가는 100달러 이상의 돈을 절약할 수 있게 되었다.

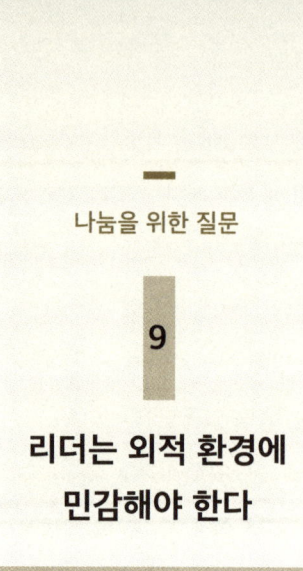

1. 가장 존경하는 위인은 누구이며, 그 이유는 무엇인가?

2. 리더는 타고난다고 생각하는가, 만들어진다고 생각하는가? 그렇게 생각하는 이유는 무엇인가?

3. 리더라면 갖춰야 할 특성으로는 어떤 것이 있다고 생각하는가?

4. 독재적, 민주적, 자유방임적 리더십 스타일 중 어떤 것을 선호하는가?

5. 리더로서 바울이 가지고 있던 융통성에 대해 생각해 보고, 이러한 융통성이 원칙과 소신 없음과 어떻게 차이 나는지 설명해 보라.

6. 나는 스스로 생각하기에 훌륭한 팔로워라고 생각하는가? 그렇지 않다면 더 좋은 팔로워가 되기 위해 갖춰야 할 것은 무엇인가?

7. 모저 램프에 대한 글을 읽어 보고, 이것이 왜 수평적 사고의 좋은 예가 될 수 있는지 생각해 보라.

갈등과 비판에 대처하는 리더십

"사실 우리 각자가 서로에 대해 유일하게 용서하지 못하는 죄는 의견을 달리하는 것이다." - 랄프 왈도 에머슨(Ralph Waldo Emerson)

리더십은 사람을 다루는 일이다. 그러므로 리더는 리더십을 이행하는 과정에서 반드시 갈등과 비판의 문제에 직면하기 마련이다. 중요한 것은 리더가 이러한 어려움에 부딪혔을 때 그 어려움을 이겨 나가는 태도다. 성공적인 리더십을 위해 리더는 갈등과 비판에 지혜롭게 대처할 수 있어야 한다.

비판에 대처하는 법

먼저 비판의 문제다. 사람들은 비판하기를 좋아한다. 특별히 누군가 자신보다 앞서 간다고 생각할 때 사람들은 그것을 곱게 봐주지 않는다. 그러므로 우리가 남보다 뛰어난 아이디어를 가지고 있거나 남보다 앞서 갈 때는 비판을 들을 각오를 해야 한다.

비행기를 발명한 라이트 형제(Wilbur & Orville Wright)가 비행 시험을 하고 있을 때 지역의 한 신문은 이렇게 보도했다.

"최근에 사람을 하늘에서 날게 한다는 등 쓸데없는 연구를 하는 과학자가 있어 문제가 되고 있다. 현명한 과학자라면 인류를 위해 좀 더 유익한 일을 해 주었으면 좋겠다."

미국 최고의 소화물 배달 회사인 페덱스(Fedex)는 프레드릭 스미스(Frederick W. Smith)가 1965년, 예일 대학교 재학 중에 구상한 것이다. 그가 그 아이디어로 리포트를 내자 교수는 C학점을 주었다. 그의 기본 아이디어는 자전거 바퀴에서 착안한 것이다. 미국의 중심 지역에 화물 집결지(hub)를 만들고, 모든 화물들을 일단 여기에 모은 다음 재분류하여, 자전거 바퀴(spoke) 모양으로 미국 전역에 배송하자는 것이었다. 북동부에 있는 워싱턴 D.C.로 물품을 보낼 경우에도 중부에 있는 허브를 경유해야 한다는 것이 난센스라고 생각한 교수는 그에게 C학점을 줬다.[1] 그러나 스미스는 자신의 아이디어에 대한 확신을 갖고 있었다. 결국 그는 자신의 전 재산을 투자하여 회사를 설립했고, 놀라운 성공을 거뒀다.

메리 케이 애시는 놀라운 화장품 회사를 세웠다. 그러나 그녀가 회사를 창립하려고 했을 때 변호사는 이렇게 말하며 그녀의 기를 꺾었다.

"당신이 평생 모은 돈 5,000달러를 버리려면 차라리 쓰레기통에 던지세요."

그리고 그녀의 회계사 역시 같은 말을 했다. 그러나 그녀는 자신이 가진 전 재산을 사업에 쏟아부었고, 성공을 거뒀다.[2]

이같이 언제나 우리 주위에는 우리의 꿈을 흔드는 부정적인 비판자들이 있다. 그러나 성공적인 리더가 되려면 자신의 비전이 이뤄질 때까지 어떤 반대나 비판에도 흔들리지 말고, 목표를 향해 꾸준히 매진해야 한다. 영국 속담에 이런 말이 있다.

"평온한 바다는 결코 유능한 뱃사람을 만들 수 없다."

리더는 비판을 잘 극복하며 성장해야 한다.

리더십을 발휘할 때 비판의 문제를 극복하려면 다음의 3가지를 생각할 필요가 있다.

1) 파괴적인 비판과 건설적인 비판을 구별하라

비판에는 파괴적인 비판과 건설적인 비판이 있다. 파괴적인 비판은 새겨들을 것이 없기 때문에 무시해 버리면 그만이다. 리더십을 수행하는 과정에서 비판자들은 언제나 있게 마련이므로 그것으로 인해 낙담하지 말아야 한다. 누군가의 말처럼 "멍멍이야, 짖어라. 경부선은 달린다!"라고 하는 태도가 필요하다.

반면에 건설적인 비판은 새겨들을 것이 있으므로 그 비판을 이용하여 자신을 좀 더 나은 방향으로 향상시키는 것이 현명하다. 이런 경우에 비판은 나를 더 높이 날 수 있게 해 주는 맞바람과 같다. 이를위해 나를 비판하는 자를 비판하려는 태도에서 벗어나 그 비판을 통해 자신을 볼 수 있도록 노력해야 한다. 그리고 자신에게 날아온 비판의 돌멩이를 차곡차곡 모아 나중에 그것으로 다리를 쌓는 자세가 필요하다. 사실상 프레드릭 스미스는 "비판하는 사람들을 코치로 만들라"고까지 이야기했다.[3]

야구공에는 실밥이 있다. 골프공에도 곰보 같은 자국이 있다. 야구공에 실밥이 없으면 공의 표면이 매끄러워서 더 빨리 던질 수 있을 거라 생각하지만, 사실은 그 반대다. 실밥이 없다면 공이 나아가는 반대 방향에 진공이 생기게 되고, 이 진공 현상은 공을 뒤쪽으로 잡아당겨 공의 속도를 훨씬 줄어들게 한다. 골프공도 매끈한 골프공보다 홈이 있는 골프공이 2배 이상 멀리 날아간다.

우리가 사는 인생의 여정에도 우리를 흠집 내고자 하는 많은 비판이 있다. 그러나 우리가 알아야 할 사실은, 많은 경우에 이러한 비판이 우리를 좀 더 위대한 사람으로 만드는 원동력이 된다는 것이다. 그래서 스티븐 스콧(Steven Scott)은 다음과 같은 말을 했다.

"비판은 양동이에 가득 찬 물과 같다. 누군가 당신을 비판하는 것은 양동이에 가득 찬 물을 당신의 얼굴에 쏟아붓는 것과 같다. 그런데 그 양동이의 밑바닥에는 모래가 있고, 가끔씩 그 모래 사이에는 금싸라기가 섞여 있다."

2) 비판을 웃으면서 받아넘기는 여유를 가지라

켈러는 다음과 같은 말을 했다.

"당신이 최고의 리더 경영자라면 당신의 몫보다 더 많은 비난과 당신의 몫보다 더 많은 칭찬을 받게 된다. 칭찬을 받고 싶다면 비난 역시 받아들여야 한다."[4]

그래서 이런 말이 있다.

"왕관을 쓰려는 자, 그 무게를 견뎌라."

그러므로 리더는 비판을 부드럽게 웃어넘기는 여유를 가질 필요가 있다. 그런 면에서 리더에게는 유머 감각이 필수적이다. 미국의 역대 대통령 가운데 이런 유머 감각이 가장 돋보였던 사람이 바로 링컨이다.

링컨이 상원의원 선거에 입후보하여 더글러스 후보와 겨루게 되었을 때다. 더글러스 후보는 링컨을 공격하기 위해 "링컨은 말만 그럴듯하게 하는, 두 얼굴을 가진 이중인격자입니다"라고 말했다. 그러자 링컨은 당황하지 않고 이렇게 말했다.

"더글러스 후보가 저를 두고 두 얼굴을 가진 사나이로 몰아세우고 있습니다. 좋습니다! 그의 말이 사실이라면 여러분이 잘 생각해 보시기 바랍니다. 만일 제가 두 얼굴을 가진 사나이라면, 오늘같이 중요한 날, 왜 제가 이렇게 못생긴 얼굴을 가지고 나왔겠습니까?"[5]

링컨의 재치 있는 답변에 사람들은 모두 배꼽을 잡고 웃었다. 링컨의 탁월한 유머 감각은 그로 하여금 수많은 정적들 가운데서도 유연하게 리더십을 발휘하는 데 큰 도움을 주었다.

처칠 또한 이루 말할 수 없는 비판을 받은 사람이다. 그에 대해 흑인, 인디언, 혼혈아, 심지어 동성연애자라는 소문까지 퍼졌다. 그러나 처칠은 이 같은 음해에 대해 한 마디도 하지 않았다.[6] 오히려 처칠은 이 모든 상황을 그의 탁월한 유머 감각으로 헤쳐 나갔다.

한번은 처칠을 싫어하는 사람이 처칠이 뚱뚱하고 대머리라는 점을 들어 그의 외모를 공격했다. 그러자 처칠이 말했다.

"금방 태어난 아기들은 전부 저처럼 생겼습니다."[7]

처칠의 정치적 라이벌인 여성이 어느 날 처칠에게 다음과 같이 말했다.

"윈스턴 처칠, 만일 당신이 제 남편이라면 전 당신의 커피에 독약을 넣을 거예요."

이런 모욕적인 말에도 처칠은 눈 하나 깜빡하지 않으면서 부드럽게 받아넘겼다.

"부인, 만일 제가 당신의 남편이라면 전 그 커피를 마실 것입니다."

처칠이 루스벨트 대통령을 만나러 갔을 때의 일이다. 그는 회의를 앞두고 목욕을 하며 피로를 풀려고 했는데, 목욕 시간이 좀 길어졌다. 그런데 루스벨트 대통령이 사람을 보내지 않고 직접 처칠을 만나러 찾아왔다. 그리고 노크하는 것을 깜박 잊고 문을 확 열어젖혔다. 마침 그때 처칠은 알몸으로 욕실에서 나와 옷을 입으려던 참이었다. 당황한 루스벨트 대통령은 급히 사과했다. 그러나 처칠은 루스벨트에게 "각하, 보시다시피 저는 이제 더 이상 숨길 것이 없습니다"라고 말했다. 처칠의 여유 있는 반응에 하마터면 경직될 뻔한 분위기가 화기애애하게 바뀌었다.

헨리 워드 비처(Henry Ward Beecher)는 "유머가 없는 사람은 용수철이 없는 마차와 같다. 그런 사람은 조금만 가도 자갈에 걸려 덜커덩거린다"라고 말했다. 그렇다. 리더는 자신에게 주어지는 비판을 미소로 받아들일 수 있는 마음의 넉넉한 여유와 쿠션이 있어야 한다.

G. K. 체스터턴(G. K. Chesterton)은 다음과 같은 의미심장한 말을 했다.

"미친 사람은 항상 심각하다. 그들은 유머가 없어서 미친다."

그렇다. 인생을 진지하게 살아가는 것은 좋지만, 모든 것을 너무 심각하게 받아들이는 것은 좋지 않다.

3) 어떤 비판을 받더라도 낙심하지 마라

비판이 리더에게 줄 수 있는 가장 치명적인 해악은 그것이 갖고 있는 부정적인 영향이다. 지나친 비판은 리더 자신을 절망하게 하고 낙심하게 한다. 그러므로 리더는 비판이 주는 부정적인 분위기에 말려들면 안 되고, 언제나 긍정적인 자세를 가져야 한다.

한 통계에 의하면, 미국은 부정적인 감정으로 낙담한 사람들에 의해 생기는 생산성 하락으로 매년 2,500-3,000억 달러에 이르는 경제적 손실을 입고 있다고 한다.[8] 비판이 갖고 있는 부정적인 바이러스를 조심하라. 여기에 잘못 감염되면 좌절한다. 이것을 이겨 내는 사람이 성공적인 인생을 살 수 있다. 그래서 자기 자신에 대한 확신이 중요하다.

미국 역사상 취임 당시에 가장 신랄한 비판을 받았던 대통령이 링컨이라는 사실을 알고 있는가? 《하퍼스 위클리》(Harper's Weekly)는 그를 "더러운 거짓말쟁이, 독재자, 도둑, 허풍쟁이, 바보, 약탈자, 괴물, 무식쟁이, 늙은 건달, 위선자, 날치기, 폭군"이라고 불렀다.[9] 이에 대해 링컨이 처한 행동은 가급적 그 같은 비판을 무시하면서, 자신이 가야 할 길을 소신을 굽히지 않고 묵묵히 가는 것이었다.

위대한 리더나 위대한 사람들의 특징은 온갖 실패와 비난과 좌절에도 불구하고 절대로 포기하지 않고 계속 전진한다는 것이다. 토머스 에디슨은 "인생에서의 수많은 실패는 자기 자신이 얼마나 성공에 가까이 다가갔는지 모른 채 포기하기 때문에 생겨난다"고 했다. 다음은 농구의 황제 마이클 조던이 한 말이다.

"나는 농구 생활을 통틀어 9,000개 이상의 슛에서 실패했고, 거의 300게임에서 패배했다. 그 가운데 26번은 다 이긴 게임에서 마지막 슛의 실패로 졌다. 거듭된 수많은 실패, 바로 그것이 내가 성공할 수 있었던 이유다."

또 한 사람을 생각해 보자. 우리는 미국 역사상 가장 위대한 홈런왕으로 베이브 루스(George Herman Ruth, Jr.)를 꼽는 데 주저하지 않는다. 그는 714개의 홈런을 쳐서 1976년까지 세계 최고 기록을 유지했다. 그러나 베이브 루스가 홈런왕이라는 것을 아는 사람은 많아도 그가 스트라이크 아웃의 신기록 보유자라는 것을 아는 사람은 별로 없을 것이다. 그는 자그마치 1,330번이나 스트라이크 아웃을 당했다. 많은 야구 전문가들은 이 기록을 깨기란 그의 홈런 기록을 깨기보다 어려울 것이라고 입을 모은다.[10] 수많은 삼진 아웃에도 불구하고 계속적으로 방망이를 휘두른 것이 그를 위대한 홈런왕으로 만든 것이다.

구세군(Salvation Army)을 만든 윌리엄 부스(William Booth)는 또 어떠한가? 그가 구세군을 만들어 런던의 극빈자, 노숙자, 거지, 매춘부, 주정뱅이들을 전도하고자 했을 때 사람들은 그를 이해하기는커녕 비방했다. 심지어 해골군(Skeleton Army)이라는 반대 단체를 만들어 그들의 활동을 조직적으로 방해했다. 이들은 부랑자들로 구성된 폭도의 무리로 구세군이 가는 곳이면 어디든 따라가서 북과 악기를 동원해 그들의 노래를 저속하게 바꿔 부르면서 행사를 방해했다. 그러나 부스와 구세군의 자원봉사자들은 이런 온갖 박해에도 굽히지 않고 꿋꿋이 자선 활동을 펼쳐서 수많은 사람들을 도왔다.[11]

부스는 83세에 그의 마지막 설교에서 다음과 같이 말했다.

"지금처럼 슬픔에 우는 여성이 단 한 명이라도 있는 한 나는 싸우겠습니다. 지금처럼 굶주린 어린아이들이 있는 한 저는 싸울 것입니다. 지금처럼 감옥에 드나드는 사람이 있고, 지금처럼 주정뱅이들이 남아 있는 한 저는 싸우겠습니다. 지금처럼 오갈 데 없는 소녀들이 거리를 헤매고 있고, 지금처럼 미처 하나님의 은총을 받지 못한 어두운 영혼이 단 한 사람이라도 남아 있는 한 저는 싸우겠습니다. 끝까지 싸우겠습니다."[12]

리더는 실패하지 않는 사람이 아니다. 또한 비난받지 않는 사람이 아니다. 비난과 실패를 무릅쓰고, 자신이 옳다고 믿는 것을 이루기 위해 절대로 포기하지 않고 전진하는 사람이 바로 리더다. 처칠이 1941년 10월, 모교인 해로 고등학교에서 한 연설 중에서 한 말을 마음에 깊이 새기라.

"절대로 포기하지 마라. 절대로, 절대로! 아무리 큰일이거나 아무리 작은 일이라도, 아무리 중요하거나 아무리 하찮은 일이라도, 명예와 현명한 판단에서가 아니면 절대로 포기하지 마라. 상대의 힘에 눌려 포기하지 마라. 상대가 아무리 압도적으로 우세한 힘을 가졌더라도 절대로 포기하지 마라."

갈등에 대처하는 법

비판 이상으로 리더를 괴롭히는 것 중 하나가 바로 갈등의 문제다. 우리가 알아야 할 사실은, 두 사람 이상이 모인 곳에는 언제나 갈등이 존재하기 마련이라는 것이다. 갤럽 연구소가 전 세계 회사원 100만 명과 관리자 8만 명을 인터뷰한 후, 유능한 직원들이 회사를 떠나는 가장 큰 이유가 바로 인간관계에서의 갈등 때문이라고 밝힌 적이 있다. 그래서 "직장인의 이직은 회사를 떠나는 것이 아니라 직장 상사를 떠나는 것"이라는 말도 있다. 인재가 떠나거나 조직에 남는 이유 중 대부분은 상사와 연관 있는 것이다.

그렇다면 리더는 이 갈등의 문제를 어떻게 해결할 것인가? 다음의 4가지를 기억하라.

1) 갈등 자체를 두려워하지 마라

리더는 갈등 자체를 두려워하면 안 된다. 인간관계에서 갈등 자체를 회피하려고 하면 아무것도 할 수 없기 때문이다. 특별히 리더의 경우에 갈등을 피하기 위해 리더로서 마땅히 가져야 할 소신을 굽히면 제대로 된 리더십을 발휘할 수 없다. 일부러 갈등의 소지를 만들 필요는 없지만 리더는 핵심 가치가 분명해야 하며, 그것을 지키기 위해서라면 갈등의 상황도 피하지 말아야 한다.

리더가 가장 조심해야 할 것은 모든 사람을 기쁘게 해 주려는 태도다. 민주주의 사회에서는 어떤 훌륭한 리더도 100% 찬성이나 100% 지지를 얻는 것이 거의 불가능하다. 대통령은 50%의 지지를 받고서도 당선된다. 예수님은 인류 역사상 가장 완벽한 리더셨지만 예수님을 반대하는 무리가 있었고, 심지어 예수님을 죽이려는 사람들도 있었다. 그러므로 리더는 모든 사람을 즐겁게 만들어 주는 'Yes Man'이 되려고 애쓸 필요가 없다. 리더가 모든 사람으로부터 최대한의 '만족'을 이끌어 내려고 애쓰면 최대한의 '생산성'을 이끌어 내는 데 실패할 수 있다.[13]

어느 정도의 갈등은 조직의 효율성을 높이기 위해서도 필요하다는 것을 알아야 한다. 낮은 단계의 갈등도 높은 단계의 갈등만큼 위험하다. 갈등이 높을 때도 갈등의 심화로 조직의 효율성이 떨어지지만, 낮은 단계의 갈등도 낮은 관심을 의미하기에 역시 조직의 효율성이 떨어진다. 조직의 효율성은 적절한 수준의 갈등이 존재할 때 이뤄진다. 문제 해결을 위해 함께 고민하며 활발하게 행동하기 때문이다. 적정 수준의 갈등은 오히려 순기능으로 작용하며, 조직에 대한 관심이 있음을 보여 주는 것이다.

2) 다른 사람의 입장을 이해하려고 노력하라

갈등을 줄이기 위해 리더는 다른 사람의 입장을 이해하려고 노력해야 한다. 우리가 다른 사람의 입장에서 조금만 생각해도 갈등의 문제를 많이 줄일 수 있다. 이를 위해 리더는 잘 들을 수 있는 사람이 되어야 한다.

경영학의 천재 톰 피터스는 "사람들을 이끌어야 할 때 이끌 수 있으려면, 들을 수 있을 때 들어야 한다"고 말했다. 그렇다면 남의 이야기를 잘 듣기 위해서는 어떻게 해야 하는가? 대화할 때 무관심하게 상대방의 이야기를 들으면 안 되고, 적극적으로 공감하며 경청해야 한다. 이것을 이른바 반영적 경청이라고 하는데, 상대방의 말에 공감하며 맞장구치며 들어 주는 것이다.

이러한 반영적 경청보다 더 나아간 것이 있다. 바로 '맥락적 경청'(Contextual Listening)이다. 이는 그 사람의 말 자체만이 아니라 그 말이 어떤 맥락에서 나온 것인지, 즉 말하는 사람의 의도, 감정, 배경까지 헤아리면서 듣는 것을 말한다.

R. 이언 시모어(Robert Ian Seymour)는 다음과 같은 말을 했다.

"사람의 귀는 외이, 중이, 내이의 세 부분으로 이루어져 있다. 이렇게 귀가 세 부분으로 이루어졌듯이 남의 말을 들을 때도 귀가 세 개인 양 들어야 한다. 자고로 상대방이 '말하는' 바를 귀담아듣고, '무슨 말을 하지 않는지'를 신중히 가려내며, '말하고자 하나 차마 말로 옮기지 못하는' 바가 무엇인지도 귀로 가려내야 한다."[14]

잘 듣는 것이 지혜다. 듣는 사람이 자신의 선입관이나 섣부른 판단을 버리고 상대의 관점에서 들을 때, 상대가 이야기하고자 하는 바가 무엇인지를 정확하게 이해하게 된다. 그것만으로도 우리는 많은 갈등을 피할 수 있다.

3) 갈등 가운데서도 자신의 감정을 통제하라

리더가 갈등의 문제에 직면했을 때 꼭 기억해야 할 것은, 어떤 갈등의 상황에서도 자신의 감정을 통제할 수 있어야 한다는 사실이다. 리더가 갈등 상황에서 자제심을 잃어버리면 리더로서의 영향력을 상실해 버리기 때문이다. 그러므로 리더는 갈등 상황에서 감정적으로 잘못된 행동을 하지 않도록 늘 자신을 통제하고 있어야 한다.

리더의 자리에 있는 사람일수록 갈등의 상황에서 자신의 감정을 잘 다스릴 수 있어야 한다. 리더는 앞에 있는 사람이기에 한마디만 흥분해서 실수하거나 한 번만 자신의 감정을 잘못 노출시켜도 그때부터 리더십을 발휘하기가 무척 힘들어진다. 특히 한국 사람들이 갈등 문제를 잘 해결하지 못하는 것은, 다혈질적이고 감정적인 면이 있기 때문이다. 자신의 뜻대로 되지 않으면 흥분해서 책상부터 뒤집어엎는다. 이렇게 해서는 문제가 풀리지 않는다. 반면에 서양 사람들은 상당히 냉철하고 논리적이다. 그래서 갈등의 문제를 풀어 가는 데 서양 사람과 대결하면 우리가 불리한 경우가 많다. 갈등의 문제에서 감정을 앞세우는 것은 금물이다.

4) 갈등의 문제를 설득과 협상으로 풀도록 노력하라

갈등의 문제는 논리적인 설득과 협상으로 풀 수 있는 경우가 많다. 이를 위해 가장 중요한 것은 상대방의 의중을 정확하게 꿰뚫고 파악하는 것이다.

성종 12년(서기 993년)에 거란의 장수 소손녕이 80만 대군을 이끌고 고려를 침공해 왔다. 거란의 항복 요구를 받은 조정은 강경파와 화친파로 나뉘어 어수선했다.

이때 서희 장군이 소손녕과 담판을 짓겠다고 나섰다. 서희와 만난 자리에서 소손녕은 "당신네 나라는 옛 신라 땅에서 건국했고, 우리 거란은 옛 고구려 땅에 자리를 잡았다. 그런데 왜 고려는 옛 고구려 땅에 자리 잡은 우리 거란을 넘보는가?"라고 질문했다. 그러자 서희는 "그렇지 않다. 우리나라가 바로 고구려의 후예다. 그러니 우리가 고구려를 계승한다는 뜻에서 국호도 고려라 하고 서경을 도읍으로 삼은 것이다"라고 조목조목 반박했다. 소손녕은 "고려는 어찌 우리 거란을 멀리하고 송나라와는 가까이 지내는가?"라고 물어보았다. 그러자 서희는 "여진이 거란으로 가는 길을 막아 그럴 수밖에 없었다. 우리가 여진을 쫓아내고 옛 땅을 되찾는 것을 거란이 인정하면 거란을 가까이하겠다"고 말했다.

결국 서희는 거란을 물러나게 만들었으며, 그들로부터 압록강 동쪽 땅에 대한 영유권도 인정받았다. 그리하여 그 지역의 여진족을 몰아내고 '강동 6주'를 고려 땅으로 편입시킬 수 있었다.

거란이 순순히 물러난 이유는, 송나라와 총력전을 벌여야 하는데 고려라는 적을 하나 더 만들 필요가 없었기 때문이다. 또한 거대한 중국 대륙이 눈앞에 아른거리는 마당에 여진족이 살고 있는 작은 땅덩어리 정도는 떼어 줘도 괜찮다고 생각한 것이다.[15] 서희가 이 같은 거란의 입장을 정확하게 파악하고 협상을 벌였기 때문에 거란족의 침입을 물리치고 강동 6주까지 돌려받는 쾌거를 이룬 것이다.

오늘날 세상이 점점 국제화되면서 정치, 경제적인 면에서 외국과 협상해야 할 일이 많아지고 있다. 특히 FTA 체결 같은 중요한 자리에서는 뛰어난 협상가가 반드시 필요하다. 이러한 협상에 나오는 대표들은 자국의 이익 극대화를 추구하기 때문에 탁월한 어학 실력뿐 아니라 전문적인 지식, 상대의 의도를 정확하게 파악하는 능숙한 협상 전략 등을 구사할 수 있는 전문가가 반드시 필요하다. 국제화 시대를 맞이하여 우리나라에서도 이런 전문가들을 정책적으로 키워 낼 필요가 있다.

서로의 다름을 이해해야 한다

리더로서 인간관계를 잘 맺고 갈등이 없는 팀 사역을 하기 위해서는 사람들의 다양한 기질을 이해하고 받아들일 수 있어야 한다. 사람들의 다양한 기질의 차이를 구분하는 방법으로 '피플 퍼즐'이 있다. 이것은 원래 기원전 400년경, 히포크라테스에 의해 제기된 것으로, 일반적으로 사람들을 4개의 기질로 분류하는 것이다. 기질을 알면 다른 사람을 이해하기가 훨씬 쉽다. 4개의 기질은 다음과 같이 간단하게 정리할 수 있다.[16]

1) 주도형(Dominant) 스타일: 담즙질

이 유형은 목적 주도형이고, 다른 사람들의 의견을 듣기보다는 자신이 모든 대화의 주도권을 잡기를 좋아하는 스타일이다. 이 같은 기질을 가진 성경의 대표적인 인물이 바울이다. 그는 단도직입적이고 직선적이며 결단력 있는 리더의 면모를 지녔다.

이런 스타일은 어렵고 힘든 일을 과감하게 이뤄 내는 행동파라서 큰일을 해내지만, 그 과정에서 사람들의 마음을 상하게 할 수 있는 위험성을 가지고 있다.

2) 사교형(Interactive) 스타일: 다혈질

이 유형은 쾌활하고 사교적이어서 늘 좋은 분위기를 만들기 때문에 주위에 사람이 많이 모인다. 성경 인물 중 베드로가 바로 이런 유형이다.

이런 사람은 열정적이며 직관력이 있고 순발력이 있다는 장점이 있다.

반면, 즉흥적이고 충동적으로 행동할 수 있는 위험 소지를 항상 안고 있다.

3) 안정형(Stable/Submissive) 스타일: 점액질

이 유형은 모험을 싫어하고, 안정적이며 온화하고 다정다감한 스타일이다. 성경 인물 중 아브라함이 바로 이런 점액질의 사람이었다. 그는 갈등의 소지가 일어나면 정면으로 돌파하기보다는 늘 회피하려고 애썼다.

이런 사람들은 중립적이고 포용력이 있다는 장점이 있지만, 우유부단하고 타협을 잘 하며 소심하다는 단점이 있다.

4) 신중형(Cautious) 스타일: 우울질

이 유형은 매사에 꼼꼼하고 철저하며, 신중함과 정확성을 지나치게 중시하는 스타일이다. 신중형의 대표적 인물이 바로 모세다. 모세는 하나님이 그를 이스라엘 백성을 이끌 지도자로 세우셨음에도 불구하고 지나칠 정도로 소심하고 소극적으로 반응했다.

이 유형은 끈기가 있고 분석적이며 계획적이라는 장점이 있지만, 까다롭고 과민하며 자신감이 없는 단점이 있다.

사람에 따라 이런 기질들이 복합적으로 드러나기도 하지만, 일반적으로 어느 한 기질이 다른 기질보다 분명하게 나타나는 경우가 많기에 이 기질론은 지금도 설득력이 있다.

당신은 어떤 기질이 두드러지는가? 연극을 구성하는 데는 배우, 감독, 관중, 작가가 있다. 당신은 이 중에 어떤 역할을 하고 싶은가? 만약 배우가 되고 싶다면 다혈질일 가능성이 크다. 다혈질은 타고난 무대 체질이며 보여 주기를 좋아한다. 감독이 되고 싶다면 담즙질일 가능성이 크다. 담즙질은 타고난 리더이며, 모든 것을 조절하고 싶어 한다. 관중이 되고 싶다면 점액질일 가능성이 크다. 점액질은 소극적이며 관망자가 되고 싶어 한다. 작가가 되고 싶다면 우울질일 가능성이 크다. 우울질은 정서적으로 민감하며 섬세하다.[17] 이것을 다르게 표현하면 "다혈질이 말을 하면 담즙질은 행동하고, 점액질은 바라보며 우울질은 생각한다."

여기서 중요한 교훈을 얻을 수 있다. 각자 다양한 기질이 있는데, 어느 것이 더 훌륭한 기질이라고 이야기할 수 없다는 것이다. 각자의 기질에 장단점이 다 있기 때문이다. 중요한 것은 우리 사회가 아름다운 조화를 이루기 위해서는 이 모든 기질의 사람들이 다 필요하다는 것이다. 퍼즐의 한 조각이라도 없으면 전체 그림이 완성될 수 없듯이 전체를 구성하는 데는 이 모든 사람이 필요하다는 것을 기억해야 한다. 그러므로 가급적이면 서로를 용납하고 이해하는 자세가 필요하다. 대부분의 경우에 우리는 다른 것이지 틀린 것이 아니기 때문이다. 존 맥스웰은 이렇게 말했다.

"나는 내가 만나는 모든 사람이 100점 만점이라고 믿는다."

이런 마음 자세로 보면 사람들의 장점이 보일 것이다.

변화는 비판과 갈등을 동반한다

사람들이 리더와 갈등하게 되는 요인에는 여러 가지가 있다. 위에서 살펴본 대로 기질의 차이 때문에 그럴 수 있다. 기질이 다르면 일하는 스타일의 차이가 생기고, 그로 인해 갈등이 일어난다. 성경에 나오는 바울과 바나바가 그 대표적인 예다. 그들은 서로를 세워 주는 훌륭한 관계였지만, 마가를 선교 여행에 데리고 가는 문제로 갈등을 빚다가 서로 헤어지고 말았다. 그 외에도 선천적으로 갈등을 잘 일으키는 스타일의 사람이 있다.

타고나기를 투사 기질이어서 다른 사람과 갈등을 일으키는 것을 좋아하는 사람이 있기는 하다. 그러나 리더가 팔로워들과의 관계에서 갈등을 일으키는 가장 중요한 원인은, 리더가 가져오는 변화 때문이다. 리더는 영향력을 끼치는 사람이다. 그러므로 리더가 리더십을 발휘하면 어떤 형태로든지 변화를 가져오게 마련이다. 그렇게 되면 그것에 반대하는 사람이 반드시 나오게 되어 있다.

존 코터(John P. Kotter)는 다음과 같은 말을 했다.

"사람들에게는 현상 유지에 집착함으로써 얻게 되는 만족감이라는 것이 있다. 그것이 가진 엄청난 힘과 영향력을 결코 낮게 평가해서는 안 된다."

마크 트웨인(Mark Twain)은 심지어 이런 농담도 했다.

"변화를 좋아하는 유일한 사람은 기저귀가 젖은 갓난아이밖에 없다."

통계에 의하면, 리더가 변화에 대한 제안을 하면 그것을 적극적으로 수용하고 받아들이는 사람은 12% 정도밖에 되지 않는다고 한다. 대부분의 사람들은 현상을 그대로 유지하기를 원한다.

그러므로 리더는 변화에 대한 준비가 되어 있지 않은 상태에서 너무 급격한 변화를 가져오지 않도록 주의할 필요가 있다. 리더는 팔로워들에게 변화의 필요성에 대해 충분히 이해시킬 필요가 있다. 그렇게 하면 사람들이 변화를 덜 위협적으로 느끼게 된다. 반대자들과의 갈등을 최소화하기 위해 시간을 두고 여유 있게 변화를 꾀하는 것이 필요하다.

이에 대한 재미있는 유머가 있다. 어떤 교회에 목사님이 부임했는데, 몇 주 예배를 드리다 보니 본당의 피아노가 설교단 뒤쪽에 있는 것이 불편하게 느껴졌다. 그래서 피아노를 설교단 앞쪽으로 옮기자고 주장했다. 그러자 장로님들이 이에 극구 반대했다. 결국 장로님들과 피아노 옮기는 문제로 싸우다가 그 목사님은 교회를 사임하게 되었고, 얼마 후 새로운 목사님이 오셨다.

피아노 문제로 쫓겨난 목사님은 1년 후 다른 일로 그 교회를 방문하게 되었다. 그런데 가 보니까 문제의 피아노가 강대상 앞에 떡 하니 나와 있는 것이 아닌가? 그래서 깜짝 놀란 목사님이 그 교회 목사님에게 물어보았다.

"저는 피아노 옮기는 문제로 이 교회를 사임하게 되었는데, 목사님은 어떻게 이렇게 아무 문제 없이 피아노를 강대상 앞쪽으로 옮기셨습니까?"

그러자 새로운 목사님은 이렇게 대답했다.

"네, 매 주일 1센티미터씩 옮겼지요."

이 이야기가 우리에게 말하고자 하는 것은, 변화의 필요성이 있을 때는 시간을 두고 반발을 최소화하면서 서서히 변화를 꾀하라는 것이다. 물론 예외도 있다. 사람들이 리더를 적극 지지하거나 변화를 간절히 원하고 있을 때는 오히려 리더가 재빨리 변화를 가져오는 것이 좋은 결과를 낼 수도 있다.

적을 친구로 만드는 리더십

리더십을 발휘하는 가운데 인간관계의 갈등과 어려움에 직면할 때, 인간관계의 대가인 링컨을 기억할 필요가 있다. 링컨이 대통령으로 재임할 때 많은 사람들이 그를 비난하고 어렵게 했다. 어느 날 누군가 링컨에게 왜 적들을 제거하지 않느냐고 물었을 때, 링컨은 다음과 같은 유명한 말을 했다.

"원수를 제거하는 가장 좋은 방법은 그를 친구로 만드는 것이다"(The best way to destroy an enemy is to change him into a friend).

링컨 주위에 그를 비난하던 사람들 가운데 에드윈 스탠턴(Edwin McMasters Stanton)이라는 사람이 있었다. 그는 링컨을 놀리며 "얼굴에 털이 난 고릴라를 보기 위해서는 아프리카까지 갈 필요도 없다. 백악관에 가면 볼 수 있다"라는 이야기까지 했다. 그러나 링컨은 국방부 장관의 자리가 비었을 때 그를 그 자리에 임명했다. 주위에서 그를 그 자리에 앉힌 이유를 물었다. 링컨의 대답은 단순했다. 그냥 그가 그 자리에 적임자라는 것이었다.

1865년 4월 15일, 링컨이 포드 극장에서 저격범이 쏜 총탄에 맞아 쓰러졌다. 극장 건너편 여관의 침대에 누워 죽음을 기다리고 있을 때, 가장 먼저 그에게 달려온 사람 중 한 명이 바로 스탠턴 장군이었다. 그는 쓰러져 있는 링컨의 모습을 바라보면서 이렇게 중얼거렸다.

"여기, 이 세상에서 가장 위대한 사람이 누워 있다."

우리는 리더십을 발휘할 때 가급적 주위 사람들을 품어 주는 큰 그릇이 될 필요가 있다. 리더의 자리에 오르고 나면 주위 사람들을 모두 적으로 만드는 사람이 있다. 그렇게 되면 안 된다. 리더는 원수도 친구로 만드는 인품이 있어야 한다. 나와 마음이 맞지 않는 사람도 가급적 품어 주고 축복해 줄 수 있는 넉넉한 인격의 사람이 되어야 한다.

미국의 남북 전쟁은 남부와 북부 두 지역으로 나뉘어 노예제도 폐지를 둘러싸고 벌어진 내전이다. 5년여에 걸쳐 치른 이 전쟁은 1865년 4월 9일, 버지니아 주 애포메턱스에서 북군 사령관 U. S. 그랜트(Ulysses S. Grant) 장군과 남군 사령관 리(Robert E. Lee) 장군의 협상으로 막을 내렸다.

우리가 알다시피 남북 전쟁에서 그랜트 장군이 이끈 북군이 승리를 거뒀다. 남군 총사령관인 리 장군은 자신이 총살당할 수도 있다는 생각을 하고, 총사령관으로서 떳떳한 최후를 맞이하기 위해 최고의 군복을 갖춰 입고 그를 맞이했다. 그런데 놀랍게도 그랜트 장군은 관대했다. 그는 남군들에게 모두 고향으로 돌아가라는 조건만 내걸었다. 굶주린 남군 패잔병들에게 2만 5,000명분의 식량까지 제공했다. 이로 인해 5년이 넘는 내전으로 모든 것을 잃고 적개심에 불타던 남군은, 북군에 대한 원한이 봄눈 녹듯 스러졌다.

만일 그랜트 장군이 남군 패잔병을 전쟁 포로로 혹독하게 다루고, 리 장군을 전범으로 몰았다면 어떻게 되었을까? 아마도 오늘날 미국인의 마음속에는 남부 USA와 북부 USA라는 두 개의 미국이 자리 잡고 있었을지도 모른다. 당시로서는 상상하기 힘든 그랜트 장군의 놀라운 관용의 자세 덕분에 피비린내 나는 남북 전쟁의 상처가 빨리 아물 수 있었던 것이다.[18]

마지막으로, 부끄럽지만 내가 유학 생활 가운데 경험한 작은 승리 하나를 소개하고자 한다. 미국에서 7년간의 유학 생활이 거의 끝나 갈 때였다. 그동안 몇 군데 이사를 다녔는데, 우리 가족이 마지막으로 살았던 곳은 단독주택이었다.

어느 날 옆집에 멕시코인이 이사를 왔는데, 그는 이사 오는 첫날부터 내 신경을 무척 거스르게 했다. 그는 자기 집 앞마당을 청소한다면서 시끄러운 기계를 돌리며 물청소를 했는데, 거기서 나오는 연기가 우리 집의 열린 화장실 창문으로 고스란히 들어왔다. 우리 집은 완전히 너구리굴이 되어 버리고 말았다. 그때 우리 집에는 갓난아기가 있었는데, 공기가 탁해져서 그날 하루 종일 얼마나 괴로웠는지 모른다.

그 후에 그 사람은 우리 집과 붙어 있는 자신의 차고를 작업장으로 개조하여 온갖 것을 다 만들기 시작했다. 갖은 소음을 내고 연기를 풍기며 작업하는 그의 모습은 내 신경을 극도로 거스르게 했다. 한번은 산소용접기까지 끌고 와서 불꽃을 튀기며 작업하는데, 정말 짜증이 나서 견딜 수 없을 지경이었다. 게다가 그 사람이 소유한 낡은 픽업트럭은 차가 출발할 때마다 연기가 왜 그렇게 나는지, 사람이 미우니까 차도 미워지는 것이었다.

얼마간의 시간이 지난 후 나는 마음속으로 그 사람을 미워하기 시작했다. 바로 옆집에 사는 이웃이 철천지원수로 변한 것이다. 그 사람이 지나가는 것을 보기만 해도 짜증이 나고, 길에서 마주쳐도 인사도 하지 않았다. 그리고 그 사람이 차고에서 작업하는 소리를 듣기만 해도 신경질을 냈다. 나의 마음속에서 그 사람과의 보이지 않는 심리적 갈등이 계속되고 있었던 것이다.

그렇게 몇 달이 지나갔다. 그런데 어느 날부터인가 내 마음속에 '내가 사람을 너무 일방적으로 미워하고 있는 것은 아닌가' 하는 생각이 들었다. 또 한편으로는 그 사람은 충분히 나의 미움을 받을 만한 행동을 하고 있다는 생각도 들었다.

그러던 어느 날 갑자기 재미있는 일이 발생했다. 집에서 쓰던 청소기가 고장 나 버린 것이다. 미국은 대부분의 집이 카펫으로 되어 있어서 청소기가 필수적이다. 특히 우리 집 같은 경우에는 기어 다니는 갓난아기가 있었기 때문에 청소기를 3일에 한 번은 돌려야 했다. 그런데 청소기가 고장 나니까 정말 답답했다. 산 지 얼마 되지도 않은 청소기였다. 새로 사려니 공부 다 마치고 한국에 들어갈 날이 얼마 남지도 않았는데 아까웠고, 그렇다고 수리해서 쓰려니 어디에 가야 청소기를 고쳐 주는지 알 수 없었다. 청소기를 산 곳이 대형 마트였기에, 그곳에서 애프터서비스를 받을 상황도 아니었다.

그렇게 청소기 때문에 고민하면서 며칠이 지난 어느 날, 옆집 사람 생각이 퍼뜩 떠올랐다. '그 사람은 하루 종일 뭔가를 고치며 사는 사람인데, 혹시 내 청소기도 고칠 수 있지 않을까?' 하는 생각이 갑자기 들었다. 평상시에 미워하는 사람이라 말을 붙이기도 싫었지만, 왠지 내 마음 한구석에 '혹시 하나님이 이런 기회를 통해 내가 그 사람과 화해하도록 계획하신 것은 아닐까?' 하는 생각이 스치고 지나갔다. 그래서 용기를 내어 그 사람에게 찾아가서 청소기를 고칠 수 있느냐고 물어봤다. 그러자 그 사람은 자기는 못 고치는 것이 없다며 가져오라고 했다. 결국 그 사람은 그날 온종일 씨름하여 나의 청소기를 고쳤다. 청소기 안에 있는 작은 부품이 닳아서 문제가 생긴 것이었다. 그 사람은 내가 어디에 가면 그 부품을 살 수 있는지도 가르쳐 주었다. 별로 돈이 들지 않는 부품이었다. 그리고 그날 같이 청소기를 뜯어 고치면서 우리는 친구가 되었다.

놀라운 사실은, 그날 이후로 그의 작업장에서 전과 똑같이 시끄러운 소리가 들려왔는데도 그 소리가 더 이상 시끄럽게 여겨지지 않았다는 것이다. 환경은 변한 것이 없는데, 내가 마음을 바꾸니까 모든 것이 바뀐 것이다. 그 후 한국에 들어오기 전까지 나와 그 멕시코인은 절친한 친구로 지냈다. 아내가 구운 맛있는 불고기를 그에게 가져다주었고, 그는 답례로 갓 잡은 싱싱한 게와 가재를 가져다주기도 했다.

나는 이것이 내 인생에서 거둔 작은 승리라고 생각한다. 미움과 갈등의 관계에 있던 사람에게 내가 먼저 마음을 열고 다가가니 그는 나의 친구가 되어 주었다. 위대한 사람은 자신을 긍정적으로 바라본다. 그리고 사람들을 긍정적으로 대한다. 자연히 그런 사람들에게는 친구가 많다.

윌 로저스(Will Rogers)는 당대에 가장 인기 있는 사람 중 한 명이었다. 그의 유명한 말 중 하나가 바로 이것이다.

"나는 내가 좋아하지 않는 사람을 만나 본 적이 없다."

물론 이 말에는 과장이 조금 섞여 있겠지만, 어쨌든 그는 모든 사람들을 사랑스러운 마음으로 대했다. 그리고 그에 대한 답례로 모든 사람들이

월 로저스를 사랑했다. 인생이란 그런 것이다. 성경은 "할 수 있거든 너희로서는 모든 사람과 더불어 화목하라"(롬 12:18)고 이야기 한다.

여러분이 리더십을 발휘하는 가운데 만나는 모든 사람들을 가급적이면 적으로 만들지 말고 친구로 만들 수 있기를 바란다. 그 사람의 입장에서 이해해 주려고 노력하고, 도저히 이해가 안 되고 용납이 안 되는 사람은 할 수 있는 한 축복하며 기도해 주기 바란다. 그럴 때 여러분은 큰 그릇이 될 수 있고, 태산도 품을 수 있는 큰 리더가 될 수 있을 것이다. 여러분 모두가 그런 리더가 되기를 바란다.

인생의 기술 중 90%는 내가 싫어하는 사람과 잘 지내는 방법에 관한 것이다.
_사무엘 골드윈(Samuel Goldwyn)

에펠 탑이 주는 교훈

'프랑스 파리' 하면 무엇이 가장 먼저 떠오르는가? 뭐니 뭐니 해도 역시 에펠 탑일 것이다. 파리의 에펠 탑은 프랑스의 상징이자, 오늘날 파리 경관에 없어서는 안 될 최고의 명물이다. 그러나 이 에펠 탑도 처음 세워졌을 때는 파리 시민들이 철거하기를 원한 건축물 제1호였다는 사실을 알고 있는가? 에펠 탑은 프랑스 혁명 100주년을 기념하기 위해 1889년, 귀스타브 에펠 (Gustave Eiffel)이 건축한 철탑이다. 에펠은 프랑스인으로 교량기술자이며 공학자였다. 그는 당시로서는 유례가 없는 놀라운 설계 기술로 탑을 제작했다. 탑의 높이는 80층 건물의 높이에 해당하는 324m였고, 인간이 만든 구조물 중 세계에서 가장 높은 구조물이라는 자리를 41년 동안이나 차지했다. 에펠 탑에 사용된 철 토막은 모두 1만 8,038개였고, 탑을 고정시키는 리벳은 무려 250만 개나 되었다.

이렇게 에펠 탑은 건축의 신기원을 이룩했지만, 처음 탑이 건축될 때는 석조 건물에 익숙해 있던 시민들로부터 많은 반발을 샀다. 예술의 도시 파리의 시민들에게는 '천박한' 철재 골격의 구조물이 고풍스러운 파리의 모습과 전혀 조화를 이루지 않는 것 같아 보였기 때문이다.

에펠 탑을 세우는 데 참여했던 기술자들은 "거대한 기념 건조물에 의한 과학과 산업의 승리"라고 자랑했으나, 보수적인 시민들은 "고철 덩어리", "쓸모없고 흉측한 검은색 굴뚝", "파리 예술의 모욕"이라며 거세게 반발했다. 심지어 "쇳덩어리로 만든 아스파라거스"라고 부르며 조롱하기도 했다. 특별히 소설가 모파상(Guy de Maupassant), 〈아베마리아〉의 작곡가 구노(Charles François Gounod) 등의 예술가들이 앞장서서 에펠 탑을 혹독하게 비판했으며, "에펠 탑의 철거를 위한 300인 선언"이 발표되기도 했다.

그러나 재미있는 것은 "거대하고 불쾌한 철골 괴물"이라고 하면서 에펠 탑 철거를 강력하게 주장했던 모파상이 나중에 에펠 탑 1층에 있는 레스토랑에 자주 와서 식사를 했다는 것이다. 그래서 사람들이 그렇게 에펠 탑을 싫어하면서 왜 이렇게 자주 오느냐고 물으니, 파리에서 에펠 탑이 보이지 않는 유일한 장소이기 때문이라고 대답했다고 한다.

이렇게 시민들의 혹독한 비판을 이겨 내고 세워진 에펠 탑은 나중에 또 한 번의 철거 위기를 겪게 된다. 처음 에펠 탑을 건설한 회사가 20년 동안만 그 장소를 빌려 쓰는 조건으로 에펠 탑을 지었기 때문이다. 그러나 그때는 이미 기술이 진보하여 에펠 탑 정상에 무선 안테나가 설치되었고, 이로 인해 대서양을 넘나드는 전파를 쏘아 댈 수 있었기에 에펠 탑을 함부로 허물 수 없었다.

이후에 라디오 방송을 위한 장치가 설치되었고, 텔레비전 안테나까지 설치되었으며, 기상관측 장비와 항공운항 장비까지 가세하여 에펠 탑의 위상은 더욱 높아져만 갔다. 특히 1985년부터는 야간 조명까지 밝혀서 이제는 에펠 탑 없는 파리의 밤하늘은 상상도 할 수 없게 되었다.

프랑스어에서 '탑'은 여성형이다. 그래서 현대의 프랑스인들은 에펠 탑을 "파리에서 가장 아름다운 여인"이라고 부른다. 이제 에펠 탑은 프랑스를 뛰어넘어 유럽을 대표하는 랜드 마크가 되었다. 관광객 수도 1년에 700만 명이 넘으며, 2002년을 기점으로 20억 명을 넘어섰다. 지난 2012년, 한 조사에서 에펠 탑의 경제적 가치는 무려 4,346억 유로(한화로 약 600조 원)로 평가되었다. 그러므로 이제 에펠 탑을 철거하자고 주장하면 제정신이 아닌 사람으로 취급받을 것이 분명하다.

현재 파리의 명물로 우뚝 서 있는 에펠 탑! 그 에펠 탑도 한때는 수많은 사람들로부터 허물어뜨려야 한다는 혹독한 비판을 받았다는 사실을 잊지 마라.

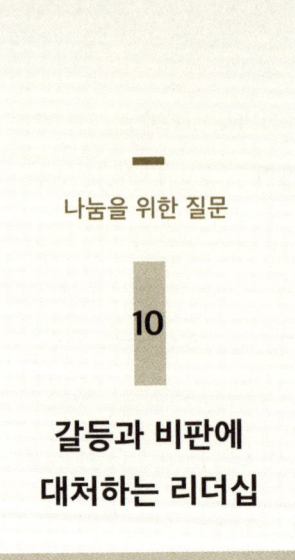

10
갈등과 비판에 대처하는 리더십

1. 지금까지 살면서 비판이나 갈등의 문제에 직면해 본 적이 있는가? 있다면 어떤 경우였는가?

2. 파괴적인 비판과 건설적인 비판을 구분할 수 있는 기준은 무엇이라고 생각하는가?

3. 건설적인 비판이 나를 더 성장시킬 수 있는 밑거름이 되게 하려면, 내가 어떻게 해야 한다고 생각하는가?

4. 나의 유머 감각은 0에서 10 사이 중에서 어디쯤 위치한다고 생각하는가? 나의 유머 감각을 더 개발하기 위해 어떻게 해야 할지 생각해 보라.

5. 나는 다른 사람의 입장을 잘 이해하는 성격인가? 다른 사람의 말을 더 잘 듣기 위해서는 무엇이 필요하다고 생각하는가?

6. 주도형, 사교형, 안정형, 신중형 스타일 중 나는 어디에 가장 가깝다고 생각하는가? 이로 인한 나의 장단점은 무엇이라고 생각하는가?

7. 적을 친구로 만든 경험이 있는가? 자칫 잘못하면 멀어질 뻔한 사이에서 화해나 용서를 경험한 적이 있는가?

21세기,
이 시대를 읽는 리더

전설적인 하키 선수 웨인 그레츠키(Wayne Gretzky)는 "무엇이 당신을 위대한 선수로 만들었는가?"라는 질문에 다음과 같이 대답했다. "대부분의 선수들은 퍽(puck)이 있는 곳을 향해 달려갑니다. 그러나 저는 퍽이 도달할 곳을 향해 가지요."

리더십에도 변화가 필요한 시대

리더는 어떤 사람이 되어야 하는가? 이 시대의 리더가 되기 위해서는 시대의 흐름을 알고, 그에 맞게 대처할 수 있어야 한다. 특히 오늘날의 시대적 변화는 그 속도감이 눈이 어지러울 정도다. 과거에 말을 타고 전국으로 소식을 전하며 방을 붙이던 시대에는 변화가 아주 느리게 진행되었다. 그런데 라디오 시대가 오면서 변화의 속도가 조금 빨라졌고, TV 시대에는 변화의 속도감이 한층 빨라졌다. 그리고 지금은 인터넷 시대인데, 그 변화의 속도는 눈이 어지러울 정도다.

통계에 의하면, 지난 30년 동안 새로 생성된 정보의 양은 지난 5,000년 동안 인류가 접해 온 지식의 양보다 많다. 뿐만 아니라, 인터넷상에서 접할 수 있는 정보의 양 또한 3개월 반마다 배로 증가하고 있다. 지금까지의 인류 역사를 통해 축적된 정보의 양보다 향후 3년간 축적될 정보의 양이 더 많을 것으로 예측되는 등 실로 우리는 정보의 홍수 속에서 살고 있다.[1]

이같이 넘치는 정보의 홍수 속에서 우리는 시대의 변화를 제대로 예측하고 따라가기가 힘들어졌다. 물론 과거부터 변화는 늘 있어 왔다. 그러나 오늘날의 변화와 과거 50년 전의 변화는 많은 차이가 있다. 오늘날의 변화는 속도가 더 빠르다. 눈부신 기술의 발달로 인해 제품이 나오면 불과 몇 개월이 지나지 않아 새로운 모델이 등장한다.

오늘날 변화의 속도를 보여 주는 한 예가 있다. 과거에 라디오가 나온 후 청취자가 5,000만 명에 이르기까지 38년이 걸렸지만, TV가 나온 뒤 5,000만 명의 시청자를 확보하는 데는 불과 13년밖에 걸리지 않았다. 그리고 인터넷이 등장한 후 5,000만 명의 유저 마크를 달성하는 데는 단 4년밖에 걸리지 않았다.[2]

오늘날 변화는 규모가 더 커졌다. 전 세계가 하나의 지구촌으로 같이 맞물려서 돌아가기에 변화의 규모가 상상도 할 수 없을 정도로 커졌다. 그뿐 아니라 오늘날의 변화는 예측하기가 더 어려워졌다. 지금 세상에서 일어나고 있는 많은 변화들은 특정한 패턴이 없다. 변화를 예측하거나 장기 계획을 수립하는 일이 더욱 어려워졌다.

리더는 길이 없는 곳에 길을 만드는 사람이다. 이런 혼돈의 상황 속에서 자신을 따르는 사람들에게 어디로 가야 할지 정확하게 방향을 지시해 줄 수 있어야 한다. 그런데 문제는, 오늘날 리더십의 요구가 한층 더 커졌음에도 불구하고 제대로 된 리더십을 발휘하기가 더욱 어려워졌다는 사실이다. 이 시대가 요구하는 변화의 속도와 폭이 너무 크고, 이에 따라 리더의 책임이 과거와는 비교할 수 없을 정도로 무겁고 어려워졌기 때문이다.

그래서 혹자는 과거의 리더십은 마치 일사불란하게 노를 저어 나가도록 지휘하는 조정 경기 같았다면, 오늘날의 리더십은 급류를 타는 래프팅과 같다고 말한다. 조정 경기 같은 상황에서는 더 정확히, 더 빨리 움직이는 팀이 이길 승산이 높다. 그래서 과거에는 수직적이고 획일화된 리더십이 통하는 시대였으나 오늘날의 상황은 급속하게 변화하고 있다. 목표를 정확히 세우는 것 자체도 힘들지만, 시장의 변화에 따라 민감하게 함께 변화하지 않으면 뒤떨어진다. 이런 상황에서는 전 구성원이 일사불란하게 움직이는 것이 아니라, 같은 목표를 바라보면서 각자 자율적으로 주위 상황에 신속하고 민감하게 대처해 나가도록 리더십을 발휘하는 것이 중요하다.[3]

이제는 정해진 노선을 따라가는 과거의 구태의연한 리더십 방식이 통하지 않는다. 구성원 모두에게 자율성을 부여하여 예측 불허의 상황에서도 전체 조직원이 유연하게 대처할 수 있는 능동적인 팀 리더십이 필요하다. 그렇다면 이러한 시대적 상황을 잘 극복하기 위해서는 어떤 리더십이 요청되는가?

21세기형 리더십

하버드 대학교에는 케네디 스쿨이라는 리더십 스쿨이 있다. 이 리더십 스쿨에서는 21세기에 주목해야 할 리더십으로 다음의 7가지를 이야기한다.[4]

1) 성취적 리더십

성취적 리더십은 전통적인 리더십 교육에서도 가장 최고의 유형으로 손꼽히는 리더십 유형이다. 리더가 존재하는 목적은 비전과 목표를 달성하는 것으로, 그렇지 못한 리더십은 실패한 것으로 볼 수밖에 없기 때문이다.[5] 교회의 담임목사는 그 교회를 부흥시켜야 하며, 기업체의 CEO라고 하면 그 기업체에 이윤을 가져와야 한다.

미국의 빌 클린턴 대통령이 도덕적으로 비난받았음에도 불구하고 높은 지지율을 보인 것은, 그가 재임 중에 이룩한 경제 발전 때문이다. 우리나라의 경우에도 박정희 전 대통령이 독재자라는 비난을 많이 받았지만 오늘날 다시 그에 대한 긍정적인 평가가 나오는 것은, 그가 괄목할 만한 경제성장이라는 성취적인 리더십을 발휘했기 때문이다. 그래서 존 맥스웰은 리더십에 관해 "리더는 그저 착하기만 하다고 되는 것이 아니다. 리더로서의 자질과 전략이 있어야 한다"고 이야기한다.

성취적 리더십을 잘 발휘하려면 숫자에 대한 감각이 있어야 한다. 숫자는 현실을 정확하게 직시하게 해 주기 때문이다. 단순한 숫자만으로도 우리는 현실을 제대로 보고, 일어나는 일들을 똑바로 이해할 수 있다.

그러나 성취적 리더십을 이야기할 때 주의할 사항이 있다. 성취적 리더십에서 리더의 성취도 여부를 측정할 때 때로는 수치로 계량화할 수 없는 것도 있다는 사실이다. 리더의 성과가 질적인 변화나 심리적인 만족도로 평가될 수도 있는 것이다.[6] 또한 영적인 사역의 경우에는 소명의 달성 여부로 평가될 수도 있다. 가령 선교사나 목회자의 경우, 외형적으로 보기에 큰 부흥을 일으키지 못했더라도 하나님이 맡기신 소명의 자리에서 최선을 다했다면, 그가 하나님 앞에서 어떻게 평가받을지는 아무도 모르는 것이다. 이것이 성경에서 말하는 달란트 비유다. 자신에게 주어진 달란트에서 최선을 다했다면, 하나님은 다섯 달란트 남긴 자나 두 달란트 남긴 자나 똑같이 칭찬해 주신다.

이렇게 예외적인 경우도 있다는 사실을 기억하는 것이 중요하다. 그렇지 않으면 영적인 문제에까지 너무나 세상적인 잣대를 들이대서 교회가 물량주의나 성과주의 혹은 성공지상주의로 나갈 위험이 있다. 그러나 이런 특별한 경우를 제외하고는, 성취적 리더십은 리더의 가장 중요한 사명이요, 역할이다.

2) 변혁적 리더십

변혁적 리더십은 21세기에 꼭 필요한 리더십이다. 이 용어는 원래 '거래적 리더십'과 대립되는 개념으로 사용되었다. 리더십 학자인 제임스 번스(James Burns)는 전통적인 리더십에서는 구성원들이 목표를 달성하면 보상을 주는 방식으로 조직의 성과를 높이는데, 이것을 거래적 리더십이라고 봤다. 반면에 리더가 강한 동기 부여와 끊임없는 상호작용을 통해 구성원들의 행동을 변화시켜 조직과 사회의 변화를 도모하는 것을 변혁적 리더십이라고 봤다.[7]

이러한 변혁적 리더십은 올바른 가치 부여를 통해 조직원들의 역량 수준을 높여 서로 성장하는 단계로 나아가게 한다는 면에서 바람직하다. 이런 리더십을 가진 리더는 상황에 안일하게 대처하는 것이 아니라, 상황을 주도적으로 바꿔 나가는 특징이 있다. 이 같은 변혁형 리더들의 핵심적 특성은 혁신성이다. 그들은 주요한 도전 과제를 해결할 때 기존의 수단과 대처 방안에 의존하지 않는다. 기존의 문제나 새로운 문제를 막론하고 그것들에 대해 참신한 해결책을 찾아내는 경향이 있다.[8] 21세기의 상황에서 변혁적 리더십이 중요한 것은, 리더가 변화의 흐름을 미리 읽고 그에 맞게 자신이 속한 조직체를 바꿔 나가지 않으면 도태될 수밖에 없기 때문이다.

2012년 1월 19일, 코닥(Kodak)은 연방 법원에 파산보호 신청을 했다. 코닥은 카메라의 산 역사를 지닌 기업으로 설립된 지 120년이 넘는 세계적인 기업이다. 1882년에 설립된 코닥은 당시 1달러짜리 카메라를 내놓아 카메라의 대중화를 이끌었다. 이후에도 필름과 인화지 사업을 통해 1976년경에는 미국 시장점유율의 90%, 필름 시장의 85%를 장악하는 주도적인 기업이 되었다.[9]

그런데 이러한 코닥을 무너뜨린 것은 디지털카메라다. 필름도, 인화지도 필요 없는 디지털카메라는 카메라 시장의 판도를 완전히 바꿔 놓았다. 이 사실을 깨달은 코닥은 뒤늦게 디지털카메라 사업에 뛰어들었지만, 너무 늦었다. 게다가 이제는 카메라가 휴대전화나 스마트폰 안에까지 들어가게 되었다. 이렇게 저가 카메라 시장이 완전히 무너지게 되니 코닥이 서 있을 자리가 없어졌다. 여기서 아이러니한 것은, 디지털카메라 모델을 가장 먼저 개발한 사람이 바로 코닥 회사의 직원이었다는 사실이다. 문제는 코닥의 리더십이 이를 적극적으로 수용할 만한 선견지명이 없었다는 것이다.

이런 것을 보면 변혁적 리더십의 중요성을 깊이 생각하지 않을 수 없다. 변화에 적절하게 대처하지 못하는 리더는 도태되고, 역사의 뒤안길로 사라진다. 리더가 관리자와 다른 점이 무엇인가? 리더는 현상 유지에 만족할 것이 아니라, 변화를 예측하고 주도해야 한다.

맥킨지(Mekinsey) 컨설팅에 의하면, 기업의 평균수명은 1935년에 90년에서 1955년에는 45년으로 절반으로 줄었고, 다시 1995년에는 22년으로, 2005년에는 15년으로 줄었다고 한다.《포춘》선정 500대 기업 중 50년 동안의 생존율은 14%에 불과하다. 우리나라의 100대 기업 중 50년 동안의 생존율도 7%밖에 되지 않는다.[10] 한국의 대표적인 미래학자이며 아시아미래인재연구소 소장인 최윤식은 국내의 30대 그룹은 앞으로 5-15년 이내에 현재의 주력 사업을 대부분 전환해야 하며, 그렇지 않으면 그중 절반이 사라질 것이라고 주장한다.[11]

이러한 시대에 우리는 어떻게 살아야 하는가? 리더가 먼저 변화의 중요성에 눈뜨고, 이에 대한 통찰력을 가지고 적극적으로 대응해야 한다. 그렇지 않으면 앞으로 다가올 위기에 대처할 수 없다.

피터 드러커는 다음과 같이 말했다.

"많은 기업과 그 성장 전략이 좌절하는 것은 '어제'라는 망령에 사로잡혀 과거의 위력에 굴하기 때문이다. 또한 '어제의 올바른 것'에 붙들려 있기 때문이다. 불멸하는 것, 불사신과 같은 것은 어디에도 없다. … 그러므로 어제의 결박에서 벗어나기 위해서는 어제 속에서 비생산적인 것, 진부해진 것, 노후화된 것을 용기를 갖고 제거해야 한다. 리더가 단호하게 이것을 실행하지 않으면 조직은 사멸의 길을 걷게 될 뿐이다."[12]

끊임없이 변화를 추구하는 개인이나 기업은 성공한다. 1914년에 설립된 IBM은 정육점 저울을 제조하는 업체인 CTRC(Computer-Tabulation-Recording Company)가 그 모체로서 1924년에 IBM으로 변신했다. 또한 1948년에 오토바이 제조업체로 출발한 혼다(Honda)는 오늘날 자동차 제조업체로서 명성을 얻고 있다. 이 밖에 세계적인 유명 기업들이 '변화는 곧 기회'라는 인식으로 변화를 통한 번영을 추구하고 있다. 이를 위해 혁신적 마인드를 가진 변혁적 리더의 필요성이 더욱 커지고 있다.

3) 창조적 리더십

리더는 혁신을 위해 창조적인 생각을 할 수 있어야 한다. 그리고 자신의 밑에 있는 사람들이 창조적으로 생각할 수 있는 분위기를 만들어야 한다. 이러한 것을 창조적 리더십이라고 한다. 이를 위해 리더는 개방적이고 상상력이 풍부하며 수용성이 뛰어나야 한다. 관료적이고 경직된 사고를 하는 리더 밑에서는 결코 창의적인 아이디어가 나올 수 없기 때문이다.

일본 홋카이도의 아사히야마 동물원은 일본의 동물원 가운데 가장 북쪽, 즉 가장 추운 곳에 위치해 있다. 그러다 보니 한 해의 절반은 눈에 덮여 휴관 일수가 최장일 뿐 아니라, 인구 35만의 시골 마을이다 보니 입장객 수가 그리 많지 않았다. 그 결과 1996년에는 관람객 수가 26만 명으로 역대 최저치를 기록하여 매각설과 함께 경영 위기가 찾아왔다. 그런데 이 동물원이 2006년에는 270만 명, 2008년에는 350만 명으로 관람객 수가 폭발적으로 증가했다. 그 사이에 무슨 일이 일어난 것인가?

비결은 고정관념을 깨뜨리는 발상의 전환에 있었다. 이른바 '행동 전시'라는 새로운 전시 방법을 도입한 것이다. 기존의 동물원이 철장 속 동물을 전시하는 곳이었다면, 아사히야마 동물원은 동물들이 가지고 있는 놀라운 특성과 능력을 잘 드러내는 동물원을 만들기로 했다. 높은 곳에서 휴식을 즐기는 맹수를 위해 우리를 공중에 띄워 설계하고, 낭떠러지를 아슬아슬하게 오가는 염소의 야생성을 살리기 위해 절벽을 만들었다. 바다표범 전시관은 투명한 수직의 아크릴 원통 형태로 만들어서 360도 각도에서 관찰이 가능하게 했다.[13] 그중 압권은 펭귄이 조류라는 것에 착안하여, 관람객 머리 위에 수조를 만들어서 헤엄치는 펭귄이 마치 날아다니는 것처럼 보이게 한 것이다. 이러한 창의적인 전시 방법을 통해 아사히야마 동물원은 지금도 최고의 인기를 누리고 있다.

몇 년 전 세계적인 화장품 회사인 도브(Dove)도 역발상적 사고로 대성공을 거뒀다. 그들은 광고에 주름이 가득한 90대 할머니를 모델로 내세웠다. 싱클레어라는 이름의 할머니는 도브의 〈진짜 미인〉 광고 시리즈 중 여섯 번째 모델로 등장했다. 앞선 다른 모델들도 백발, 주근깨투성이, 납작 가슴 등 모두 '선입견'에 도전한 사람들이었다. 도브가 그들을 광고에 끌어넣은 것은 미(美)의 고정관념의 타파를 위해서다. 소비자들이 기존 광고에서 제시하는 미의 기준이 비현실적이라고 답한 것에 힌트를 얻어 이러한 모델들을 전면에 내세웠다. 싱클레어 할머니도 런던 시내의 양로원에서 발굴한 모델이었다. 이러한 역발상적 아이디어에 힘입어 도브는 700%의 판매신장률을 기록했다.

《매일 경제》에 독일의 메르세데스-벤츠 이노베이션 스튜디오에서 얼마나 놀라운 창조 경영이 이뤄지고 있는지를 소개한 기사가 나온 적이 있다. 이 연구소에서는 매일 30여 개의 아이디어가 나온다. 모든 자동차에 장착되어 있는 에어백이나 ABS나 ESP도 모두 여기에서 나온 작품들이다. 2016년에 양산될 213개의 모델에 대한 연구가 이미 2009년에 끝났다. 2009년에만 2,000개 이상의 신규 특허를 취득했다. 이들의 혁신 기술 가운데 절반 이상이 녹색 기술과 관련된 것이다. 전기자동차 관련 특허만 해도 600여 개에 이르고, 연구개발 인력만 해도 1만 9,000명이 넘는다.[14] 참으로 놀랍지 않은가?

남들과 다른 관점에서 생각하는 데서 창조적인 리더십이 발생한다. 미국의 정보통신 전문지인 《컴퓨터 월드》가 선정한 "2001년 올해의 세계 100대 IT 리더"로 선정된 김홍기는 신지식인이 되기 위한 10계명을 이야기한다. 여기서 그가 말하는 신지식인이란, 학력 고하나 특정 직업과는 무관한 통찰력과 비전, 번뜩이는 아이디어와 실행력을 바탕으로 지식을 창조하고 일하는 방법을 혁신함으로써 새로운 가치를 창출하는 사람이다. 창의적인 리더가 되기 위해 한번 생각해 볼 만한 것이어서 소개한다.

신지식인이 되기 위한 10계명 [15]

① 현실에 안주하지 마라: 평생 교육의 시대다. 부단히 자기 계발에 정진해야 한다.

② 고정관념을 타파하라: 변화의 시대. 기민한 적응을 위해 사고의 유연성을 길러야 한다.

③ 자신만의 분야를 만들어라: 프로페셔널의 시대이기에 남과 차별화되는 분야를 가져야 한다.

④ 지식을 사랑하라: 새로운 지식을 탐구하는 것을 생활화하라.

⑤ 지식을 공유하라: 지식은 나눠도 없어지지 않는다. 오히려 더 큰 기쁨이 되어 돌아온다.

⑥ 기록하라: 기록은 지식의 보고를 만드는 길이다.

⑦ 분류하고 축적하라: 그냥 쌓아 놓으면 쓰레기 더미가 될 뿐, 재활용이 어렵다.

⑧ 버려라: 불필요한 자료는 과감히 버릴 줄 알아야 한다.

⑨ IT를 활용하라: 정보 기술의 활용이 지식 관리의 효율적 증진의 기본 바탕이다.

⑩ 실천하라: 새로운 부가가치를 낳거나 생산성 향상에 활용해야 산지식이 된다.

과거에는 공부를 많이 해서 박사 학위를 받고 어느 정도 지식을 갖추면, 사회에서 대접받고 나름대로의 지위를 획득할 수 있었다. 그래서 사람들이 학위를 따려고 앞다퉈 유학을 갔다. 그러나 지금은 시대가 달라졌다. 박사 학위를 가지고도 백수로 놀고 있는 사람이 한두 명이 아니다. 이제는 학위가 중요한 것이 아니라 자신의 분야에서 전문가가 되는 것이 중요하다. 자신의 분야에서 전문가가 되고 탁월함이 인정되면, 학위가 없어도 대학교 강단에 설 수 있다. 이런 사람을 신지식인이라 부른다. 그래서 이제는 자신의 분야에서 프로가 되는 것이 가장 중요하다.

4) 여성 리더십

　최근에 새롭게 주목받고 있는 것이 바로 여성 리더십이다. 오늘날 여성이 리더십 역할을 맡는 경우가 부쩍 많아지고 있고, 앞으로 이 추세는 더욱 증가할 전망이다.

　여성 리더십이 점차 중요성을 띠게 된 이유는, 오늘날의 사회적 변화의 흐름과 무관하지 않다. 지식정보화 사회에서는 과거 제조업 중심의 상명하달식 명령체계로는 더 이상 새로운 시대를 이끌 수 없게 되었다. 오히려 예술성, 감성, 창조성 같은 여성적 특성이 정보통신 혁명의 시기에는 더욱 적합하게 되었다.[16] 또한 사회가 하이테크 시대가 될수록 사람들은 더욱 하이 터치를 필요로 하기에 전통적인 남성적 요소에 감성, 부드러움, 온화함, 신뢰감 등 여성적 특징[17]이 동반되는 새로운 리더십의 패러다임이 요구된다. 오늘날은 수직적 관료주의 시대가 아니고 수평적인 네트워크 시대이기에, 관계성을 중요하게 여기는 여성 특유의 강점이 더욱 어필한다.

　여성은 일반적으로 감성과 직관, 주관적 사유, 예술적 감각이 뛰어난 우뇌를 중심으로 두뇌 활동이 진행되는 반면, 남성은 수리와 논리 기능을 담당하는 좌뇌를 중심으로 두뇌 활동을 한다. 현대사회로 갈수록 우뇌적 특성과 좌뇌적 특성의 조화로운 균형을 점점 더 요구하고 있다.[18] 남성적 리더십과 여성적 리더십의 조화로운 균형이 필요한 이유가 있는 것이다.

여성들이 리더십을 발휘하는 데 있어서 아직까지 문제가 되는 부분이 있다면, 리더십이 남성의 전유물이라고 생각하는 선입관이다. 사람들은 리더라고 하면 강하고 자기주장이 뚜렷하고 권위적인 특징을 가지고 있다고 생각하며, 이런 특징을 남성적인 것으로 본다. 그래서 일반적으로 리더나 리더십에는 남성이 더 적합하다고 판단하는 경향이 있다.[19] 그 결과 여성들은 높은 기준을 요구받음과 동시에 능력은 더 낮게 평가된다. 여성의 리더십이 제대로 발휘되기 위해서는 사회적으로 이런 잘못된 고정관념과 편견을 버려야 한다. 여성의 사회적 상승을 가로막는 유리벽이 제거되어야 한다.

5) 글로벌 리더십

지구촌이라는 말이 실감 나는 국제화 시대를 맞이하여 인종 간, 국가 간 장벽이 점점 허물어지고 있다. 또한 컴퓨터, 휴대전화, 인공위성 같은 정보혁명으로 인해 관료주의나 민족주의의 벽을 넘어 더 많은 사람들이 국제 무대에 참여하고 있다.

오늘날 세상이 얼마나 좁아졌는지를 보여 주는 재미있는 실험이 있다. 스탠리 밀그램(Stanley Milgram)은 자신의 연구를 통해 지구상에서 누구나 6단계만 거치면 아는 사람을 통해 연결될 수 있다고 주장했다. 이것을 실제로 시험해 보기 위해 2006년에 마이크로소프트가 1억 8,000만 명의 사람들이 메신저를 통해 주고받는 300억 건의 메시지를 분석했다. 그랬더니 실제로 78%의 사람들이 7단계 이전에 연결되었다고 한다.[20]

《유엔미래보고서 2040》에 따르면, 노르웨이 정부가 2024년에 세계 단일통화가 나오며, 2030년에는 세계 정부가 등장할 것이라는 예측을 내놓았다고 한다. 이미 페이스북으로 세계가 하나 되는 세계 문화의 융합 현상이 일어나고 있으며, 전 세계의 경제와 금융이 하나로 네트워크화되고 있으니 바야흐로 세계 통합의 거대한 물결을 누구도 거스를 수 없게 되었다.[21]

이렇게 지구촌이 하나로 연결되는 글로벌 시대에서 진정한 21세기 리더가 되려면, 세계를 무대로 하는 리더십 역량을 키워야 한다. 이는 이른바 글로벌 리더십이다. 글로벌 리더십을 위한 기본 요건으로 다음의 두 가지를 염두에 두어야 한다.

① 언어 능력

글로벌 리더가 되기 위한 첫 번째 조건은 역시 언어 능력이다. 언어의 중요성을 보여 주는 재미있는 일화가 있다. 아인슈타인(Albert Einstein)이 죽기 전에 마지막으로 남긴 말이 있다고 한다. 무슨 말이었는지 궁금하지 않은가? 그러나 그 내용은 지금까지 알려지지 않았고, 앞으로도 알려질 가능성이 거의 없다. 그의 임종을 한 간호사만이 지켜볼 수 있었는데, 아인슈타인은 그의 모국어인 독일어로 마지막 말을 남겼고, 미국인인 그 간호사는 독일어를 알지 못했기 때문이다.[22]

국제화 시대를 맞이하여 글로벌 리더가 되기 위해서는 어학 공부를 생활화해야 한다. 노르웨이의 미래학자 슈타이너 옵스타드(Steiner Obstad) 박사는 "앞으로의 국가 경쟁력은 인터넷을 통해 들어오는 다양한 정보를 국민이 얼마나 잘 소화해 내는가에 달려 있다"고 말했다. 특별히 인터넷을 통해 정보를 접하고자 한다면 영어가 중요하다. 인터넷에서 사용되는 언어의 70% 이상이 영어고, 특히 '.com' 분야는 96%가 영어로 되어 있기 때문이다.[23] 그러므로 글로벌 리더가 되고자 하는 사람은 능통하게 영어를 구사할 수 있도록 혼신의 힘을 다해야 한다.

자료에 의하면 오늘날 전 세계에는 약 6,000개의 언어가 존재하는데, 그중 절반인 3,000개의 언어가 이미 사라질 위기에 처했다고 한다. 아프리카의 각 부족 언어 중 90%가 이미 소멸되었고, 인디언 언어도 98% 이상 소멸했다고 한다. 그러므로 영어의 중요성이 더욱 대두되고 있다. 뿐만 아니라 중국어 사용자도 앞으로 더욱 늘어날 것으로 전망된다. 많은 미래학자들이 향후 20-30년 만에 중국이 글로벌 시장을 지배하며, 세계적인 군사력과 경제력을 갖추게 될 것으로 전망한다.[24] 그러므로 글로벌 리더를 꿈꾸는 사람은 영어뿐 아니라 중국어 공부도 게을리 하지 말아야 한다.

② **개방적인 마음**

21세기 글로벌 리더가 되기 위해서는 타 인종이나 국가를 열린 마음으로 받아들여야 한다. 인종적인 차이로 인해 다른 집단의 사람들을 무시하거나 받아들이지 않는다면 글로벌 리더십을 가질 수 없다.

칭기즈칸의 리더십에 대해 생각해 본 적이 있는가? 칭기즈칸은 역사적으로 볼 때 나폴레옹, 히틀러, 알렉산더 대왕이 정복했던 면적을 모두 합친 것보다 더 넓은 777만km²의 영토를 정복했다. 그리고 그 제국은 150년이나 유지되었다.[25] 그렇다면 칭기즈칸의 위대한 리더십의 특징은 무엇이었을까? 그의 리더십의 특징은 개방성과 관대함에 있었다.

그는 전쟁 시에 전리품을 개인적으로 약탈하지 못하게 하고, 공적에 따라 균등하게 분배했다. 또한 이교도와 이민족을 차별하지 않고, 민족이 다르다고 탄압하지 않는 것을 원칙으로 했다. 전쟁에서 승리할 때마다 기술자들을 따로 골라내고, 부족한 군사들을 현지에서 충원하는 방식으로 인재를 활용하는 지혜를 발휘했다. 심지어 적군의 장수 가운데 유능한 사람이 있으면 그를 자신의 부하로 기용했다.

어느 날 칭기즈칸은 자신의 아내를 적군에게 빼앗기게 되었다. 그는 2년 동안 고생한 끝에 마침내 군사를 일으켜 아내를 찾아왔다. 그의 아내는 이미 적장에게 몸을 더럽히고 그의 아이까지 임신한 상태였다. 그러나 그는 아내를 너그럽게 받아들였다. 이 모습을 보고 감동을 받은 부하들은 그에게 더욱 충성하게 되었다.

우리나라가 단일민족이라는 것은 장점이 될 수도 있지만, 오늘날과 같은 글로벌 시대에는 오히려 약점이 될 수도 있다. 지나친 폐쇄형으로 가면 안 된다. 글로벌 리더가 되기 위해서는 세계를 바라보는 관점을 키우고, 할 수 있으면 단기 선교도 가 봐야 한다.

나는 신학대학원 1학년 때 한 달 동안 유럽 단기선교를 갔다 왔고, 미국 유학 중에는 전 세계에서 온 각국의 학생들을 섬기는 기숙사 코디네이터를 했다. 참 좋은 경험이었다고 생각한다. 젊을 때부터 세계 무대를 접할 기회를 넓혀야 한다.

요즘 기업들도 폐쇄적으로 되지 않기 위해 이름을 바꾸고 있다. 한국철도공사가 코레일로 이름을 바꾼 것이나, 포항종합제철이 포스코로 바뀐 것이나, 국민은행이 KB로 바뀐 것이나, 농협이 NH로 바뀐 것 등은 모두 글로벌한 경영을 하기 위한 시도다. 만일 자신의 이름이 외국인이 알아듣기 어려운 이름이라고 생각하면 영어 이름 하나쯤 만드는 것도 지혜다. 너무 자기 것만 고집하면 안 된다. 개방적인 마인드를 가져야 한다.

6) 도덕적 리더십

폴 케네디(Paul Kennedy)는 "21세기 기업가는 성직자에 준하는 고도의 도덕성을 지녀야 한다"고 말했다. 오늘날 사회가 혼탁해질수록 리더가 갖춰야 할 덕목 중 하나가 바로 도덕성이다. 어떤 면에서는 도덕적 리더십이 가장 강력한 리더십이다. 도덕적인 리더는 자신의 추종자들로부터 진심으로 우러나오는 존경을 받을 수 있기 때문이다.

몇 년 전 미쓰비시 자동차는 자사 제품의 결함을 무려 20년 동안 은폐해 온 것이 밝혀져 강제 리콜을 당했다. 69억 달러에 달하는 금전적 손실도 엄청났지만, 그동안 쌓아 온 신뢰와 기업 이미지에 결정적 손상을 입었다. 반면 IBM에서는 2001년도에 자발적으로 리콜을 발표했다. 전 세계에 22만 대가 공급된 노트북 특정 모델의 어댑터 중 6대에 과부하 현상으로 인한 불량이 생기자 해당 모델을 구입한 모든 고객을 상대로 자발적 리콜을 발표한 것이다. 0.003%에 불과한 확률로도 자발적 리콜을 한 것이다.[26]

이제 도덕성과 윤리성을 결여한 리더나 기업은 살아남을 수 없는 시대가 되었다. 2002년에 실시한 기업 시민의식 조사 결과에 따르면, 소비자의 91%가 회사의 부정적 활동에 대해 알게 되었을 때 "그 회사의 제품을 쓰지 않을 것"이라고 답했다. 그리고 85%는 그 정보를 가족과 친구들에게 알리겠다고 답했다. 심지어 불매운동을 벌이겠다고 답한 비율도 76%에 달했다. 이제 기업이 단순히 이윤 창조를 넘어서서 사회적 책임을 다해야 한다는 것은 되돌릴 수 없는 사실이 되고 있다.

그래서 미국의 P & G는 'paper ethic'(언론 공개의 원칙)이라는 자사의 행동 규칙을 내규로 정했다.

"회사 내에서 일어나는 어떤 일이라도 미국 최대 신문인 《뉴욕 타임스》의 1면에 기사화됐을 때 부끄러움 없이 떳떳할 수 있어야 한다."

그렇다면 현재 우리나라 지도자들의 현주소는 어떠한가? 《국민일보》의 2005년 6월 11일자 기사에 따르면, 지방자치단체 국장급을 비롯한 고위 공직자 수십 명이 "당신을 찍은 몰카를 갖고 있다"는 공갈 전화 한마디에 총 1억여 원을 내놓은 어처구니없는 사건이 발생했다. 피해자 중 단 한 명도 경찰에 신고하지 않았으며, 하루 이틀 안에 100-500만 원을 입금시켰다. 전과 11범인 김씨는 전화번호부 30권에서 간부 공무원 1,000여 명의 전화번호를 확보하고, 전화를 걸어 "여자와 여관에 들어가는 모습을 찍었다"고 협박했다. 5일에 한 번 꼴로 돈을 받는 데 성공한 김씨는 고급 유흥업소에서 돈을 탕진했고, 통장에는 잔액이 남아 있지 않았다.

이것은 무엇을 의미하는가? 이제는 지도자들의 윤리 의식이 바뀌어야 한다. 오늘날 리더 중에 윤리적인 면에서 실수하거나 자신이 한 말을 지키지 않아서 신뢰를 잃어버려 리더로서의 능력을 더 이상 발휘할 수 없게 된 사람들이 얼마나 많은가? 일찍이 피터 드러커는 "신뢰가 결여된 사람은 아무리 유능해도 조직에 위험하며, 상사로서는 부적격이다"라고 말했다.

요즘 신뢰 경영이라는 말을 많이 쓰는데, 자신의 고객들에게 최고의 신뢰성을 보여 준 감동적인 이야기가 있다. 네덜란드 선원들의 이야기다. 네덜란드는 육지의 반 이상이 바다보다 낮은 땅이다. 오랜 전쟁에 시달렸으며, 한때 스페인의 식민지였다. 그런 네덜란드가 16-17세기에 들어서면서 유럽 최고의 혁신 국가로 변모하여 세계를 지배하게 되었다. 그 비결이 무엇일까? 여러 가지가 있지만, 그들이 보여 준 놀라운 고객 감동의 정신이 끼친 영향이 크다.

17세기에 네덜란드의 상선 한 척이 영하 40도의 러시아 근해의 얼음 바다에 갇히게 되었다. 선장을 포함한 18명의 선원들은 혹독한 추위 속에서 갑판을 뜯어 연료로 사용하며 살아남기 위해 처절하게 몸부림쳤다. 결국 8개월 후 그들은 구조되어 돌아올 수 있었지만, 오랜 조난 생활에서 얻은 질병 등으로 18명 중 8명이 사망하고 말았다.

그런데 고향으로 돌아온 그들의 배에서 놀라운 사실 하나가 밝혀졌다. 그 배 안에는 8명이 죽지 않아도 될 만큼의 옷과 의약품과 식량 등이 가득 실려 있었던 것이다. 네덜란드의 상인들은 구조되는 그 순간까지 자신들이 수송하는 물건에 손끝 하나 대지 않았던 것이다.[27] 죽음을 무릅쓴 그들의 헌신에 세계의 모든 사람들이 감탄했다. 그로 인해 네덜란드는 치열한 열강들의 각축장에서 독보적인 위상을 정립할 수 있었다.

7) 위기관리 리더십

오늘날처럼 급변하는 시대에 위기관리 능력은 너무나 중요하다. 리더는 개인이나 조직의 위기 상황에서 적절하게 대처할 수 있는 위기관리 리더십을 개발해야 한다.

① 위기관리에 능한 리더

일본의 마쓰시타 그룹은 세계적인 기업답게 보수가 좋고 발전의 기회를 많이 제공하기 때문에 매년 공채 시험 때마다 우수한 인재들이 몰려들어 치열하게 경쟁한다. 한번은 이름난 공대를 우수한 성적으로 졸업한 학생이 입사 시험에 응모했다. 그런데 합격은 문제없을 것이라는 예상과는 달리, 뜻밖에도 최종 합격자 명단에 그의 이름이 빠져 있었다. 수치심과 분노로 괴로워하던 그는 다량의 수면제를 먹고 자살하고 말았다. 그런데 다음 날 마쓰시타 인사부에서 그에게 연락이 왔다. 그 학생이 수석합격자인데 전산 처리의 잘못으로 이름이 누락되었다는 것이다. 다들 유능한 인재를 놓친 것에 대해 안타까워했다. 그러나 이 소식을 들은 마쓰시타 고노

스케 회장의 반응은 달랐다.

"젊은 나이에 세상을 떠난 것은 참으로 애석한 일입니다. 그러나 우리 회사가 그 학생을 채용하지 못하게 된 것은 큰 행운입니다."

그 정도의 좌절도 이겨 내지 못하고 목숨을 끊는 나약한 정신력을 갖고 있는 사람은 제대로 일할 수 없다는 말이다. 만일 그 젊은이가 입사했다면 수석으로 합격한 성적으로 봐서 중요한 자리에 배치됐을 것이다. 그런데 그 자리에서 좌절을 만날 경우, 그때도 극단적인 선택을 하지 말란 법이 없는 것이다.

리더는 평소에 위기관리 능력을 배양해 놓는 것이 대단히 중요하다. 위대한 리더는 인생에서 위기나 실패를 전혀 경험하지 않은 사람이 아니고, 인생의 위기를 극복한 경험이 있는 사람이다.

미 항공우주국인 NASA에서 달 탐사를 위해 아폴로 11호에 탑승할 우주비행사를 선발할 때, 1단계 심사를 통과한 수천 명 중 인생에서 심각한 위기를 겪은 적이 없거나 실패를 극복한 경험이 없는 지원자는 제외했다고 한다. 실패를 극복한 사람만이 우주여행 중에 발생할 수 있는 다양한 돌발 상황에 침착하고 유연하게 대처할 수 있다고 판단한 것이다.

위기 상황에서 리더의 위기관리 능력은 리더십을 더욱 돋보이게 한다. 2009년 1월 15일, 엔진에 새가 빨려 들어가면서 비행기가 허드슨 강에 불시착한 사건이 있었다. 이때 침착한 대응으로 승객 전원을 안전하게 대피시킨 체슬리 슐렌버거(Chesley Sullenberger) 3세 기장은 '허드슨의 영웅'으로 떠올랐다.

그는 위기 상황에서 비행기를 안전하게 강에 불시착시켰을 뿐 아니라, 155명의 승객과 승무원들을 모두 대피시키는 환상적인 일을 해냈다. 한 승객이 전하기를, 비행기 입구에서 승객들이 탈출할 때마다 번호를 부르도록 한 남성이 있었는데, 나중에 알고 봤더니 그가 사고기 조종사였다고 한다. 그는 위급한 상황에서도 모든 승객들이 안전하게 빠져나갔는지를 두 번이나 확인했다. 나중에 기자들이 그에게 어떻게 해서 그렇게 할 수 있었느냐고 물었더니, 그는 단지 평소에 훈련한 대로 했을 뿐이라고 말했다.

그렇다. 우리는 모든 위기 상황을 예상할 수 없다. 그래도 위기 상황에 가장 지혜롭게 대처할 수 있는 방법은, 여러 가지 가능한 돌발 상황에 최대한 대비하는 훈련을 미리 해 놓는 것이다.

자료에 의하면, 여객기 조종사들은 비행에 들어가기 전, 모든 비상사태에 대비하여 모의비행 훈련을 실시한다. 그렇게 함으로써 실제 위기가 닥쳤을 때 지혜롭게 대처하는 방법을 터득하는 것이다. 실제로 비행 도중에 일어나는 비상사태의 99%가 해결 방법이 있다고 한다. 그러나 제대로 훈련받지 못한 조종사들은 위기 상황이 닥치면 극심한 두려움에 사로잡혀 지혜롭게 대처하지 못하고, 결국 돌이킬 수 없는 비극을 초래하는 것이다. 여객기와는 달리 개인 비행기의 조종사들이 무려 200배나 더 많은 사고를 당하는 것도 바로 그런 이유다.[28]

그러므로 위기 상황에 대비하여 평상시에 철저히 준비하는 습관은 대단히 중요하다. 대부분의 사람들이 위기 상황을 전혀 예상하지 못했던 돌발적인 상황이라고 생각하지만, 꼭 그렇지만은 않다.

1930년대 초, 미국의 한 보험회사의 관리감독자였던 하인리히(H. W. Heinrich)는 사고를 분석하던 중 '1:29:300'의 법칙을 발견했다. 한 번의 대형 사고가 발생할 경우, 이미 그 전에 29번의 경미한 사고가 있었고, 300번의 이상 징후가 감지됐다는 것이다. 이 현상을 일반화시킨 것이 바로 하인리히의 법칙이다. 하인리히 법칙은 난폭 운전을 일삼는 운전자가 결국 큰 교통사고를 일으키거나, 외야 플라이를 자꾸 허용하던 투수가 결국 홈런을 맞는 등 주변에서도 흔히 찾아볼 수 있다.

위기 상황은 어느 정도 예측할 수 있다. 그러므로 이에 대한 대비와 철저한 훈련이 필수적이다. 미국 캘리포니아에서는 아주 어릴 때부터 학교에서 지진대피 훈련을 받는다. 언제 일어날지 모르는 위기 상황에 미리 대비하기 위해서다.

실제로 중국 쓰촨(四川) 성 지진 때 있었던 일이다. 수많은 사람들이 죽거나 다쳤는데, 한 중등학교에서는 2,323명의 학생 전원이 무사했다. 그 학교의 교장이 철저히 준비했기 때문이다. 그 교장은 평소 2가지를 준비했는데 첫째로, 학교 건물이 너무 낡은 것을 보고 3년간 여기저기서 돈을 모아 건물 벽 속에 철근을 보강했다. 둘째로, 재난에 대비해서 1년에 2번씩 교사와 학생들을 대피시키는 훈련을 했다. 그 덕에 교사와 학생 전원은 지진이 나자 2분 안에 대피할 수 있었다. 인근 중학교에서 학생 1,000여 명이 매몰된 결과와는 너무나 대조적이다.

기억하라. 아주 특별한 경우를 제외하고 대부분의 위기 상황은 미리 예측할 수 있는 일이다. 그러므로 이에 대해 미리 철저히 준비해 놓는 것이 중요하다.

② 섀클턴에게서 배우는 위기관리 전략

위기관리 리더십에 관한 가장 위대한 교훈은 영국의 탐험가 섀클턴(Earnest Henry Shackleton)의 경험을 통해 배울 수 있을 것이다. 극한의 상황에서 놀라운 정신력과 탁월한 리더십을 발휘한 섀클턴은 위기 상황을 극복하는 리더의 가장 위대한 모델이다. 오죽하면 최초로 에베레스트 산을 정복한 에드먼드 힐러리가 이런 말을 남겼겠는가?

"재난이 일어나고 모든 희망이 사라졌을 때 무릎 끓고 섀클턴의 리더십

을 달라고 기도하라."²⁹

도대체 섀클턴의 리더십이 어떤 리더십이기에 사람들이 이토록 열광하는가? 그는 일찍이 남극을 두 번이나 탐험했던 영국의 탐험가다. 그는 배를 타고 서남극에서 남극점을 경유하여 동남극의 로스해 연안까지 남극대륙 횡단을 하려는 야심 찬 계획을 세웠다. 그러나 안타깝게도 그가 탄 탐험선 인듀어런스(Endurance) 호는 1915년 1월에 웨델 해 코츠랜드 앞에서 얼음에 갇혀 얼음과 함께 떠다니다가 11월 21일에 침몰했다.

그는 배가 좌초되자 곧바로 팀의 목표를 '남극대륙 횡단'에서 '최악의 상황에서도 전원이 살아서 돌아가는 것'으로 바꾸었다. 그리고 대원들의 두려움을 없애기 위해 상황을 정확하게 인식하는 현실적 기반 위에서 낙천적이고 긍정적인 자세를 잃지 않기 위해 노력했다. 다양한 상황에서 창의적인 아이디어를 짜내어 대원들의 마음을 하나로 모았다. 생명의 위협을 느끼는 극한 상황에서도 대원들끼리 분열하거나 갈등하지 않고 놀라운 팀 워크를 이루게 하여 위기 상황을 극복했다.

섀클턴은 배가 침몰하자 대원들을 데리고 얼음 위에 캠프를 설치했다. 식량은 점점 바닥나고 얼음판이 자꾸 갈라져 내려앉자 그는 얼음벽이 열리는 시기를 기다렸다가 대원들을 3대의 보트에 옮겨 태우고 천신만고 끝에 엘리펀트 섬이라는 바위투성이의 섬에 도달했다. 그러나 그곳에서도 오래 버틸 수가 없다는 것을 깨닫고, 그는 22명의 대원들을 놓아두고 구조를 요청하러 가기로 마음먹었다.

그는 낡은 보트를 수리하여 5명의 대원들을 데리고 지구상에서 가장 험난한 바다를 뚫고 800마일을 항해해 기적적으로 사우스조지아 섬에 도달했다. 그러나 그들이 구조를 요청하기 위해서는 얼음벽으로 이뤄진 산을 넘어가야 했다. 변변한 등산 장비도 갖추지 못한 상태로 섀클턴은 2명의 대원을 데리고 4번의 시도 끝에 그 산을 넘었고, 구조를 요청하게 되었다.

섀클턴이 처음 난파해서 대원들을 모두 구조했을 때까지 걸린 시간은 무려 634일이었다. 지구에서 가장 추운 지역에서 변변한 식량도 없이 2년 가까운 기간 동안 수없이 많은 위기 상황을 겪으면서 28명의 대원 중 단 한 사람도 죽지 않고 돌아올 수 있었다는 것은 참으로 놀라운 이야기다. 비록 애초의 탐험의 목적은 실현하지 못했지만 섀클턴은 자신에게 닥친 위기를 탁월한 리더십을 드러내는 기회로 삼았다. 그런 면에서 혹자는 섀클턴의 실패를 '가장 위대한 실패'라고 말한다.

③ 위기 상황과 리더의 책임감

결국 위기관리에서 리더가 가장 중요하게 여겨야 할 것은 리더로서의 책임감이다. 리더십에 관한 책 가운데《소방관 리더십》이라는 책이 있다. 소방관은 미국에서 가장 인기 있는 직업 가운데 하나이다. 특별히 뉴욕의 쌍둥이 빌딩에 비행기가 부딪혔을 때 모든 사람들이 살기 위해 빌딩의 계단을 내려오는 가운데 인명을 구조하기 위해 묵묵히 계단을 올라가던 소방관들의 모습은 지금도 미국인들의 뇌리에 잊지 못할 장면으로 각인되어 있다.

미국 뉴욕 소방관에서 25년간 근무한 존 샐커가 쓴《소방관 리더십》의 원 제목은 'First in, Last out'이다. 이 말의 의미는 무엇인가? 위기 상황에서 진정한 리더는 가장 먼저 들어가고 가장 나중에 나오는 사람이라는 뜻이다. 이것은 바로 리더의 책임감의 중요성을 강조하는 말이다.

실제로 그의 책을 보면, 9·11 때 희생된 소방관들을 기념하기 위해 뉴욕 북쪽의 블루밍 그로브에 기념물이 세워져 있는데 그곳에 있는 희생자

명단에는 유달리 간부 이름이 많다고 한다. 일반 소방대원뿐만 아니라 반장과 대장, 대대장과 서장보까지 포함되어 있다.[30] 리더의 자리에 있는 그들이 위험한 장소에 가장 먼저 솔선수범하여 들어갔기 때문이다.

섀클턴의 경우를 보면 리더로서의 책임감이 얼마나 중요한 것인가를 알 수 있다. 섀클턴은 원치 않는 조난을 당하자 자신의 대원들을 무사히 고향으로 데려가는 데 온 힘을 기울였다. 인듀어런스 호가 침몰한 날 밤, 섀클턴은 텐트에서 뜬눈으로 밤을 지새며 오로지 자신에게 주어진 새로운 책임에 온 정신을 집중했다. 그는 자신의 일지에 이렇게 적었다.

"이제 내 과업은 대원들을 무사히 고향으로 데리고 가는 것이다. 그 목적을 위해서 나는 내 모든 에너지와 정신력을 바치고, 그동안 남극 탐험 경험에서 얻은 모든 지식을 총동원해야 한다. 이 새로운 과업은 길고도 험난할 것이다. 단 한 명도 잃지 않고 무사 귀환하기 위해서는 냉정을 잃지 말아야 함은 물론 철저한 계획이 필수적으로 뒤따라야 한다."[31]

바로 이러한 책임감 때문에 그는 항상 자신보다 대원들을 먼저 생각했다. 자신의 장갑과 부츠를 벗어 그것을 더 필요로 하는 대원들에게 주었고, 가장 낡은 침낭에서 잤으며, 항상 제일 먼저 그리고 가장 오랫동안 경계 임무를 자원했다.[32] 섀클턴이 구조대를 데리고 엘리펀트 섬에 다시 돌아왔을 때 가장 먼저 한 일도 쌍안경으로 섬에 남은 선원들의 숫자를 세는 것이었다. 해안에 있는 인원은 정확히 22명이었다.[33] 그는 단 한 명도 잃지 않기를 원했고, 그의 임무는 완수되었다.

섀클턴은 책임감 있는 리더였다. 그는 자신의 생명을 걸고 자신을 믿고 따라온 팀원들을 살려 냈다. 그것이 진정한 리더의 모습이다. 비록 100년 전의 영웅이지만, 오늘날과 같은 인터넷 시대에도 섀클턴의 아름답고 감동적인 리더십이 가슴 뭉클한 교훈을 주는 것은 바로 그런 이유 때문이다.

디지털 시대의 리더십

오늘날에는 모든 것이 변화하고 있다. 오직 변하지 않는 것은, 모든 것은 변한다는 사실뿐이다. 이 같은 상황 속에서 우리는 방금 살펴본 7가지의 리더십 패러다임을 구체적으로 자신의 삶에 적용하기 위해 노력해야 한다.

성경을 보면 역대상 12장 32절에 재미있는 이야기가 나온다. 잇사갈의 자손 가운데 모든 형제를 통솔하는 우두머리가 200명 있었는데, 이들의 특징은 '시세를 알았다'는 것이다. 이는 영어로 'understood the times'라고 되어 있는데, 시대의 흐름을 파악했다는 뜻이다. 이것이 리더의 자격 요건이다. 리더는 마땅히 그 시대의 흐름을 파악할 수 있어야 한다.

그러나 이것으로 다 되는 것이 아니다. 성경은 잇사갈의 자손의 리더들이 시대적 흐름을 알고, 또한 이스라엘이 마땅히 행할 것을 아는 자들이었다고 말한다. 이것은 리더가 해야 할 일이 무엇인지를 정확하게 가르쳐 준다. 리더는 시대를 바로 파악하고, 그 시대에 맞춰 우리가 무엇을 해야 하는지를 정확하게 가르쳐 주는 사람이다. 바로 이런 사람이 리더가 될 자격을 갖춘 사람이다. 21세기가 던져 주는 도전이 클수록 우리는 이런 리더를 더욱 필요로 한다.

기회가 사라진다고 말하는 이들도 있지만, 기회는 사라지거나 축소되지 않는다. 단지 이동할 뿐이다. 역사상 기회가 줄어든 적은 없다. 문명사나 산업발전사를 살펴 보면 기회는 계속 커져 왔다. 앞으로도 그럴 것이다. 다만 기회는 끊임없이 이동해 왔을 뿐이다. _최윤식

9.11과 레스콜라 이야기

인간은 위기 상황이 닥치면 공포 반응으로 인해 몸이 굳어지거나 시야가 좁아지거나 생각이 멈춰 버리는 경향이 있다. 이를 극복하는 방법은 평소의 철저한 훈련을 통해 위기 상황에 기계적으로 반응하는 것이다. 그러므로 이런 상황을 미리 예측하여 그것에 맞게 사람들을 준비시키는 것이 바로 리더가 할 일이다.

《타임》의 기자이며,《언씽커블》이라는 생존을 위한 재난, 재해 보고서를 쓴 아만다 리플리(Amanda Ripley)는 9.11 때 이러한 일을 극적으로 해낸 한 사람의 이야기를 소개한다. 그는 릭 레스콜라(Rick Rescorla)라는 사람으로 당시 세계무역센터에 입주해 있던 모건 스탠리 회사의 보안책임자였다. 그는 베트남전쟁 참전 용사 출신으로, 1993년에 있었던 세계무역센터 지하주차장 폭탄 테러 사건 이후 보안에 더욱 민감해졌고, 위기 상황에 대비하는 훈련의 필요성을 더욱 절감했다. 그리하여 그는 모건 스탠리의 전 직원을 대상으로 수시로, 불시에 대피 훈련을 실시했다. 훈련 시 직원들은 계단 중간의 통로에 모였고, 그의 지시에 따라 2명씩 비상계단을 통해 빠져나가는 훈련을 받았다. 이 과정에서 그는 직원들의 동작이 느리다고 다그치며, 스톱워치로 시간을 재기도 했다.

모건 스탠리는 시간당 임금이 적어도 수백 달러, 많으면 수천 달러에 이르는 고액연봉자가 즐비한 회사다. 그러므로 좀체 일어날 수 없는 재앙에 대비하는 훈련을 받는 것에 대해 반발하는 사람들이 많았다. 그러나 레스콜라는 예외를 두지 않았다. 훈련이 있으면, 회사의 주식중개인들은 전화를 끊고 컴퓨터를 놔두고 사무실을 나와야 했다.[34] 그는 그 훈련을 8년 동안 고집스럽게 밀어붙이며 계속했다.

그러다가 운명의 그날이 왔다. 2001년 9월 11일 아침, 세계무역센터 북쪽 빌딩이 공격받는 것을 보고 그는 곧장 전 사원에게 대피 명령을 내렸다. 무조건 빌딩을 탈출하라고 다그쳤다. 아니나 다를까, 옆 빌딩이 공격받은 지 17분 만에 모건 스탠리가 입주한 남쪽 빌딩에도 비행기가 날아들었다. 56분 뒤에는 빌딩이 무너져 내렸다. 그러나 그때는 이미 모건 스탠리 직원들이 전부 빌딩 밖으로 피신한 뒤였다.

레스콜라는 피신하는 과정에서 메가폰을 잡고 전 직원이 빠져나갈 때까지 계속 소리치며 격려했다. 그리고 목소리를 높여 노래도 불렀다. 직원들이 딴생각을 하지 못하고 기계적으로 움직이게 하기 위해서였다. 결국 보안 요원 몇 명을 제외하고 2,687명이나 되는 모건 스탠리의 직원들이 모두 무사히 빌딩을 빠져나올 수 있었다.[35] 레스콜라는 모든 사람들을 탈출시키고, 혹시 남은 사람이 있는지 다시 살펴보기 위해 건물 안으로 들어갔다가 죽음을 맞이했다. 그는 자신에게 맡겨진 리더로서의 임무를 훌륭하게 완수하고 장엄하게 죽은 것이다.

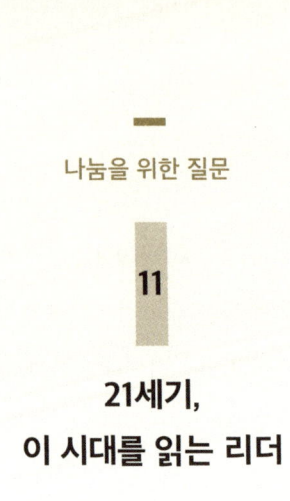

21세기,
이 시대를 읽는 리더

1. 과거와 비교하여 오늘날의 변화의 특징 3가지를 적어 보라. 그리고 오늘날 주위의 변화에서 피부로 느낀 것이 있다면 구체적으로 어떤 것이 있는지 생각해 보라.

2. 성경의 달란트 비유는 일반적인 '성취적 리더십' 이론과 어떤 면에서 차이가 나는가? 생각나는 대로 정리해 보라.

3. 창조적 리더십을 위한 도브의 역발상적 사고가 어떻게 700%의 판매 신장을 가져왔는지를 생각해 보라. 그리고 우리 사회가 갖고 있는 고정화된 미의 기준의 문제점이 무엇인지 생각해 보라.

4. 신지식인이 되기 위한 10계명을 살펴보고, 내가 부족하거나 더 갖춰야 할 부분은 어떤 것인지 생각해 보라.

5. 오늘날 사회에서 '여성 리더십'이 중요해진 이유를 생각해 보라. 그리고 여성 리더십을 발휘하기 위해 여성들이 극복해야 할 문제로는 어떤 것이 있는지 생각해 보라.

6. '글로벌 리더십'에서 나에게 부족한 부분은 무엇인지 점검해 보고, 이를 극복하기 위해 어떤 노력을 할 수 있을지 생각해 보라.

7. 인생에서 위기를 경험한 적이 있는가? 위기관리 능력을 더 키우기 위해 내가 갖춰야 할 것은 무엇인가?

예수 그리스도의 리더십

"나는 선한 목자라 선한 목자는 양들을 위하여 목숨을 버리거니와"(요 10:11).

인류 역사상 가장 위대한 리더, 예수

우리는 모두 위대한 리더가 되기를 원한다. 그러기 위해서 우리보다 앞서 걸어가며 영향을 끼친 리더십의 대가들로부터 리더십의 모범을 배울 필요가 있다. 그렇다면 인류 역사상 가장 위대한 리더는 누구인가? 바로 예수 그리스도다. 예수 그리스도는 지금까지 이 세상에 존재했던 모든 리더가 끼친 영향을 다 합친 것보다 더 많은 영향을 인류 역사에 끼쳤다. 그래서 사람들은 그가 이 땅에 태어난 날을 기준으로 인류의 역사를 다시 기록했다. 그것이 바로 B.C.(Before Christ)와 A.D.(Anno Domini: in the year of our Lord)다.

인도의 정신적인 지도자인 마하트마 간디는 그리스도인은 아니었지만 예수님을 존경하고, 많은 방식으로 그분을 본받았다. 미국 노예들을 위해 인권 운동을 한 마틴 루터 킹은 간디로부터 비폭력 운동의 영감을 얻었고, 간디는 예수 그리스도의 산상수훈으로부터 무저항 운동의 아이디어를 얻었다. 그러므로 우리가 리더십의 대가에게서 배우기를 원한다면, 예수 그리스도를 무시해서는 안 된다.

예수님의 리더십은 왜 위대한가

1) 지금도 유효한 예수님의 리더십

예수 그리스도는 이 지상에 존재한 어떤 리더와도 비교할 수 없을 정도로 위대한 리더였다. 그는 33년의 짧은 생애를 살면서 단 몇백 명의 추종자만 남겨 놓고 이 땅을 떠났다. 그는 결코 책을 저술한 적도 없고, 세미나를 인도한 적도 없다. 그럼에도 불구하고 몇 년 만에 그의 가르침을 따르고자 하는 무리가 수천 명으로 늘어났다. 그리스도인들에 대한 강력한 반대와 핍박과 고문이 이어졌음에도 불구하고 그의 사후에도 그의 영향력은 줄어들지 않았고, 오히려 로마 전체로 번져 나갔다. 그 후 몇 세기가 지나지 않아 로마 제국은 자신들이 예수 그리스도를 따르는 기독교 국가임을 스스로 선포했다. 2,000년이 지난 지금은 전 세계 인구의 3분의 1이 예수님을 따르는 무리라고 선언하고 있으며, 매년 수백만 명이 예수님을 따르는 이 믿음의 대열에 동참하고 있다. 단지 3년 반 동안의 비공식적인 사역을 통해 양성된 그의 제자들은 예수 그리스도를 위해 목숨을 내놓을 정도의 충성심을 보였다.

특별히 그가 친히 설립한 교회라는 조직체는 전 세계 곳곳에 지점을 설립했고, 지금도 계속 새로운 지점이 생겨나고 있다. 재미있는 것은, 1990년대 통계만 봐도 미국 내에 32만 5,000개에 달하는 지역 교회가 존재하는데, 이는 성인 550명당 1개꼴로 교회를 세운 것이다. 이 비율은 미국 최고의 패스트푸드점인 맥도날드보다 더 높은 수치다.[1] 예수님은 비즈니스의 관점에서 볼 때도 탁월한 CEO임에 틀림없다.

미국의 리더십 전문가 중에 켄 블랜차드가 있다. 그는 세계적인 베스트셀러 《1분 경영》(21세기북스)을 저술했고, 1960년대 후반에 폴 허시와 함께 그 유명한 '상황적 리더십' 이론을 처음으로 개발했다. 그는 주위 동료에 의해 꾸준히 전도받다가 어느 날 콘퍼런스를 마치고 돌아오는 비행기 안에서 유명한 비즈니스맨이자 탁월한 기독교 저술가로서 《하프타임》(낮은울타리)을 쓴 밥 버포드를 만나게 된다. 밥은 그에게 예수 그리스도에 대해 명확하게 설명했다. 그리고 그가 관심을 갖자 마침 뒷좌석에 앉아 있던 빌 하이벨스 목사에게 그를 소개했다.

그 두 사람을 통해 켄 블랜차드는 복음에 대해 새롭게 눈뜨게 된다. 그리고 리더십의 관점에서 예수 그리스도를 다시 살펴보게 된다. 그러면서 성경을 연구할수록 예수 그리스도가 자신이 지금까지 수년 동안 가르쳐 왔던 모든 리더십의 이론을 완벽하게 수행하신 분이라는 사실을 깨닫게 된다. 그는 예수 그리스도야말로 모든 조직과 모든 사람과 모든 상황에 완벽한, 가장 실제적이고 효과적인 리더십의 모델이라고 결론 내렸다.[2] 그리고 자신의 이러한 깨달음을 《*The Servant Leader*》(Thomas Nelson)라는 책에 정리해 놓았다.

리더십의 대가인 켄 블랜차드의 이 깨달음이 우리에게 주는 메시지는 무엇인가? 바로 예수님의 리더십 모델이 케케묵은 과거의 이야기가 아니라는 것이다. 예수님의 리더십은 21세기를 살아가는 우리에게도 여전히 유효한 리더십이다.

지금까지 여러 가지 리더십의 원리를 살펴봤는데, 이것을 예수님의 리더십에 적용해 보면 이 모든 것이 이미 그분 안에 통합되어 있는 것을 알 수 있다. 그래서 여기서는 앞에 나온 리더십의 여러 원리를 예수님의 리더십에 적용해 보고, 예수님이 그것을 어떻게 실천하셨는가를 살펴보고자 한다.

2) 예수님의 핵심 가치, 사랑

기독교나 기독교인을 싫어하는 사람은 있어도 예수님을 싫어하는 사람은 거의 없다. 그 이유는 무엇인가? 예수 그리스도는 놀랄 만큼 고매한 인격을 소유한 분이셨기 때문이다. 그분은 말과 행동이 정확하게 일치했다. 앞에서는 이렇게 말하고 뒤에서는 저렇게 행동하는 이중인격적인 부분이 전혀 없었다. 그리고 예수님은 분명한 가치 체계를 지니고 계셨으며, 자신이 지닌 가치를 지키기 위해 생명을 바치셨다.

그렇다면 예수 그리스도의 일생을 지배한 가치 체계는 무엇이었는가? 어느 날 한 율법사가 예수님께 찾아와 율법 중에 어느 계명이 크냐고 물었을 때, 예수님은 이렇게 말씀하셨다.

"네 마음을 다하고 목숨을 다하고 뜻을 다하여 주 너의 하나님을 사랑하라 하셨으니 이것이 크고 첫째 되는 계명이요 둘째도 그와 같으니 네 이웃을 네 자신같이 사랑하라"(마 22:37-39).

이 같은 예수님의 대답으로부터 우리는 예수님의 핵심 가치가 무엇인지 알아낼 수 있다. 예수님의 핵심 가치는 '하나님 사랑'과 '이웃 사랑'이다. 예수님에게 가장 중요한 것은 하나님의 뜻을 이루는 것이었고, 사람을 사랑하는 것이었다. 그래서 예수님은 하나님의 뜻을 이루기 위해 십자가를 지셨고, 죄인인 우리를 사랑하셔서 우리 대신 십자가를 지셨다.

세상이 추구하는 리더십은 부려 먹는 리더십이지만, 예수님의 리더십은 섬기는 리더십이다. 예수님은 자신의 목적을 달성하기 위해 사람들을 이용하지 않으셨고, 오히려 다른 사람들의 유익을 위해 자신을 희생하셨다. 오늘날 많은 기업이 '서번트 리더십'에 관심을 갖는다. 예수님은 고매한 인격과 가치관을 가지고 남을 섬기는 삶을 사신 분으로, 섬기는 리더의 가장 완벽한 모형이다.

3) 예수님의 자기 이해, 하나님의 아들

자신이 누구인지를 모르는 사람만큼 불행한 사람은 없다. 리더에게 자기 정체성의 중요함은 더욱 두드러진다. 리더는 자신이 누구이며, 무엇을 위해 리더로 부름 받았는가를 분명하게 알고 있어야 한다. 자신이 누구라는 것을 아는 데서 오는 안정감이 리더십의 핵심이기 때문이다.

예수님은 자신이 하나님의 아들이라는 사실을 분명하게 아셨다. 그리고 자신이 이 세상에 온 것은 십자가의 죽음을 통해 많은 사람들을 구원하기 위한 것임을 분명히 아셨다. 다음은 예수님의 사명선언문이다.

> "도둑이 오는 것은 도둑질하고 죽이고 멸망시키려는 것뿐이요 내가 온 것은 양으로 생명을 얻게 하고 더 풍성히 얻게 하려는 것이라"(요 10:10).

예수님은 이 같은 자기 정체성과 소명에 대한 분명한 확신이 있었기에 모든 시험과 유혹을 이겨 낼 수 있으셨다. 예수님은 자신이 무엇 때문에 이 땅에 왔는지, 무엇을 남기고 가야 하는지를 분명히 아셨다. 그리하여 그분은 초점 있는 인생(focused life)을 사셨다. 예수님은 33세의 나이로 세상을 떠나셨지만, 돌아가실 때 "다 이루었다"고 말씀하셨다.

이것은 정말 놀라운 선언이다. 예수님은 33년이라는 짧은 생애를 통해 세계 복음화의 사명을 온전히 이루셨다. 그것도 공생애는 단지 3년 반이라는 짧은 기간이었다. 당신이라면 어떠했겠는가? 수많은 병자를 고치고, 수없이 많은 말씀을 전하며, 자신이 이 땅을 떠나가도 자신의 가르침이 전해질 수 있도록 제자들을 충분히 훈련시키는 일들을 그 짧은 기간에 어떻게 다 하실 수 있었는가? 그 비결이 어디에 있었는가? 예수님이 초점 있는 인생을 사셨기 때문에 가능했던 것이다.

4) 예수님의 자기 관리

예수님은 팔레스타인의 목수 출신으로, 기본적으로 건강한 육체를 지니셨던 것으로 짐작된다. 그러나 나날이 반복되는 바쁜 일정과 끊임없이 찾아오는 수많은 사람들과 그를 위협하는 수많은 적대적인 무리, 그리고 다가오는 십자가에 대한 중압감과 부담감은 그를 짓눌러 쓰러뜨리기에 충분했다. 겟세마네 동산에서 기도하실 때 땀이 핏방울이 되었던 것을 생각하면, 다가오는 십자가로 인해 예수님이 받으셨던 정신적, 영적 스트레스가 얼마나 심한 것이었는지를 짐작할 수 있다.

이런 상황에서 예수님은 어떻게 자기 관리를 하셨는가? 한마디로 그분은 일해야 할 때와 휴식해야 할 때를 아셨다. 보통 사람 같으면 많은 사람들이 자신을 찾아오고, 자신의 능력에 대해 환호성을 지르면 그것에 도취되어 정신없이 일중독에 빠지기 쉽다. 그러나 예수님은 자신과 제자들이 물러나야 할 때를 아셨다.

"이르시되 너희는 따로 한적한 곳에 가서 잠깐 쉬어라 하시니 이는 오고 가는 사람이 많아 음식 먹을 겨를도 없음이라"(막 6:31).

예수님은 사역도 중요하지만 쉬는 시간도 중요한 것을 아셨다. 그리하여 제자들이 탈진하지 않도록 필요에 따라 제자들과 함께 군중에게서 물러나셨고, 본인 스스로도 피곤할 때면 심지어 뱃전에서도 고물을 베고 주무셨다. 이것이 예수님의 자기 관리의 모습이었다. 그뿐 아니라 예수님은 영적으로 탈진하지 않기 위해 새벽마다 시간을 정해 놓고 기도하셨다. 날마다의 사역으로 너무나 피곤했겠지만 기도 시간을 꼬박꼬박 지키신 것을 볼 수 있다. 예수님은 영성 관리의 중요성을 누구보다 잘 알고 계셨던 것이다.

예수님은 오병이어의 사건으로 보리떡 다섯 개와 물고기 두 마리로 5,000명을 먹이는 기적을 행하신 뒤에도, 군중의 환호성을 뒤로하고 혼자 조용히 산속으로 올라가셨다. 왜 그렇게 하셨을까? 리더는 성공의 순간이 가장 위험하다는 것을 아셨기 때문이다. 군중의 박수 소리에 도취되어 성공의 자만심에 빠져 버리면 그 순간부터 리더는 큰 파멸 속으로 떨어질 수 있다는 것을 아셨던 것이다. 또한 군중이 자신을 억지로 잡아 임금으로 삼으려고 한다는 것을 아셨기에, 그들이 원하는 그런 지도자가 되지 않기 위해 그 자리를 피하신 것이기도 했다.

예수님은 군중에게는 한없이 자애롭고 부드러운 분이셨지만, 자기 관리에 있어서는 냉혹하고 철저하셨다. 성경 어디를 봐도 예수님이 군중의 환호성에 도취되어 흥분하시는 기색이 없다. 예수님은 자신의 사명이 무엇인지를 날마다 분명하게 새기며, 그것을 이루기 위해 몸과 마음을 조절하셨다. 예수님은 자기 관리의 대가셨다.

5) 세상을 변화시킬 예수님의 비전

예수님은 한마디로 비전의 사람이셨다. 그분은 자신을 통해 전 세계를 구원하려는 비전을 가지셨다. 그리고 그 비전이 너무나 강렬한 것이어서 그것을 접한 수많은 사람들이 그 비전을 이루기 위해 목숨까지 바쳤다. 세상을 향한 예수님의 비전은 그분의 마지막 말씀인 마태복음 28장 18-20절에 잘 나타나 있다.

> "예수께서 나아와 말씀하여 이르시되 하늘과 땅의 모든 권세를 내게 주셨으니 그러므로 너희는 가서 모든 민족을 제자로 삼아 아버지와 아들과 성령의 이름으로 세례를 베풀고 내가 너희에게 분부한 모든 것을 가르쳐 지키게 하라 볼지어다 내가 세상 끝 날까지 너희와 항상 함께 있으리라 하시니라."

예수님은 소수의 무리를 모아 놓고 온 세계를 변화시킬 비전을 주셨다. 놀라운 것은, 그 일이 정말 이뤄졌다는 것이다. 비전에 사로잡힌 그들은 강력한 로마 제국을 무너뜨렸고, 결국 유럽과 전 세계를 변화시켰다.

예수님이 주시는 하늘나라의 비전을 접한 제자들은 더 이상 예전의 사람들로 남아 있을 수 없었다. 위대한 리더가 가진 비전의 능력이라는 것이 바로 이런 것이다. 위대한 비전을 접하면 사람이 변한다. 베드로를 보라. 그는 하루하루 고기를 잡아서 먹고사는 평범한 소시민이었다. 그런데 그가 예수 그리스도에게 붙잡히고 나니까 사람 낚는 어부가 되어 하루에 5,000명씩 회개시키는 불멸의 전도자가 되지 않았는가? 이것이 비전이 주는 힘이고, 능력이다. 그래서 인생에서 제대로 된 비전을 붙잡는 것이 무엇보다 중요하다. 비전은 초점 있는 삶을 살게 하는 원동력이기 때문이다.

그러나 여기서 하나 명심해야 할 것이 있다. 우리 쪽에서 비전을 찾기 위해 많은 노력을 해야 하는 것은 사실이나, 결국 비전이라는 것은 하나님으로부터 주어진다는 것이다. 그래서 헨리 블랙커비는 "영적 리더의 역할은 하나님을 위해 스스로 꿈을 만들어 내는 것이 아니라, 하나님의 계시를 이해하는 데 있어서 아랫사람들의 선봉이 되는 것이다"[3]라고 말했다. 그럼에도 불구하고 우리가 비전을 찾기 위해 노력하는 이유는, 그런 겸손한 노력을 할 때 하나님이 우리에게 좀 더 분명히 비전을 보여 주시기 때문이다.

6) 예수님의 멘토링

예수님은 타고난 멘토셨다. 사람을 세우고 성숙시키는 것이 멘토의 역할이라면, 예수님만큼 다른 사람의 가능성을 높이 인정해 주고 세워 준 분이 없다. 물론 성경에는 멘토보다는 목자라는 단어로 예수님을 묘사한다. 그러나 린 앤더슨(Lynn Anderson)은 멘토링은 영적 리더십의 핵심적인 부분이고, 멘토의 역할이 사실상 목자의 역할과 유사한 점이 많다고 말한다.

"멘토는 어떤 면에서 강조점이 다를 뿐 목자 역할의 또 다른 차원이다. 목자는 양들을 먹이고 보호하고 돌본다. 멘토는 다른 사람과 나란히 걸어가며 삶을 나눔으로 그에게 행동과 가치와 믿음에 대한 모델을 보여 준다. 비록 성경에서 목자가 영적 리더십의 큰 모델로 드러나지만, 그럼에도 불구하고 멘토는 필수 불가결한 것이다."4

예수님은 짧은 공생애 기간 동안 바쁘고 피곤한 사역 가운데서도 제자들을 위해 시간을 내는 데 최우선을 두셨다. 끊임없이 그들을 지도하고 가르치셨다. 때로는 그들이 답답하고 예수님을 실망시킬 때도 많았지만, 예수님은 그들을 끊임없이 인내하며 가르치셨다.

성경에는 예수님이 12제자를 뽑으신 이유를 이렇게 묘사한다.

"이에 열둘을 세우셨으니 이는 자기와 함께 있게 하시고 또 보내사 전도도 하며 귀신을 내쫓는 권능도 가지게 하려 하심이러라"(막 3:14-15).

예수님이 제자를 뽑으신 가장 첫 번째 이유가 자기와 함께 있게 하시기 위함이라는 성경 말씀은 참으로 의미심장하다. 멘토링은 제자가 특별한 기술을 전수받기 전에 먼저 그의 스승과 같이 있는 시간을 많이 갖는 데서 시작된다. 멘토링은 단순히 지식의 전수가 아니라, 스승의 삶과 인격을 배우는 것이기 때문이다. 귀신을 내쫓는 것과 같은 기술이나 권세를 받는 것은 그 다음의 일이다.

성경을 보면, 예수님은 어디를 가시든지 혼자 움직이신 일이 거의 없다. 예수님은 주님이시기에 사실상 어느 누구의 도움도 필요하지 않는 분이다. 그럼에도 불구하고 예수님은 언제나 제자들을 데리고 다니셨고, 어떤 상황에서든지 3명의 제자는 데리고 다니셨다. 그 이유가 무엇인가? 예수님은 그분의 제자들이 자신의 모습을 보고 배우기를 원하셨기 때문이다.

특별히 예수님은 기도 생활을 통해 제자들에게 기도의 모델을 보여 주셨다. 예수님은 이 세상에 계실 때 그 누구보다 기도에 열심을 보이셨다. 우리가 아는 금식 기도, 철야 기도, 산 기도, 새벽 기도는 모두 예수님이 만드신 것이다. 또한 예수님은 섬김의 리더십의 모범을 보여 주기 위해 친히 대야를 준비하여 수건을 두르고 제자들의 발을 씻기기까지 하셨다. 그렇게 하면서 예수님은 제자들에게 이런 말을 남기셨다.

"내가 주와 또는 선생이 되어 너희 발을 씻었으니 너희도 서로 발을 씻어 주는 것이 옳으니라 내가 너희에게 행한 것같이 너희도 행하게 하려 하여 본을 보였노라"(요 13:14-15).

7) 예수님의 팀 사역

예수님을 따르는 사람들은 많았다. 5,000명이 넘는 사람들이 한꺼번에 예수님을 따라오는 경우도 있었다. 그러나 예수님은 군중의 숫자로 전혀 감동받지 않으셨다. 예수님은 수천 명의 무리에 시간을 투자하지 않고, 집중적으로 12명을 양성하셨다. 그리고 그들을 또 세 그룹으로 나눠서 리더 격인 베드로, 야고보, 요한을 더 집중적으로 키우셨다. 제자들이 전도 여행을 갈 때도 혼자 보내지 않으시고 두 명씩 짝을 지어 보내셨다. 예수님이 그렇게 하신 것은 팀 사역의 중요성을 아셨기 때문이다. 한 사람보다 두 사람이 합칠 때 더 놀라운 시너지 효과가 일어난다는 것을 아신 것이다.

예수님은 팀을 만드셨을 뿐 아니라 권한도 위임해 주셨다. 바로 자신의 이름을 주신 것이다. 제자들은 예수님의 이름으로 온갖 능력을 행할 수 있었다. 이것이 바로 위임(empowering)의 법칙이다. 이것은 대단히 중요한 것이다. 리더가 팀원들에게 책임만 맡기고 권한을 위임하지 않으면 그들은 좌절할 것이다.

오늘날 예수 그리스도는 이 땅에 계시지 않지만, 예수님의 이름으로 수많은 병자들이 낫고 수많은 구원의 역사가 일어나는 이유는 어디에 있는가? 예수 그리스도가 이 땅을 떠나시면서 막대한 권세를 우리에게 위임해 주셨기 때문이다.

> "내가 진실로 진실로 너희에게 이르노니 나를 믿는 자는 내가 하는 일을 그도 할 것이요 또한 그보다 큰 일도 하리니 이는 내가 아버지께로 감이라"(요 14:12).

8) 예수님의 리더십 교체

예수님은 끊임없이 제자들을 키우고 훈련하셨다. 이는 결국 자신의 후계자를 양성하시기 위함이었다. 이 세상에서 가장 위대한 리더인 예수 그리스도의 후계자 자리를 이어받는다는 것은 보통 부담스럽고 힘든 일이 아닐 것이다. 그러나 베드로는 그 일을 효과적으로 잘 감당했다. 예수님이 이 세상을 떠나시고 난 뒤에도 예수님이 하시던 사역이 이어졌을 뿐 아니라, 이렇게 전 세계적으로 뻗어 나가게 된 것을 봐도 알 수 있다.

그러나 중요한 것은, 베드로가 그렇게 훌륭하게 리더십을 승계하기까지 예수님이 이루 말할 수 없는 정성을 기울이셨다는 사실이다. 베드로는 예수님을 세 번 부인하는 실수를 저지름으로 말미암아 제자의 자리에서 거의 미끄러졌다. 그러나 예수님은 베드로를 끝까지 포기하지 않으시고, 부활하신 다음에 그에게 찾아가 주시고, 그로 하여금 예수님을 사랑한다고 세 번 고백하게 하셔서서 그의 마음의 짐을 벗겨 주셨다.

예수님은 베드로에게 천국 열쇠를 준다고 하셨는데, 베드로는 정말 천국 문을 여는 열쇠를 받았다. 오순절 날 성령이 임했을 때 처음으로 일어나 발언한 사람이 베드로였고, 이방인 고넬료의 가정에 최초로 성령이 임했을 때도 그곳에 있는 베드로를 통해 성령 강림 사건이 일어났다. 결국 베드로는 이방인들이 천국으로 들어가도록 문을 여는 특권을 받은 것이다. 그리고 이러한 사건들을 통해 예수님은 수석 제자로서의 베드로의 위치를 확증시키셨다.

9) 외부 환경에 맞춘 예수님의 융통성

리더십이 주위 환경과 팔로워들의 수준에 의해 영향을 받는다고 본다면, 예수님은 그에 맞춰 융통성 있게 메시지를 전하셨다. 농부와 이야기하실 때는 씨 뿌리는 비유로 설명하셨고, 어부들과 이야기하실 때는 고기 잡는 비유나 그물 치는 비유로 천국을 설명하셨다. 그리고 우물가에서 여인을 만나셨을 때는 생수 이야기로 여인의 마음을 여셨다. 이같이 예수님은 다양한 환경과 팔로워들의 수준에 자신을 맞추셨다.

또한 예수님은 자신의 제자들이 리더가 되기 전에 먼저 훌륭한 팔로워가 되어야 함을 아셨다. 그래서 성경을 자세히 살펴보면, 예수님은 리더십에 대해 많이 이야기하시지 않고 오히려 팔로워십에 대해 많이 언급하셨다. 예수님은 베드로와 안드레와 야고보와 요한을 즉각적으로 리더로 부르신 것이 아니고, "나를 따르라"는 말씀을 먼저 하셨다.5 또한 그들에게 자신을 부인하고 십자가를 져야만 예수님을 제대로 따를 수 있다는 것도 강조하셨다. 예수님이 이렇게 팔로워십을 강조하신 것은, 그들이 먼저 충실한 팔로워로 훈련받아야만 나중에 탁월한 리더가 될 수 있기 때문이다.

예수님은 이 세상 누구보다 위대한 리더셨지만, 하나님의 뜻을 따르는 겸허한 팔로워가 되어 늘 하나님의 음성을 듣고 하나님의 뜻을 따라가는 삶을 사셨다. 그래서 성경은 예수님을 리더이면서 종으로 묘사하고 있다.

10) 갈등과 비판에 대한 예수님의 대처법

성경을 보면, 예수님만큼 오해와 비판을 많이 받은 사람도 별로 없을 것이다. 예수님은 자신의 12제자 중 한 명으로부터도 배신당했을 정도로 철저히 비판당하고 어려움을 당하셨다. 마가복음 3장 21절을 보면, 예수님이 가장 가까운 사람으로부터 말로 못할 비판을 당하신 것을 알 수 있다.

"예수의 친족들이 듣고 그를 붙들러 나오니 이는 그가 미쳤다 함일러라."

예수님과 가까운 사람들이 그분을 미친 사람 취급한 것이다. 그뿐 아니다. 그 다음 절에는 이렇게 되어 있다.

"예루살렘에서 내려온 서기관들은 그가 바알세불이 지폈다 하며 또 귀신의 왕을 힘입어 귀신을 쫓아낸다 하니"(막 3:22).

예수님의 대적자들은 심지어 예수님이 귀신 들렸다는 말까지 했다. 이 얼마나 모욕적인 비판인가? 그러나 중요한 것은, 예수님은 이 같은 비판을 직면하셨지만 비판받는 것 자체를 두려워하지 않고 소신 있게 자신이 할 일을 다 하셨다는 사실이다. 그리고 더 중요한 것은, 예수님은 비판과 갈등을 직면하셨지만 다툼은 끝까지 피하셨다는 것이다. 자신을 못 박는 자를 위해서도 용서의 기도를 드리셨다. 우리는 이것을 배워야 한다. 그래서 이 말을 기억할 필요가 있다.

"갈등은 피할 수 없지만 다툼은 선택할 수 있다"(Conflict is inevitable, but combat is optional).

예수님의 12제자의 그룹을 보면 그들은 결코 팀워크가 좋은 그룹이 아니었다. 예수님의 제자들 가운데는 유대인들이 싫어하던 세리 마태도 있었고, 로마로부터 독립을 쟁취하고자 한 열심당원 시몬도 있었다. 갈등의 소지가 충분히 있었던 것이다. 또한 그들은 서로 섬기고 도와주기보다는 서로를 라이벌로 생각했다. 심지어 세베대의 아들 야고보와 요한은 예수님의 예루살렘 입성을 앞두고 그들 중 한 명은 우편에, 한 명은 좌편에 앉게 해 달라고 예수님께 요청했다. 예수님은 지금 십자가를 지러 가시는데 그들은 우의정, 좌의정 자리를 노리고 있었던 것이다. 그리고 이 사실을 알게 된 제자들 가운데서도 분노가 일어났다. 이것은 그들도 똑같은 생각을 하고 있었다는 것을 의미한다. 이처럼 하나 되지 못하는 팀으로 예수님은 위대한 일을 이루셨다. 이것은 예수님이 그들 가운데 있는 갈등을 얼마나 효과적으로 다루셨는지를 보여 준다.

11) 예수님과 21세기의 리더십

예수님의 리더십 스타일이 과연 2,000년이 지난 오늘날에도 유효할 것인가? 21세기가 요구하는 리더십 스타일과 비교해 보면 이것을 알 수 있다.

① 성취적 리더십 - 다 이루셨다

성취적 리더십의 관점에서 예수님을 보면, 세계 역사상 그 유례를 찾아볼 수 없다. 예수님이 리더십을 발휘한 3년 반 동안 이룩하신 일을 보면 놀라울 따름이다. 그분은 그 짧은 기간 동안에 인류의 구원을 위해 필요한 모든 일을 성취하셨다. 그리고 젊은 나이에 십자가 위에서 죽으면서도 자신 있게 "다 이루었다"(요 19:30)고 말씀하시고 돌아가셨다. 그리고 실제로 그렇게 되었다.

인류를 위한 예수님의 구원 사역은 온전히 완성되었다. 우리가 구원을 받기 위해 더 이상 해야 할 일은 없다. 오로지 예수님이 십자가 위에서 우리 죄를 위해 죽으신 사실을 믿고 받아들이기만 하면 된다.

② 변혁적 리더십 - 모든 것을 바꾸시다

예수 그리스도만큼 인류의 역사에 변화를 가져온 분은 없다. 그분이 이 땅에 와서 한 모든 말과 행동은 가히 혁명적인 것이었다. 그분은 인류 역사를 B.C.와 A.D.로 나누셨을 뿐 아니라, 사실상 모든 것을 바꾸셨다.

요한계시록 21장 5절을 보면, 부활하신 예수님이 하늘 보좌에 앉으셔서 이렇게 말씀하신다.

"보라 내가 만물을 새롭게 하노라."

정말 놀라운 선언이다. 예수님은 물로 포도주를 만드실 뿐 아니라, 깨어진 가정도 회복시키시고, 상하고 찢긴 마음도 고치시고, 낙심하고 지친 심령도 새롭게 하신다. 예수님은 인류의 역사를 새로 쓰고 계시고, 앞으로 재림하실 때 이 세상을 완전히 새롭게 변화시키실 것이다.

③ 창조적 리더십 - 문학과 예술의 원천이 되시다

예수 그리스도는 모든 창의적인 아이디어의 원천이시다. 예수 그리스도가 문학과 예술의 세계에 끼친 영향은 이루 말할 수 없다. 작가인 신시아 펄 모스는 인류 역사에서 그 어떤 인물보다 그리스도에 대해 많은 시가 쓰였고, 많은 이야기가 말해졌으며, 많은 노래가 불리웠다고 말한다.6

라파엘(Raphael)이나 미켈란젤로(Buonarroti Michelangelo)나 레오나르도 다 빈치의 위대한 미술 작품들은 대부분 기독교 주제로부터 영감을 얻어서 제작된 것이다. 영문학에서도 기독교가 미친 영향은 지대하다. 셰익스피어가 기독교의 영향을 강하게 받았다는 사실은 그의 작품 안에 무려 800여 개가 넘는 성경 구절이 인용된 사실로도 알 수 있다.

예수 그리스도는 음악 분야에도 이루 말할 수 없는 영향을 끼쳤다. 헨델의 〈메시아〉는 지금도 수많은 사람들에게 영감의 보고가 되고 있다. 이탈리아 바로크 음악의 거장인 안토니오 비발디(Antonio Lucio Vivaldi)도 사실은 사제 출신이었다. 근대 음악의 아버지로 불리는 바흐는 독실한 기독교인이었다. 그는 그의 모든 작곡집에 S.D.G.라는 약어를 새겨 놓았는데, 그것은 "Soli Deo Gloria"라는 말로 "오직 하나님께 영광"이라는 뜻이다. 그의 음악은 나중에 베토벤, 하이든, 모차르트, 쇼팽 등에게 지대한 영향을 끼쳤다. 서구 음악의 기본과 발전은 대부분 교회에 의해 이뤄졌다. 예수님이 태어나시지 않았다면 오늘날의 칸타타, 협주곡, 심포니는 결코 만들어지지 못했을 것이다.7

평론가 조제프 N. 그린(Joseph Nelson Greene)은 만일 오늘 밤에라도 문학과 예술에서 그리스도를 빼 버린다면 이 세상은 하룻밤 사이에 흑백으로 바뀔 것이라고 말했다.8

④ 여성 리더십 - 여성의 인격을 인정하시다

예수님이 오심으로 여성들의 인권이 존중되고 보호받기 시작했다. 예수님의 부활은 인류 역사상 가장 위대한 사건인데, 예수님이 부활하신 후 가장 먼저 여인을 만나 주셨다는 사실은 우리에게 많은 것을 생각하게 한다. 예수님이 보리떡 다섯 개와 물고기 두 마리로 5,000명을 먹이실 때 여성과 어린이는 그 숫자 속에 아예 들어가지도 못했다. 오늘날에 여성의 인권이 이렇게 인정받고 여성 리더가 많이 배출되는 것은 전적으로 기독교의 영향력 때문이다. 예수님이 오심으로 여성들이 제대로 된 인격체로 대우받기 시작한 것이다. 이 같은 예수님의 태도에 대해 도로시 세이어즈(Dorothy Sayers)는 다음과 같이 말했다.

"예수님의 요람에서 십자가까지 처음과 마지막을 함께한 인물들이 여자라는 점은 어떤 의미에서 이상할 게 없다. 도대체 이 남자와 같은 인물을 그들은 안 적이 없는 것이다. 선지자요, 선생인 그는 여자들을 성가시게 하지도 않았고, 농을 하거나 수다를 떨거나 깔보는 농담을 하지도 않았다. 그리고 '여자들은 할 수 없어!'라거나 '별수 없는 여자들 같으니!' 하는 식으로 대하지도 않았다. 꾸짖을 때도 투덜거림 없이 했으며, 칭찬할 때도 생색내는 투가 아니었다. 여자들이 묻는 것, 여자들이 주장하는 것도 진지하게 대했으며, 여자들 영역이나 지키라고 선을 긋지도 않았고, 여자답게 굴라는 소리도 한 적이 없으며, 여자라서 업신여기지도 않았다. 그렇다고 다른 흑심을 품지도 않았으며, 알량한 남자의 체면을 지키려 들지도 않았다."9

한마디로 예수님은 여성의 인격을 하나님이 처음 창조하신 그대로 인정해 주신 것이다. 이것이 여성 리더십의 출발이 된 것이다.

⑤ 글로벌 리더십 - 세계 최초의 글로벌 리더

예수님은 평생 자신이 태어난 나라 바깥에는 나가 본 적이 없으셨다. 그러나 그분이 하신 말을 모은 성경은 전 세계의 베스트셀러가 되어 있고,

그분의 영향력이 지구촌 구석구석에 미치지 않은 곳이 없다. 이것을 생각할 때 예수 그리스도가 글로벌 리더십을 소유하신 분이라는 사실을 부인할 사람은 아무도 없을 것이다. 지금도 전 세계적으로 활동하는 구호단체나 자선단체는 예수 그리스도의 정신으로 활동하는 단체들이 대부분이다. 그분은 진실한 의미에서 세계 최초의 가장 위대한 글로벌 리더이시다.

⑥ 도덕적 리더십 - 도덕의 극치를 보이시다

오늘날 도덕적 리더십의 가장 위대한 모델을 꼽으라면 예수 그리스도를 꼽는 데 주저할 사람이 없을 것이다. 그분은 우리에게 빛과 소금이 되라고 말씀하셨을 뿐 아니라 그분 자신이 원수까지 사랑하는 도덕심의 극치를 보여 주셨다.

또한 예수님의 가르침인 산상수훈에 나오는 "그러므로 무엇이든지 남에게 대접을 받고자 하는 대로 너희도 남을 대접하라"(마 7:12)는 말씀은 이른바 '황금률'이다. 이는 인간관계를 성공으로 이끄는 비결로 인정되어 많은 유명한 기업들이 이 법칙에 따라 사업하고자 노력하고 있다.

⑦ 위기관리 리더십 - 위기 앞에서도 평안하신 분

예수님은 위기관리의 대가셨다. 그분은 폭풍우 앞에서도 요동하지 않고 풍랑을 잠잠하게 하셨으며, 십자가라고 하는 최악의 위기 상황에서도 미리 기도로 준비하는 침착함을 보이셨다. 또한 자신을 잡으러 온 대제사장의 귀를 베드로가 쳤을 때, 예수님은 이것까지 참으라고 말씀하시면서 그의 귀를 도로 붙여 주셨다. 나중에 빌라도 앞에 끌려가 심문을 받으실 때도 오히려 심문하는 빌라도가 당황하고 쩔쩔맬 정도로 의연함과 침착함을 보여 주셨다.

예수님은 위기 상황에서 추호도 당황하지 않고, 조금의 미동도 나타내지 않으셨다. 십자가 위에서 죽어 가면서도 한마디 비난의 말도 하지 않으셨고, 오히려 자신 옆에서 못 박혀 죽어 가는 강도까지도 구원하고 돌아가셨다. 그분은 인생의 어떤 위기 상황이 닥쳐도 절대적인 평안을 소유하고 계셨다. 다가올 십자가를 앞에 두고 예수님이 제자들에게 하신 말씀을 보라. 너무나 놀랍지 않은가.

"평안을 너희에게 끼치노니 곧 나의 평안을 너희에게 주노라 내가 너희에게 주는 것은 세상이 주는 것과 같지 아니하니라 너희는 마음에 근심하지도 말고 두려워하지도 말라"(요 14:27).

예수님의 영원한 영향력

《레오나르도 다빈치처럼 생각하기》(대산출판사)를 쓴 마이클 겔브(Michael J. Gelb)의 말에 따르면, 예수님이 등장하는 최후의 만찬의 모티프는 원이라고 한다. 빵과 접시 등 식탁에 있는 모든 것이 둥글다. 게다가 제자들이 예수님을 중심으로 왼편과 오른편으로 둘러앉아 있어서 반원의 형태를 띤다. 다빈치가 원을 중심 소재로 삼은 데는 분명한 목적이 있다는 것이 겔브의 주장이다. 잔잔한 연못에 돌을 던지면 오래도록 물결이 일듯, 예수님이 인간의 운명적 삶에 영원한 물결을 일으키는 영향력을 미치신다는 것을 표현했다는 것이 그의 주장이다.[10]

　　저명한 역사가 케네스 스콧 라토렛(Kenneth Scott Latourette)은 이렇게 말했다.

　　"여러 세기가 지나면서 증거들은 더욱더 축적되고, 그가 남긴 영향력은 커지고 있다는 사실을 염두에 두고 있다면, 예수야말로 이 지구상에 살았던 인물들 가운데 가장 큰 영향을 끼친 사람이었다는 사실에는 재론의 여지가 없다. 이 영향력은 지금도 더욱 커지고 있을 뿐이다."[11]

리더십을 영향력이라고 볼 때 예수 그리스도만큼 지속적으로 위대한 영향력을 끼친 인물은 없다. 역사학자 필립 샤프(Philip Schaff)는 예수님의 무궁무진한 영향력에 관해 이렇게 기록했다.

"나사렛 예수는 돈도, 군대도 없이 알렉산더, 카이사르, 마호메트, 나폴레옹보다 더 많은 사람을 정복했고, 학술과 학문도 없이 모든 철학자와 학자가 남긴 빛보다 더 많은 빛을 던져 주었다. 예수는 학자의 웅변술도 없이 예전에 아무도 말하지 못했고 또 앞으로도 말하지 못할 생명의 말을 남겼고, 웅변가나 시인이 도달할 수 없는 영향을 온 인류에 미쳤다. 예수는 글 한 줄 쓰지 않았지만 고대와 현대의 위인을 다 합한 것보다 더 많은 펜을 움직였고, 설교와 웅변과 토의와 예술 작품과 학술 서적과 아름다운 찬양의 영원한 주제가 되었다."[12]

진정으로 영향력 있는 리더가 되고 싶은가? 그렇다면 인류 역사에 가장 위대한 영향을 끼친 예수 그리스도를 당신의 인생의 주인으로 모셔라. 그리고 그분이 주는 비전을 당신의 것으로 삼으라. 그러면 당신은 가장 고귀하고 위대한 영향력을 끼치는 인물이 될 수 있을 것이다.

예수 그리스도는 너무나 외로운 인생을 사셨다. 그러나 그분은 가장 위대한 리더셨다. 2,000년 전 예수 그리스도가 인류 역사에 끼친 그 위대하고 심오한 영향력의 동심원은 지금도 줄어들지 않고 더 크게 퍼져 나가고 있다. 이 귀한 영향력의 물결 위에 당신의 것을 하나 더 보탤 수 있다면, 당신은 가장 성공적인 인생이 될 수 있을 것이다. 당신의 인생이 이 같은 고귀한 인생이 되기를 축복한다.

내가 알고 있는 역사상의 왕과 여왕들은 모두 자신을 위해 죽으라고 백성을 내보냈다. 자신의 백성을 위해 죽겠다고 마음먹은 유일한 왕은 오직 한 분뿐이었다. _찰스 콜슨(Charles Colson)

One Solitary Life (어느 고독한 생애)

He was born in an obscure village, the child of a peasant woman.
그는 어느 이름 없는 마을에서 초라한 한 여인의 아들로 태어났다.

He grew up in still another village, where he worked in a carpenter's shop until he was thirty.
그는 30세가 될 때까지 다른 마을에서 목수로 지냈다.

Then for three years he was an itinerant preacher.
그리고 3년간 그는 순회설교가로 지냈다.

He never wrote a book. He never held an office.
그는 한 번도 책을 쓴 적이 없다. 그리고 한 번도 사무실을 차린 적이 없다.

He never had a family or owned a house. He did not go to college. He never visited a big city.
그에게는 가족도, 집도 없었다. 그는 대학에 가 본 적도 없고, 대도시를 방문한 적이 한 번도 없다.

He never travelled two hundred miles from the place where he was born.
그는 자신이 태어난 곳에서 200마일 이상 벗어나 본 적이 한 번도 없었다.

He did none of the things one usually associates with greatness.
그에게는 대단하다고 여겨질 만한 것이 아무것도 없었다.

He was only thirty-three when the tide of public opinion turned against him. His friends ran away.
그가 33세가 되었을 때 많은 사람들이 그를 대적했으며, 그의 친구들은 그를 버리고 도망쳤다.

He was turned over to his enemies and went through the mockery of a trial.
그는 대적자의 손에 넘겨졌고, 멸시와 조롱 속에 재판을 당했다.

He was nailed to a cross between two thieves.
그는 두 명의 강도 사이에서 십자가에 못 박혔다.

When he was dead, he was laid in a borrowed grave through the pity of a friend.
그리고 그가 숨을 거두자 그를 불쌍히 여긴 친구의 무덤에 눕혀졌다.

Nineteen centuries have come and gone, and today he remains the central figure of the human race, and the leader of mankind's progress.
그 후로 열아홉 세기가 흘렀고, 오늘날 그는 인류에게 가장 중요한 인물이 되었으며, 인류의 진보에 가장 큰 영향을 미친 리더가 되었다.

All the armies that ever marched, all the navies that ever sailed, all parliaments that ever sat, all the kings that ever reigned, put together, have not affected the life of man on this planet so much as that one solitary life.
지금까지 진군했던 모든 군대와 지금까지 편성된 모든 해군과 지금까지 구성된 모든 의회와 지금까지 다스렸던 모든 왕을 합해도 이 고독한 인생 하나보다 이 땅의 사람들에게 더 큰 영향을 미치지 못했다.

― 제임스 A. 프랜시스(James Allan Francis)

나눔을 위한 질문

12

예수 그리스도의 리더십

1. 예수 그리스도가 탁월한 리더라고 생각해 본 적이 있는가? 그분의 리더십은 21세기에도 여전히 유효하다고 생각하는가?

2. 예수님이 믿지 않는 사람들에게도 존경받는 이유는 무엇인가? 그분의 핵심 가치와 연결해서 생각해 보라.

3. 예수님의 자기 이해에 대해 생각해 보라. 요한복음 10장 10절에 근거해서, 예수님은 자신이 어떤 분이라고 생각하셨으며, 이를 어떻게 실천하셨는가?

4. 마태복음 28장 18-20절에 근거해서, 예수님의 비전은 무엇이었으며, 그 비전의 어떤 매력이 사람들로 하여금 목숨까지 바치게 했는지 생각해 보라.

5. 예수님은 짧은 공생애 기간 동안 자신의 많은 시간을 제자들을 키우고 훈련시키는 데 보내셨다. 그 이유는 무엇이라고 생각하는가?

6. 예수님은 십자가 위에서 "다 이루었다"고 말씀하셨다. 이 말은 구원 사역을 완성했다는 말이다. 우리가 할 일은 십자가를 통한 죄 사함을 믿고 받아들이는 것이다. 당신은 예수를 구주로 영접했는가?

7. 예수 그리스도가 나의 삶에 끼친 영향력은 무엇인가? 나는 어떤 식으로 이 영향력을 흘려보내고 싶은가?

나가는 말

언젠가 《리더피아》(*Leadepia*)라는 잡지에서 달팽이의 이동법에 관한 기사를 읽은 적이 있습니다. 달팽이는 이동 속도가 매우 느립니다. 그리고 아주 조심스럽게 전진합니다. 그런데 최근에 달팽이의 이동에 관한 아주 놀라운 사실이 하나 발견되었습니다. 달팽이들이 길을 갈 때 가급적 다른 달팽이들이 지나간 길을 골라서 다닌다는 것입니다. 달팽이는 점액을 뿜으며 이동하는데, 남이 간 길을 따라가면 새 길을 가는 것보다 힘을 크게 아낄 수 있기 때문이라고 합니다.

영국의 일간지 《가디언》(*Guardian*)의 기사에 나온 내용입니다. 영국 선더랜드 대학교의 마크 데이비스(Mark Davis) 박사 연구 팀이 달팽이의 일종인 총알 고동을 현미경 슬라이더 위에 기어 다니게 했더니, 다른 달팽이가 다닌 길을 따를 때와 새로 길을 낼 때 분비하는 점액량과 소모 에너지량에 많은 차이가 있었다고 합니다. 남이 만든 길을 따라가는 경우 점액 분비량은 30%, 소모 에너지는 35분의 1밖에 들지 않은 것으로 나타났습니다. 점액 분비는 달팽이가 먹이에서 얻은 에너지의 3분의 1을 사용할 정도로 많은 에너지가 듭니다. 그러므로 스스로 길을 만드는 것보다 남이 간 길을 따라가면 에너지를 훨씬 절약하고 힘들지 않게 길을 갈 수 있기 때문에 달팽이는 이미 닦인 길을 가는 경제적인 선택을 하게 된 것입니다.

이 기사를 보면서 리더십의 원리에 대한 중요한 깨달음을 얻었습니다. 리더란 무엇입니까? 바로 길을 닦는 사람입니다. 다른 사람이 잘 갈 수 있도록 남이 가지 않은 길, 남이 가기를 두려워하는 길을 먼저 닦아 나가는 사람입니다. 리더의 이런 희생을 통해 뒤에 오는 사람들은 훨씬 쉽고 편하게 그 길을 갈 수 있습니다.

그렇게 보면 리더가 된다는 것은 거창하고 대단한 사람이 되는 것이 아닙니다. 나로 인해 내 뒤에 오는 누군가가 좀 더 쉽고 편하게 이 길을 갈 수 있도록 내가 좀 더 수고하고, 좀 더 희생하며 한 걸음, 두 걸음 길을 만들어 나가는 사람이 리더인 것입니다. 오늘날 세상을 보면 바로 이런 사람들로 인해 이 사회가 여기까지 발전한 것임을 알 수 있습니다. 정치, 경제, 종교, 과학, 의학, 예술, 문학, 스포츠, 자선사업 등 모든 분야에서 자신의 자리에서 벽돌 하나씩 더 놓은 사람들의 노고와 수고로 우리가 이만큼 혜택을 누리고 있습니다. 그러므로 저도 뒤에 따라오는 누군가를 위해 한 걸음이라도 길을 더 만들어 가야 한다는 책임감을 갖게 됩니다.

하나님의 은혜로 그동안 갈고닦은 리더십의 핵심 원리들을 이 책을 통해 세상에 소개할 수 있어서 무척 기쁩니다. 리더십은 공부할수록 깊이가 끝이 없는 학문입니다. 부족한 제가 따라가기에는 벅찬, 탁월한 리더십의 대가들도 이미 많이 있습니다. 그러나 그나마 이 책이 기여한 것이 있다면 이런 다양한 리더십의 분야를 한 권의 책으로 이해하기 쉽게 정리해 놓은 것과, 특별히 세상적인 리더십과 성경의 리더십의 원리를 통합하는 시도를 한 것이라고 할 수 있겠습니다. 그렇게 볼 때 저도 이 분야에서 나름대로 벽돌 한 장 쌓은 것 같아 마음에 위로가 됩니다.

끝까지 이 책을 읽고 함께해 주신 독자 여러분께 감사드립니다.

주

1. 왜 리더십인가?

1) 헨리 블랙커비,《영적 리더십》(두란노, 2002), pp.17-18.
2) 서성교,《하버드 리더십 노트》(원앤원북스, 2003), p.34.
3) George Barna, *The Second Coming of the Church*(Nashville: Word Publishing, 1998), p.36.
4) 조지 바나 외,《리더십을 갖춘 지도자》(베다니출판사, 2003), p.27.
5) John Gardner, *On Leadership*(New York: Free Press, 1990), p.1.
6) J. Robert Clinton, *The Making of a Leader*(NavPress, 1988), p.14.
7) 헨리 블랙커비,《영적 리더십》(두란노, 2002), p.35.
8) 서성교,《하버드 리더십 노트》(원앤원북스, 2003), p.75 참고해서 정리.
9) 위의 책, p.109.
10) 워렌 베니스, 버트 나누스,《리더와 리더십》(황금부엉이, 2005), p.270.

2. 리더에게 있어야 할 가치들

1) 새뮤얼 D. 리마,《셀프 리더십》(생명의 말씀사, 2000), p.11.
2) 존 맥스웰,《인간계의 원칙》(청우, 2003), pp.113-114.
3) 팻 윌리엄스, 마이클 웨인렙,《성공 프로젝트, 마이클 조던 되기》(해냄, 2002), p.293.
4) 새뮤얼 D. 리마,《셀프 리더십》(생명의 말씀사, 2000), p.19.
5) 스티븐 코비,《성공하는 사람들의 7가지 습관》(김영사, 1994), p.23.

6) 미셸 보바, 《건강한 사회인, 존경받는 리더로 키우는 도덕지능》[(주)한언, 2004], p.12.

7) 존 맥스웰, 《재능만으로 충분하지 않다》(디모데, 2014), p.253.

8) 미셸 보바, 《건강한 사회인, 존경받는 리더로 키우는 도덕지능》[(주)한언, 2004], pp.14-15.

9) 래리 도니손, 《웨스트 포인트 리더십》(초당, 2001), p.25.

10) 위의 책, p.22.

11) 위의 책, p.83.

12) 위의 책, p.91.

13) Os Guinness, *Character Counts* (Baker Books, 1999), pp.15-20.

14) Ibid., pp.12-13.

15) 제임스 쿠제스, 배리 포스너, 《최고의 리더》(비즈니스북스, 2007), pp.158-159.

16) 이시카와 다쿠지, 《기적의 사과》(김영사, 2009), p.223.

17) 위의 책, pp.157-159.

18) 팻 윌리엄스, 마이클 웨인렙, 《성공 프로젝트, 마이클 조던 되기》(해냄, 2002), p.92.

19) 위의 책, p.86.

20) 《갓 피플》(2014년 6월호), p.14.

21) 조용호, 《당신이 알던 모든 경계가 사라진다》(미래의 창, 2013), p.117.

22) 짐 콜린스, 《좋은 기업을 넘어 … 위대한 기업으로》(김영사, 2002), p.282.

23) 매일경제 신뢰경영 특별취재 팀, 《신뢰경영》(매일경제신문사, 2003), pp.45-46.

24) 태드 개벌린, 론 시몬스, 《인격의 힘》(이지북, 2000), p.23.

25) 《리더스 다이제스트》(2000년 10월호), p.81.

26) 앤드루 사이델, 《전 방향 리더십》(DMI, 2005), p.95.

3. 리더는 먼저 자신을 알아야 한다

1) 존 맥스웰, 《영향력》(낮은울타리, 2003), p.156.

2) 크레이그 그로쉘, 《카존》(두란노, 2006), p.44.

3) 고도원, 《꿈 너머 꿈》(나무생각, 2007), pp.12-13.

4) J. Robert Clinton, *Strategic Concepts*(Barnabas Publishers, 1995), p.3.

5) Ibid., p.3.

6) Ibid., p.41.

4. 리더는 자기 관리가 중요하다

1) David Benner, *Care of Souls*(Baker, 1999), p.33.

2) 명성훈, 《리더십 성장 마인드》(ICG, 2002), pp.243-244.

3) 브라이언 트레이시, 《백만 불짜리 습관》(용오름, 2005), p.282.

4) 신병철, 《통찰의 기술》(지형, 2008), p.65.

5) 짐 콜린스, 《좋은 기업을 넘어 … 위대한 기업으로》(김영사, 2002), p.43.

6) 전광, 《백악관을 기도실로 만든 대통령 링컨》(생명의 말씀사, 2003), p.205.

7) 짐 콜린스, 《좋은 기업을 넘어 … 위대한 기업으로》(김영사, 2002), p.64.

8) 리처드 라이트, 《하버드 수재 1,600명의 공부법》(월간 조선사, 2005), p.29.

9) 한홍, 《시간의 마스터》(비전과 리더십, 2006), p.57.

10) 히사츠네 게이이치, 《잭 웰치를 움직인 세 개의 원》(디자인하우스, 2002),

p.141.

11) 미즈키 아키코, 《퍼스트클래스 승객은 펜을 빌리지 않는다》(중앙북스, 2013), pp.17-160 참고.

5. 리더의 비전이 방향을 결정한다

1) 홍하상, 《주식회사 대한민국 CEO 박정희》(국일미디어, 2005), p.207.
2) 케네스 O. 갱글, 《최강의 팀웍을 만드는 전략노트》(디모데, 2002), p.126.
3) 서성교, 《하버드 리더십 노트》(원앤원북스, 2003), p.87.
4) 《행복한 동행》(2006년 10월호), p.33.
5) 래리 도니손, 《웨스트 포인트 리더십》(원앤원북스, 2003), p.39.
6) 헨리 블랙커비, 《영적 리더십》(두란노, 2002), p.109.
7) 워렌 베니스, 버트 나누스, 《리더와 리더십》(황금부엉이, 2005), p.123.
8) 이지훈, 《혼 창 통》(샘앤파커스, 2010), p.201.
9) 제임스 C. 흄스, 《링컨처럼 서서 처칠처럼 말하라》(시아출판사, 2003), p.56.
10) 한근태, 《잠들기 전 10분이 나의 내일을 결정한다》(랜덤하우스중앙, 2005), p.44.
11) 앤드루 로버츠, 《CEO 히틀러와 처칠, 리더십의 비밀》(Human & Books, 2003), pp.416-417.
12) 조안 마그레타, 《경영이란 무엇인가》(김영사, 2004), pp.283-284.
13) 이원설, 강헌구, 《아들아 머뭇거리기에는 인생이 너무 짧다 2》(한언, 2001), pp.90-92.
14) 로린 울프, 《위대한 리더십의 강자들》(영진닷컴, 2004), pp.174-175.

15) Tom Peters, "Leadership Is Confusing as Hell", *Fast Company* (March, 2001), p.138.

16) C. William Pollard, "Mission as an Organizing Purpose", *Leader to Leader*(Spring, 2000), pp.17-21.

6. 사람을 세우는 멘토형 리더

1) 최병권,《위대한 기업을 만드는 인재 멘토링》(새로운 제안, 2004), p.28.

2) J. Robert Clinton, Paul D. Stanley, *Connecting*(NavPress, 1992), p.33.

3) 밥 빌,《사람을 세우는 22가지 원리》(디모데, 1997), p.44.

4) J. Robert Clinton, Paul D. Stanley, *Connecting*(NavPress, 1992), p.42.

5) 김요셉,《삶으로 가르치는 것만 남는다》(두란노, 2006), pp.12-14.

6) J. Robert Clinton, Richard W. Clinton, *The Mentor Handbook* (Barnabas Publishers, 1991), pp.12-13.

7) 존 맥스웰, 짐 도넌,《영향력》(낮은울타리, 2002), p.254.

8) 김수진,《이자익 이야기》(한국장로교출판사, 2005), pp.30-35.

9) 존 맥스웰,《프렌즈》(청우, 2000), p.80.

10) 하워드 헨드릭스, 윌리엄 헨드릭스,《철이 철을 날카롭게 하는 것같이》(요단출판사, 1996), pp.227-228.

11) 하버드대 경영대 교수 15인,《하버드 졸업생은 마지막 수업에서 만들어진다》(세종서적, 2005), p.187.

12) 스티븐 그레이브스, 토머스 애딩턴,《최고의 리더 예수의 영향력을 배워라》(예문, 2003), pp.192-193.

13) 이덕일,《난세의 혁신 리더 유성룡》(역사의 아침, 2012), pp.77-84.

14) 위의 책, pp.85-87.

7. 팀 리더십이 진짜 리더십이다

1) 피터 드러커, 《자기경영 노트》(한국경제신문, 2003), p.91.
2) 신완선, 《컬러 리더십》(더난출판사, 2002), p.264.
3) 존 코터, 《기업이 원하는 변화의 리더》(김영사, 1999), pp.91-92.
4) 로린 울프, 《위대한 리더십의 최강자들》(영진닷컴, 2004), p.245.
5) 위의 책, pp.245-246.
6) 차종석, 박형근, 정현택, 《성공기업으로 가는 한국형 인재경영》(넥서스BIZ, 2004), pp.139-140.
7) 켄 블랜차드, 셀든 보울즈, 《하이파이브》(21세기북스, 2001), pp.82-84.
8) 위의 책, p.144.
9) 차종석, 박형근, 정현택, 《성공기업으로 가는 한국형 인재경영》(넥서스BIZ, 2004), pp.137-138.
10) 존 맥스웰, 《리더십의 21가지 불변의 법칙》(청우, 1999), p.287.
11) 김병도, 《코카콜라는 어떻게 산타에게 빨간 옷을 입혔는가》(21세기북스, 2003), p.139.

8. 리더의 마지막 과업, 리더십 교체

1) 팀 엘모어, 《팀 엘모어의 멘토링》(진흥, 2003), p.15.
2) 케네스 O. 갱글, 《최강의 팀웍을 만드는 전략노트》(디모데, 2002), pp.312-313.

3) Hans Finzel, *The Top Ten Mistakes Leaders Make*(Colorado Springs: Chariot Victor Publishing, 1884), p.160.

4) LG경제연구원, 《2010 대한민국 트렌드》(한국경제신문, 2005), p.286.

5) 제임스 C. 흄스, 《링컨처럼 서서 처칠처럼 말하라》(시아출판사, 2003), p.7.

6) 데이비드 히넌, 워렌 베니스, 《위대한 이인자들》(좋은책만들기, 2000), p.39.

7) 짐 콜린스, 제리 포라스, 《성공하는 기업들의 8가지 습관》(김영사, 1996), pp.37-63.

8) 김형회, 《어제는 기적 오늘은 상식》(두란노, 2002), pp.86-87.

9) 한홍, 《거인들의 발자국》(두란노, 2000), pp.287-288.

10) 한홍, 《시간의 마스터》(비전과 리더십, 2006), pp.136-137.

11) 김형회, 《어제는 기적 오늘은 상식》(두란노, 2002), p.88.

12) 조영탁, 정향숙, 《행복경영》(김영사, 2007) p.206.

13) 신병철, 《통찰의 기술》(지형, 2008), p.210.

14) George Barna, *The Second Coming of the Church*(Nashville: Word Publishing, 1998), p.154.

15) 차종석, 박형근, 정현택, 《성공 기업으로 가는 한국형 인재경영》(넥서스BIZ, 2004), p.103.

16) 존 맥스웰, 《리더십의 21가지 불변의 법칙》(청우, 1999), pp.172-177.

17) 신완선, 《컬러 리더십》(더난출판사, 2002), pp.290-292.

18) 로린 울프, 《위대한 리더십의 최강자들》(영진닷컴, 2004), p.363.

9. 리더는 외적 환경에 민감해야 한다

1) J. Robert Clinton, *A Short History of Leadership Theory*(Barnabas

Publishers, 1992), p.19.

2) 백기복, 신제구, 김정훈, 《리더십의 이해》(창민사, 2009), p.53.

3) 신완선, 《컬러 리더십》(더난출판사, 2002), p.55.

4) 백기복, 신제구, 김정훈, 《리더십의 이해》(창민사, 2009), pp.135-136.

5) 쉴라 머레이 베델, 《리더》(씨앗을뿌리는사람, 2006), p.151.

6) 윌리엄 코헨, 《최강의 리더십》(청림출판, 2002), pp.134-135.

7) 제임스 쿠제스, 배리 포스너, 《최고의 리더》(비즈니스북스, 2007), p.139.

8) 차종석, 박형근, 《한국형 인재경영》(넥서스BIZ, 2004), p.57.

9) Nannerl O. Keohane, 《성공하는 리더십의 조건》(명인문화사, 2012), p.59.

10) 서성교, 《하버드 리더십 노트》(원앤원북스, 2003), pp.98-104.

11) 데이비드 히넌, 워렌 베니스, 《위대한 이인자들》(좋은책만들기, 2000), p.29.

12) 에노모토 히데타케, 《부하의 능력을 열두 배 키워 주는 마법의 코칭》(새로운제안, 2004), pp.13-22.

13) 김영한, 《굿바이 잭 웰치》(리더스북, 2006), p.9.

14) 조안 마그레타, 《경영이란 무엇인가》(김영사, 2004), pp.43-48.

15) 도로시 리즈, 《질문의 7가지 힘》(더난출판사, 2002), p. 19.

16) 김병도, 《코카콜라는 어떻게 산타에게 빨간 옷을 입혔는가》(21세기북스, 2003), pp.216-220.

17) 로버트 F. 하틀리, 《피 말리는 마케팅 전쟁 이야기》(아인앤컴퍼니, 2004), pp.56-75.

18) 위의 책, pp.75-80.

19) 최윤식, 《미래학자의 통찰법》(김영사, 2014), pp.67-68.

20) 밥 애덤스, 《팀장 리더십》(위즈덤하우스, 2005), p.190.

21) 쉴라 머레이 베델, 《리더》(씨앗을뿌리는사람, 2006), p.119.

22) 존 판던, 《이것은 질문입니까》(랜덤하우스코리아, 2011), p.10.

23) 박영숙, 제롬 글렌, 테드 고든, 엘리자베스 플로레스큐, 《유엔미래보고서 2040》(교보문고, 2013), pp.71-72.

10. 갈등과 비판에 대처하는 리더십

1) 신완선, 《컬러 리더십》(더난출판사, 2002), p.220.

2) 로린 울프, 《위대한 리더십의 최강자들》(영진닷컴, 2004), p.282.

3) 해럴드 마이라, 마셜 셸리, 《빌리 그레이엄의 리더십 비밀》(생명의 말씀사, 2006), p.94.

4) 워렌 베니스, 버트 나누스, 《리더와 리더십》(황금부엉이, 2005), p.28.

5) 전광, 《백악관을 기도실로 만든 대통령 링컨》(생명의 말씀사, 2003), p.81.

6) 김형진, 《벼랑 끝에서 만나는 처칠》(도서출판 기파랑, 2006), p.103.

7) 위의 책, p.197.

8) 도널드 클리프턴, 톰 래스, 《당신의 물통은 얼마나 채워져 있습니까?》(해냄, 2005), p.39.

9) 해럴드 마이라, 마셜 셸리, 《빌리 그레이엄의 리더십 비밀》(생명의 말씀사, 2006), p.96.

10) 고든 S. 잭슨 엮음, 《짧은 막대기로는 호랑이를 긁어 주지 않는다》(베이스캠퍼, 2004), p.211.

11) 존 맥스웰, 《신뢰의 법칙》(21세기북스, 2006), pp.263-264.

12) 크리스천월드 편집부, 《변화된 새사람 31인》(크리스천월드, 1993), p.338.

13) 데이비드 도트리치, 피터 카이로, 《당신을 성공으로 이끄는 1% 리더십》(아인앤컴퍼니, 2004), p.202.

14) R. 이안 시모어,《멘토》(씨앗을뿌리는사람, 2003), p.58.

15) 안세영,《CEO는 낙타와도 협상한다》(삼성경제연구소, 2005), p.17.

16) 한홍,《거인들의 발자국》(두란노, 2000), pp.148-152 참고.

17) 손경구,《기질학습과 영적 성숙》(두란노, 2003), p.33.

18) 안세영,《CEO는 낙타와도 협상한다》(삼성경제연구소, 2005), pp.19-21 참고.

11. 21세기, 이 시대를 읽는 리더

1) 김홍기,《디지털 인재의 조건》(21세기북스, 2004), p.51.

2) 데이비드 L. 스튜어트, 로버트 L. 슈크,《섬김으로 성공한 기업경영 52》(가이드포스트, 2005), p.184.

3) 김형회,《어제는 기적 오늘은 상식》(두란노, 2002), p.133.

4) 서성교,《하버드 리더십 노트》(원앤원북스, 2003), pp.154-203 참고.

5) 위의 책, p. 154.

6) 위의 책, p. 155.

7) 김옥희, 최인숙《교사 리더십 프로그램》(한국학술정보, 2005), p.28.

8) 앤드루 J. 더브린,《10분에 마스터하는 리더십》(두란노, 1999), p.68.

9) 조용호,《당신이 알던 모든 경계가 사라진다》(미래의 창, 2013), pp.242-246.

10) 허욱,《핵심 가치》(이콘, 2013), pp.150-151.

11) 최윤식,《2030 대담한 미래》(지식노마드, 2013), p.22.

12) 고바야시 가오루,《피터 드러커: 미래를 읽는 힘》(청림출판, 2002), p.179.

13) 최윤식,《미래학자의 통찰법》(김영사, 2014), pp.75-77.

14) 《매일 경제》, 2010년 11월 1일 기사.

15) 김홍기, 《디지털 인재의 조건》(21세기북스, 2004), p.148.
16) 강형철 외, 《여성 리더십의 재발견》(숙명여자대학교 출판국, 2005), pp.52-53.
17) 이경숙, 강형철, 조병남, 《세상을 바꾸는 부드러운 힘》(숙명여자대학교 출판국, 2004), p.189.
18) 위의 책, pp.67-68.
19) 강형철 외, 《여성 리더십의 재발견》(숙명여자대학교 출판국, 2005), p.16.
20) 조용호, 《당신이 알던 모든 경계가 사라진다》(미래의 창, 2013), pp.34-35.
21) 박영숙, 제롬 글렌, 테드 고든, 엘리자베스 플로레스큐, 《유엔미래보고서 2040》(교보문고, 2013), p.62.
22) 존 코터, 《기업이 원하는 변화의 리더》(김영사, 1999), p.261.
23) 김홍기, 《디지털 인재의 조건》(21세기북스, 2004), p.98.
24) 박영숙, 제롬 글렌, 테드 고든, 엘리자베스 플로레스큐, 《유엔미래보고서 2040》(교보문고, 2013), pp.74-75.
25) 김종래, 《CEO 칭기스칸》(삼성경제연구소, 2006), p.8.
26) 김형희, 《어제는 기적 오늘은 상식》(두란노, 2002), pp.53-54.
27) 최윤식, 《미래학자의 통찰법》(김영사, 2014), p.217.
28) 다니엘 R. 카스트로, 《인생을 바꾸는 힘! 위대한 선택》(좋은 생각, 2006), pp.33-34.
29) 데니스 N. T. 퍼킨스, 《섀클턴의 서바이블 리더십》(뜨인돌, 2001), p.40.
30) 존 샐커, 《소방관 리더십》(이지북, 2005), p.322.
31) 데니스 N. T. 퍼킨스, 《섀클턴의 서바이블 리더십》(뜨인돌, 2001), pp.383-384.
32) 위의 책, p.384.

33) 캐롤라인 알렉산더, 《인듀어런스》(뜨인돌, 2003), p.159.

34) 아만다 리플리, 《언씽커블》(다른세상, 2009), p.299.

35) 위의 책, pp.303-306.

12. 예수 그리스도의 리더십

1) 케네스 O. 갱글, 《최강의 팀웍을 만드는 전략노트》(디모데, 2002), p.15.

2) Ken Blanchard, *Phil Hodges, The Servant Leader*(J. Countryman, 2003), p.10.

3) 헨리 블랙커비, 《영적 리더십》(두란노, 2002), p.95.

4) Lynn Anderson, *They Smell Like Sheep*(Howard, 1997), p.49.

5) Leith Anderson, *A Church for the Twenty-First Century*(Bethany, 1992), p.222.

6) 제임스 케네디, 제리 뉴컴, 《예수가 만약 태어나지 않았다면》(청우, 1999), p.282.

7) 위의 책, pp.297-301.

8) 위의 책, p.303.

9) 필립 얀시, 《내가 알지 못했던 예수》(요단출판사, 1998), p.131.

10) 킹 덩컨, 《더 좋은 세상을 만드는 **영향의 법칙**》(뜨인돌, 2002), pp.250-251.

11) 조쉬 맥도웰, 《목수 예수》(누가, 2005), p.10.

12) 스티븐 그레이브스, 토머스 **애딩턴**, 《최고의 리더 예수의 영향력을 배워라》 (예문, 2003), p.155.